Basiswissen Sozialwirtschaft und Sozialmanagement

Reihe herausgegeben von
Klaus Grunwald, Stuttgart, Deutschland
Ludger Kolhoff, Wolfenbüttel, Deutschland

Die Lehrbuchreihe „Basiswissen Sozialwirtschaft und Sozialmanagement" vermittelt zentrale Inhalte zum Themenfeld Sozialwirtschaft und Sozialmanagement in verständlicher, didaktisch sorgfältig aufbereiteter und kompakter Form. In sich abgeschlossene, thematisch fokussierte Lehrbücher stellen die verschiedenen Themen theoretisch fundiert und kritisch reflektiert dar. Vermittelt werden sowohl Grundlagen aus relevanten wissenschaftlichen (Teil-)Disziplinen als auch methodische Zugänge zu Herausforderungen der Sozialwirtschaft im Allgemeinen und sozialwirtschaftlicher Unternehmen im Besonderen. Die Bände richten sich an Studierende und Fachkräfte der Sozialen Arbeit, der Sozialwirtschaft und des Sozialmanagements. Sie sollen nicht nur in der Lehre (insbesondere der Vor- und Nachbereitung von Seminarveranstaltungen), sondern auch in der individuellen bzw. selbstständigen Beschäftigung mit relevanten sozialwirtschaftlichen Fragestellungen eine gute Unterstützung im Lernprozess von Studierenden sowie in der Weiterbildung von Fach- und Führungskräften bieten.

Beiratsmitglieder

Holger Backhaus-Maul
Philosophische Fakultät III
Universität Halle-Wittenberg
Halle (Saale), Sachsen-Anhalt
Deutschland

Waltraud Grillitsch
Fachhochschule Kärnten
Feldkirchen Österreich

Andreas Langer
Department Soziale Arbeit
HAW Hamburg
Hamburg, Deutschland

Peter Zängl
Hochschule für Soziale Arbeit
Fachhochschule Nordwestschweiz
Olten, Schweiz

Marlies Fröse
Evangelische Hochschule Dresden
Dresden, Sachsen, Deutschland

Andreas Laib
Fachbereich Soziale Arbeit
Fachhochschule St. Gallen
St. Gallen, Schweiz

Wolf-Rainer Wendt
Stuttgart, Baden-Württemberg
Deutschland

Weitere Bände in der Reihe http://www.springer.com/series/15473

Werner Heister · Julia Tiskens

Kostenmanagement

Eine Einführung für
sozialwirtschaftliche Organisationen

Werner Heister
Hochschule Niederrhein
Mönchengladbach, Deutschland

Julia Tiskens
Hochschule Niederrhein
Mönchengladbach, Deutschland

ISSN 2569-6009　　　　　　ISSN 2569-6017　(electronic)
Basiswissen Sozialwirtschaft und Sozialmanagement
ISBN 978-3-658-19559-5　　ISBN 978-3-658-19560-1　(eBook)
https://doi.org/10.1007/978-3-658-19560-1

Die Deutsche Nationalbibliothek verzeichnet diese Publikation in der Deutschen Nationalbibliografie; detaillierte bibliografische Daten sind im Internet über http://dnb.d-nb.de abrufbar.

© Springer Fachmedien Wiesbaden GmbH, ein Teil von Springer Nature 2021
Das Werk einschließlich aller seiner Teile ist urheberrechtlich geschützt. Jede Verwertung, die nicht ausdrücklich vom Urheberrechtsgesetz zugelassen ist, bedarf der vorherigen Zustimmung des Verlags. Das gilt insbesondere für Vervielfältigungen, Bearbeitungen, Übersetzungen, Mikroverfilmungen und die Einspeicherung und Verarbeitung in elektronischen Systemen.
Die Wiedergabe von allgemein beschreibenden Bezeichnungen, Marken, Unternehmensnamen etc. in diesem Werk bedeutet nicht, dass diese frei durch jedermann benutzt werden dürfen. Die Berechtigung zur Benutzung unterliegt, auch ohne gesonderten Hinweis hierzu, den Regeln des Markenrechts. Die Rechte des jeweiligen Zeicheninhabers sind zu beachten.
Der Verlag, die Autoren und die Herausgeber gehen davon aus, dass die Angaben und Informationen in diesem Werk zum Zeitpunkt der Veröffentlichung vollständig und korrekt sind. Weder der Verlag, noch die Autoren oder die Herausgeber übernehmen, ausdrücklich oder implizit, Gewähr für den Inhalt des Werkes, etwaige Fehler oder Äußerungen. Der Verlag bleibt im Hinblick auf geografische Zuordnungen und Gebietsbezeichnungen in veröffentlichten Karten und Institutionsadressen neutral.

Planung/Lektorat: Stefanie Laux
Springer VS ist ein Imprint der eingetragenen Gesellschaft Springer Fachmedien Wiesbaden GmbH und ist ein Teil von Springer Nature.
Die Anschrift der Gesellschaft ist: Abraham-Lincoln-Str. 46, 65189 Wiesbaden, Germany

Inhaltsverzeichnis

1　**Grundlagen des Kostenmanagements und der Kostenerfassung** ...　1
　1.1　Der Kostenbegriff ....　1
　1.2　Die Kostenarten ....　5
　1.3　Die kalkulatorischen Kosten ....　22
　1.4　Die Verzinsung des betriebsnotwendigen Vermögens (kalk.
　　　Zinsen) ....　28
　1.5　Die durchgängige Fallstudie ✠ Kreuz des Nordens ....　30
　1.6　Ein System des Kostenmanagements......................　31
　Literatur ....　38

2　**Die Erfassung der Kosten (Kostenartenrechnung)** ....　39
　2.1　Das Externe Rechnungswesen als Grundlage der Kostenerfassung　40
　2.2　Auswirkungen der Umsatzsteuer (Mehrwertsteuer) ....　44
　2.3　Methoden zur Ermittlung des Werteverzehrs ....　46
　　　2.3.1　Behandlung des Werteverzehrs des Anlagevermögens
　　　　　　(Abschreibung)..................................　48
　　　2.3.2　Bewertung des Werteverzehrs des Umlaufvermögens.....　53
　2.4　Die Abgrenzungsrechnung...............................　54
　Literatur ....　56

3　**Die Verteilung der Kosten (Kostenstellenrechnung)** ....　59
　3.1　Kostenstellen als Grundlage der Kostenverteilung ....　61
　3.2　Die Kostenverteilungsrechnung..........................　66
　3.3　Der Betriebsabrechnungsbogen (BAB) ....　68
　3.4　Die Primärkostenrechnung ....　70

3.5 Die Sekundärkostenrechnung (bzw. Innerbetriebliche
Leistungsverrechnung)................................. 72
    3.5.1 Das Anbauverfahren (Blockverfahren) 74
    3.5.2 Das Stufenleiter-/Treppenverfahren................... 77
    3.5.3 Das Gleichungsverfahren........................... 81
    3.5.4 Das Kostenstellenausgleichsverfahren................. 82
    3.5.5 Das Gutschrift-Lastschrift-Verfahren 83
Literatur... 83

4 Die Kostenzurechnung 85
  4.1 Die Divisionskalkulation 88
    4.1.1 Die einstufige Divisionskalkulation................... 88
    4.1.2 Die zweistufige Divisionskalkulation 88
  4.2 Die Äquivalenzziffernkalkulation 93
  4.3 Die Zuschlagskalkulation 97
Literatur... 103

5 Kostenmanagement im Bereich der Prozesse 105
  5.1 Kosten senken und Kundinnen und Kunden in den Mittelpunkt
stellen.. 106
  5.2 Die Prozesskostenrechnung 107
Literatur... 113

6 Die Betriebsergebnisrechnung als Teil des Kostenmanagements ... 115
  6.1 Aufbau der Betriebsergebnisrechnung...................... 115
  6.2 Ergebniscontrolling 117
Literatur... 119

7 Die Deckungsbeitragsrechnung als Teilkostenrechnung 121
  7.1 Der einfache Deckungsbeitrag (Direct Costing) 123
  7.2 Der relative Deckungsbeitrag............................ 126
  7.3 Die Gewinnschwelle/der Break-Even-Point.................. 130
  7.4 Die stufenweise Fixkostendeckungsrechnung 135
  7.5 Grenzen für Entgelte (Preisgrenzen) 140
  7.6 Sensitivitätsrechnungen, Sicherheitsmarge und Kapazitätsgrad ... 141
Literatur... 145

Inhaltsverzeichnis

8 Budgetkontrolle 147
Plankostenrechnung als Element des Kostenmanagements
  8.1 Die Grundlagen der Plankostenrechnung 148
  8.2 Die starre Plankostenrechnung – ein Instrument der Vollkostenrechnung 150
  8.3 Die Kostenspaltung 154
    8.3.1 Visuelle Inspektion 155
    8.3.2 Buchhalterische Methode 155
    8.3.3 Zwei-Punkt-Methode (Tief-/Hochpunktmethode) 156
    8.3.4 Methode der linearen Regression 158
  8.4 Die flexible Plankostenrechnung – ein Instrument der Vollkostenrechnung 161
    8.4.1 Die Variatoren 162
    8.4.2 Die Methode der flexiblen Plankostenrechnung 163
  8.5 Die Grenzplankostenrechnung – ein Instrument der Teilkostenrechnung 168
  8.6 Die relative Einzelkostenrechnung – ein Instrument der Teilkostenrechnung 172
  Literatur 175

9 Kostenmanagement in Projekten 177
  9.1 Beachtung der Erfolgsfaktoren von Projekten 178
  9.2 Die Nutzwertanalyse 183
  9.3 Die Investitionsrechnung 186
    9.3.1 Statische Verfahren 188
    9.3.2 Dynamische Verfahren 193
  9.4 Kontrolle der Projektkosten 196
    9.4.1 Kontrolle des Fortschritts 197
    9.4.2 Projektkostenrechnung ohne Leistungsbetrachtung ... 199
    9.4.3 Projektkostenrechnung mit Leistungsbetrachtung 200
  Literatur 202

10 Weitere Aspekte des Kostenmanagements 203
  10.1 Die Zielkostenrechnung (Target Costing) 204
  10.2 Die Lebenszykluskostenrechnung 213
  10.3 Fixkosten- und Gemeinkostenmanagement 215
  10.4 Kosten senken im Rahmen des Einkaufs 218
    10.4.1 Kostensenkung beim Einkauf mit einfachen, schnell wirkenden Mitteln 218

      10.4.2 Empfehlenswerte Argumentation im Einkauf 219
      10.4.3 Cost Break Down im Einkauf 221
  10.5 Kontinuierliches, planvolles Kostenmanagement führt zu Einsparungen 221
  10.6 Auch Kleinvieh macht Mist 223
  10.7 Kostenmanagement mit Kennzahlen 225
      10.7.1 Grundlagen 226
      10.7.2 Empfehlungen: Zehn konkrete Kennzahlen 227
      10.7.3 Kennzahlensystem 231
  Literatur 232

11 Kommunikation, Schulungen & Qualitätsmanagement im Kostenmanagement 233
  11.1 Regelmäßige zielgruppengerechte Kommunikation 234
  11.2 Schulungen 237
  11.3 Qualitätsmanagement 242
  Literatur 243

12 Kostenmanagement 245
  Auch eine Sache der Compliance
  Literatur 246

13 Notation 247

14 Glossar 249

Gesamtliteraturverzeichnis 265

Zu den Autoren 269
  Zum Autor 269
  Zur Autorin 271

Tabellenverzeichnis

Tab. 1: Aspekte des Kostenbegriffs 2
Tab. 2: Werteverzehr 2
Tab. 3: Werteschaffung 3
Tab. 4: Best Practice – Fachsprache nutzen! 5
Tab. 5: Typologien von Kostenarten 6
Tab. 6: Kosten nach der Art der verbrauchten Güter und Dienstleistungen differenziert. 6
Tab. 7: Beispiel Kontenplan der Finanzbuchhaltung (Auszug). 8
Tab. 8: Kosten nach Art der betrieblichen Funktion differenziert 9
Tab. 9: Kosten nach Bezug zum Aufwand differenziert. 10
Tab. 10: Kosten nach der Höhe differenziert 10
Tab. 11: Kosten nach der Zurechenbarkeit auf ein Bezugsobjekt differenziert 11
Tab. 12: Kosten nach der Mengen- bzw. Beschäftigungsabhängigkeit differenziert. 12
Tab. 13: Fixe Kostenverläufe 13
Tab. 14: Variable Kostenverläufe 15
Tab. 15: Grundlegende Notationen im Bereich des Kostenmanagements 16
Tab. 16: Kosten nach der Herkunft differenziert 16
Tab. 17: Kosten nach dem Zeitbezug differenziert 17
Tab. 18: Kosten nach dem Einbezug differenziert 18
Tab. 19: Kosten nach der Entscheidungsrelevanz differenziert 18
Tab. 20: Übersicht Differenzierung der Kosten nach Kostenarten. 20
Tab. 21: Glossar weiterer Kostenarten 21
Tab. 22: Kalkulatorische Kosten: Hauptkategorien 22
Tab. 23: Trennung Aufwand und Kosten 22

Tab. 24: Kalkulatorische Kosten: Unterkategorien der 1. Ebene 25
Tab. 25: Kalkulatorische Kosten: Unterkategorien der 2. Ebene 26
Tab. 26: Kalkulatorische Kosten: Unterscheidung der Einzelwagnisse 26
Tab. 27: Kalkulatorische Kosten: Erläuterungen 27
Tab. 28: Ermittlung der kalkulatorischen Zinsen 29
Tab. 29: Kachelmodell des Kostenmanagements nach Heister & Tiskens.... 31
Tab. 30: Elemente des Jahresabschlusses 40
Tab. 31: Struktur Bilanz ✠Kreuz des Nordens 42
Tab. 32: Struktur GuV ✠Kreuz des Nordens 43
Tab. 33: Struktur GuV Existenzgründer 43
Tab. 34: Aktivieren – Passivieren 44
Tab. 35: Beziehung Listenpreis und Rechnungsbetrag 46
Tab. 36: Werteverzehr und Werteschaffung 47
Tab. 37: Quellen (Methoden) der Kostenartenerfassung 47
Tab. 38: Methoden der Abschreibung 1 – Fallstudie 50
Tab. 39: Methoden der Abschreibung 2 – Fallstudie 51
Tab. 40: Beispiele für die betriebsgewöhnliche Nutzungsdauer laut AfA-Tabellen 53
Tab. 41: Best Practice – Trennung von Finanzbuchhaltung und Kostenrechnung 53
Tab. 42: Erfassung, Verteilung, Zurechnung 60
Tab. 43: Kostenstelleneinzel- und -gemeinkosten 60
Tab. 44: Beispiel Kostenstelleneinzelkosten, Kostenstellengemeinkosten – Fallstudie 61
Tab. 45: Kriterien der Kostenstellenbildung – Fallstudie 61
Tab. 46: Profit Center und andere Konzepte – Fallstudie 62
Tab. 47: Kostenstellenplan – Fallstudie 63
Tab. 48: Kostenstellenhierarchie – Fallstudie 63
Tab. 49: Innerbetriebliche Verrechnung – Fallstudie 64
Tab. 50: Kostenstellenhierarchie 65
Tab. 51: Primär- und Sekundärkostenrechnung 66
Tab. 52: Arten von Verrechnungsschlüsseln – Fallstudie 67
Tab. 53 Struktur Betriebsabrechnungsbogen (BAB) – Fallstudie 68
Tab. 54: Abgrenzungsrechnung – Fallstudie 69
Tab. 55: Verrechnungsprinzipien im Kostenmanagement 70
Tab. 56: BAB ✠Kreuz des Nordens – Fallstudie 71
Tab. 57: Sekundärkostenrechnung auf Basis einer Kostenart – Fallstudie.... 72
Tab. 58: Verrechnungsschlüssel (interne Leistungen) – Fallstudie 73
Tab. 59: Charakteristika Anbauverfahren 74

Tabellenverzeichnis

Tab. 60: Anbauverfahren Grafik 1 – Fallstudie 75
Tab. 61: Anbauverfahren Grafik 2 – Fallstudie 76
Tab. 62: Charakteristika Stufenleiterverfahren 78
Tab. 63: Treppenleiter-/Stufenverfahren – Fallstudie 79
Tab. 64: Best Practice – Wohlüberlegte innerbetriebliche Kostenverrechnung 83
Tab. 65: Beispiele für Kostenträger – Fallstudie 86
Tab. 66: Divisionskalkulation – Fallstudie 90
Tab. 67: Verwaltungsumlage – Fallstudie 92
Tab. 68: Äquivalenzziffernkalkulation 1 – Fallstudie 94
Tab. 69: Äquivalenzziffernkalkulation 2 – Fallstudie 95
Tab. 70: Äquivalenzziffernkalkulation 3 – Fallstudie 96
Tab. 71: Ausgangssituation BAB für Zuschlagskalkulation – Fallstudie 100
Tab. 72: Primär-/Sekundärkostenrechnung für Zuschlagskalkulation –
Fallstudie 100
Tab. 73: Einzelkosten für Zuschlagskalkulation – Fallstudie 101
Tab. 74: Zuschlagskalkulation – Kalkulation der Aufträge – Fallstudie 102
Tab. 75: Best Practice – Die Selbstkosten stets im Blick behalten! 103
Tab. 76: Fallstudie – Beispiele für Prozesse 108
Tab. 77: Fallstudie Kostentreiber beispielhaft 109
Tab. 78: Fallstudie Teilprozesse beispielhaft 109
Tab. 79: Beispiel Prozesskostenrechnung 1 – Fallstudie 111
Tab. 80: Beispiel Prozesskostenrechnung 2 – Fallstudie 111
Tab. 81: Best Practice – Informationen über die Prozesse und deren
Kosten sind Gold wert 113
Tab. 82: Best Practice – Auch auf den Cash Flow schauen 116
Tab. 83: Vorteile und Schwierigkeiten der Teilkostenrechnung 123
Tab. 84: Grafik zum Deckungsbeitrag 124
Tab. 85: Beispiele für Engpasssituationen in der Sozialwirtschaft 126
Tab. 86: Relativer Deckungsbeitrag 1 – Fallstudie 127
Tab. 87: Relativer Deckungsbeitrag 2 – Fallstudie 128
Tab. 88: Relativer Deckungsbeitrag 3 – Fallstudie 130
Tab. 89: Break-Even-Rechnung – Fallstudie 132
Tab. 90: Break-Even-Point – Grafik Umsatz und Gesamtkosten – Fallstudie . 132
Tab. 91: Break-Even-Point – Grafik DB und Fixe Kosten – Fallstudie 133
Tab. 92: Teilkostenrechnung – Deckungsbeitragsrechnung –
ein interessanter Weg! 134
Tab. 93: Stufenweise Fixkostendeckungsrechnung Variante 1 – Fallstudie... 137
Tab. 94: Stufenweise Fixkostendeckungsrechnung Variante 2 – Fallstudie... 137
Tab. 95: Stufenweise Fixkostendeckungsrechnung Variante 3 – Fallstudie... 138

Tab. 96: Stufenweise Fixkostendeckungsrechnung Variante 4 – Fallstudie... 138
Tab. 97: Stufenweise Fixkostendeckungsrechnung –
Übersicht aller Varianten – Fallstudie 139
Tab. 98: Veränderung des BEP bei Veränderung der Parameter 141
Tab. 99: Break-Even-Point: Varianten zur Erreichung eines Mengenziels 1 –
Fallstudie 142
Tab. 100: Break-Even-Point: Varianten zur Erreichung eines Mengenziels 2 –
Fallstudie 142
Tab. 101: Methoden der Plankostenrechnung 148
Tab. 102: Berechnung Ist-, Plan- und Normalkosten 148
Tab. 103: Notation im Bereich der Plankostenrechnung 149
Tab. 104: Starre Plankostenrechnung (Grafik) 153
Tab. 105: Übersicht Stunden & Kosten – Fallstudie.................... 154
Tab. 106: Schätzfunktion durch visuelle Inspektion – Fallstudie.......... 155
Tab. 107: Schätzfunktion durch Zwei-Punkt-Methode – Fallstudie........ 157
Tab. 108: Schätzfunktion durch Regression – Fallstudie 160
Tab. 109: Flexible Plankostenrechnung (Grafik) 166
Tab. 110: Flexible Plankostenrechnung Szenario 1 – Fallstudie 167
Tab. 111: Flexible Plankostenrechnung Szenario 2 – Fallstudie........... 168
Tab. 112: Grenzplankostenrechnung – Verbrauchsabweichung – Fallstudie .. 171
Tab. 113: Relative Einzelkostenrechnung – Fallstudie 174
Tab. 114: Best Practice – Flexibel rechnen und Informationen zu Ab-
weichungen nutzen....................................... 175
Tab. 115: Best Practice – Vorher überlegen – besser ist's! 178
Tab. 116: Erfolgsfaktoren von Projekten............................. 179
Tab. 117: Vorgehen im Rahmen einer Nutzwertanalyse................. 183
Tab. 118: Nutzwertanalyse – Fallstudie 185
Tab. 119: Statische Methoden der Investitionsrechnung................. 188
Tab. 120: Statische Investitionsrechnung – Kostenvergleichsrechnung –
Fallstudie... 188
Tab. 121: Statische Investitionsrechnung – Gewinnvergleichsrechnung –
Fallstudie... 189
Tab. 122: Statische Investitionsrechnung – Rentabilitätsvergleichs-
rechnung – Fallstudie 191
Tab. 123: Dynamische Investitionsrechnung – Kapitalwertmethode –
Fallstudie... 195
Tab. 124: Methoden zur Einschätzung des Projektfortschritts............. 197
Tab. 125: Abweichungen bei Projektkosten 201
Tab. 126: Prämisse der Zielkostenrechnung........................... 204

Tabellenverzeichnis

Tab. 127: Relevante Fragestellung der Zielkostenrechnung 204
Tab. 128: Phasen der Zielkostenrechnung (Target Costing) 204
Tab. 129: Ermittlung des Kostenreduzierungsbedarfs 205
Tab. 130: Zielkostenrechnung – „Essen auf Rädern" – Fallstudie 207
Tab. 131: Wünsche der Kundinnen und Kunden 1 – Fallstudie 210
Tab. 132: Wünsche der Kundinnen und Kunden 2 – Fallstudie 210
Tab. 133: Zielkostenrechnung – Gala – Fallstudie 212
Tab. 134: Best Practice – Der Kunde bzw. die Kundin bestimmt die Kosten zumindest mit! 213
Tab. 135: Verhältnis Begriffspaare – Fixkosten/Gemeinkosten etc.. 215
Tab. 136: Best Practice – Kontinuierlich die Kostenstruktur auf den Prüfstand stellen!. 218
Tab. 137: Beispielhafter Jahresplan für kontinuierliches, planvolles Kostenmanagement 223
Tab. 138: Best Practice – regelmäßig alle Potenziale nutzen! 225
Tab. 139: ROI-Schema – Theorie 231
Tab. 140: Weitere Erfolgsfaktoren im Kostenmanagement 234
Tab. 141: Potenziale müssen realisiert werden 234
Tab. 142: Das Wissensquartett 235
Tab. 143: AIDA-Regel. 236
Tab. 144: Das Kachelmodell Futur[e]Ing 238
Tab. 145: Digitale Kompetenzen im Kostenmanagement. 240
Tab. 146: Best Practice – Bitte diese unendlich wichtigen Faktoren nicht vergessen! 243

Ein paar Worte vorab

Manche Unternehmen, Einrichtungen, Organisationen der Sozialbranche, also sozialwirtschaftliche Unternehmen, verfügen bereits über ein ausgeklügeltes Kostenmanagement, andere stehen erwartungsfroh in den Startlöchern, eines einzuführen und wieder andere eher zögerlich vor einer Einführung.

Aber kann ein sozialwirtschaftliches Unternehmen angemessen wirtschaften oder gar überleben, ohne über angemessene Informationen zur Steuerung der Ressourcen zu verfügen? Diese Frage kann nur mit einem eindeutigen „Nein" beantwortet werden.

Das gilt einmal mehr angesichts der auch in der Sozialwirtschaft vorherrschenden radikalen Sparmaßnahmen, Entgeltbeschränkungen, dem offenkundigen Investitionsstau, dem Wettbewerbsdruck und den sich ständig verändernden Anforderungen der Kundinnen und Kunden, der gesetzlichen Rahmenbedingungen etc.

Unternehmen der Sozialbranche müssen – um auch wirtschaftlich erfolgreich zu agieren (und sei es nur kostendeckend) – wie klassische Unternehmen anderer Branchen und generell des Profitsektors präzise gesteuert werden, damit sie die gesetzten Ziele auch erreichen. Das gelingt mit einem professionellen Kostenmanagement.

Nachfolgend wird vermittelt, mit welchen grundlegenden Strategien und Maßnahmen (Methoden, Instrumenten) sich ein professionelles Kostenmanagement erfolgreich umsetzen lässt.

Viel Erfolg bei der Umsetzung dieser Ansätze in der Praxis.

Werner Heister und Julia Tiskens

PS: Die Fallstudienelemente sind frei erfunden und die Grafiken stammen von Heister & Tiskens.

Für alle Leserinnen und Leser stehen OER-Materialien zu den Inhalten des Buches zur Verfügung. Insbesondere die Tabellen (mit Rechnungen) können dort als Excel-Dateien eingesehen und zur Nutzung heruntergeladen werden. Die in Excel hinterlegten Formeln erleichtern das Verständnis der Zusammenhänge. Jeweils aktuelle Links zu den OER-Materialien finden Sie auf der WebsSite des Verfassers unter https://think4future.de/vita/publikationen .

Grundlagen des Kostenmanagements und der Kostenerfassung 1

> **Summary**
> *Im Kostenmanagement wird eine umfangreiche und differenzierte Fachbegrifflichkeit verwendet. Es ist notwendig, diese zum interfachlichen Dialog möglichst präzise zu beherrschen.*
> *Dies beinhaltet insbesondere eine zweckmäßige Differenzierung der Kostenarten und damit eine Antwort auf die Frage: Welche Kosten sind in welcher Höhe im Unternehmen angefallen?*
> *Neben aufwandsgleichen Kosten sind hierbei auch kalkulatorische Kosten gemeint.*

Ziele der Kompetenzentwicklung

Grundlegende Kenntnisse im Kostenmanagement beherrschen.
Kompetenz, Begriffe fachlich korrekt und treffend zu verwenden.
Fertigkeit, aufwandsgleiche Kostenarten zu erfassen und zu beurteilen.
Fertigkeit, kalkulatorische Kosten zu erfassen und zu beurteilen.

1.1 Der Kostenbegriff

Kosten bezeichnen den/die in Geldeinheiten bewertete(n) Verbrauch/Gebrauch/ Nutzung von Produktionsfaktoren, welche zur Erstellung der typischen betrieblichen Leistungen (sachzielgerecht) verzehrt werden (s. Tab. 1). *Eine typische be-*

triebliche Leistung (Tätigkeit) liegt dann vor, wenn sie dem Sachziel des Unternehmens entspricht:

Bewertet in Geldeinheiten (€)	Verbrauch / Gebrauch an Produktionsfaktoren	Erstellung der typischen betrieblichen Leistung / sachzielgerechter Verzehr, z. B.
bewertet als Anschaffungskosten	Verbrauch an Reinigungsmitteln	Fachleistungsstunden
bewertet als Herstellungskosten	Verbrauch an Geld	Essen auf Rädern
bewertet als Durchschnittskosten	Verbrauch an Personalstunden	Ambulante Pflege
kalkulatorisch bewertet	Gebrauch eines Pkw	Bildungswochenende
bewertet mit Schätzwerten	Gebrauch einer Maschine	Krankentransport
...	...	...

Tab. 1: Aspekte des Kostenbegriffs

Die Formulierung „bewerteter Verbrauch etc." will hierbei sagen, dass der Wertmaßstab jeweils explizit frei festgelegt werden kann. Im Kostenmanagement kann z. B. von durchschnittlichen Kosten ausgegangen werden oder z. B. von 10 % höheren Kosten, weil bezüglich der zukünftig wiederzubeschaffenden Produktionsfaktoren mit einer erheblichen Kostensteigerung gerechnet wird. In der Finanzbuchhaltung dagegen dürfte der Verbrauch etc. nur entsprechend den tatsächlich verausgabten Beträgen bemessen werden.

Die Entstehung von Kosten stellt also grundsätzlich einen *Werteverzehr* dar. Dieser meint die Wertminderung durch *Gebrauch*, *Verbrauch* oder *Nutzung* (*Inanspruchnahme*) von Vermögensgegenständen (VG) (s. Tab. 2).

Werteverzehr		
Wertminderung durch *Gebrauch*: Pkw, Laptop, Schreibtisch; konkret: Abschreibung	Wertminderung durch *Verbrauch*: Papier, Reiniger, Mehl	Wertminderung durch *Nutzung* (Inanspruchnahme): Dienstleistungen, menschliche Arbeitskraft
	= *Aufwand* (FiBu) = *Kosten* (KoRe)	

Tab. 2: Werteverzehr

1.1 Der Kostenbegriff

Der Werteverzehr wird im Bereich

- der Finanzbuchhaltung (Externes Rechnungswesen; FiBu) als *Aufwand* und
- im Bereich des Kostenmanagements als *Kosten*

bezeichnet.

Diese beiden Bezeichnungen seien hier zunächst in Bezug auf das weitere Wording vereinbart. Im Bereich der Finanzbuchhaltung ist also immer der Begriff *Aufwand* zu verwenden, im Bereich des Kostenmanagements der Begriff *Kosten*.

Hinweis: Die Kosten- und Leistungsrechnung, somit das Interne Rechnungswesen, wird hier als ein Teil des Kostenmanagements angesehen. *Kostenmanagement* wird somit als ein Überbegriff verwendet. Kostenmanagement geht insbesondere über die eigentliche Kosten- und Leistungsrechnung weit hinaus. Zum Kostenmanagement gehören z. B. auch Strategieentwicklung, Kommunikation und Schulung etc.

Die beiden Begriffe *Aufwand* und *Kosten* liegen grundsätzlich sehr nahe beieinander und werden daher umgangssprachlich häufig synonym verwendet: „Den Ihnen entstandenen Aufwand können Sie uns selbstverständlich gerne in Rechnung stellen." – „Die Ihnen entstandenen Kosten können Sie uns selbstverständlich gerne in Rechnung stellen." – „Wie hoch sind die entstandenen Kosten?" – „Wie hoch ist der entstandene Aufwand?"

Einer betriebswirtschaftlich korrekten Sichtweise entspricht dies jedoch nicht in jedem Fall. Es gibt beispielsweise auch einen Aufwand, der nicht als Kosten zu bezeichnen ist, und umgekehrt existieren Kosten, denen äquivalent kein Aufwand oder ein Aufwand in anderer Höhe gegenübersteht. Dazu sowie zum Aspekt der *Abschreibung* als Werteverzehr weiter unten mehr.

Der „positive" Gegenbegriff zum erläuterten Werteverzehr ist der Begriff der *Werteschaffung*. Diese meint eine Wertschöpfung durch *Verkauf* bzw. *Leistungserbringung* (s. Tab. 3).

Werteschaffung/Wertschöpfung durch *Verkauf* bzw. *Leistungserbringung*
= *Ertrag* (FiBu)
= *Leistung* (Kostenmanagement)

Tab. 3: Werteschaffung

Auch hier geht es um die bereits beschriebene *typische betriebliche Leistung (Tätigkeit)*.

Verfolgt beispielsweise ein Sozialunternehmen in einer Kindertageseinrichtung (KiTa) die Sachziele Bildung, Erziehung und Betreuung, so gehört alles, was damit zusammenhängt, zur typischen betrieblichen Leistung (Tätigkeit), ist somit sachzielentsprechend und wird als Kosten bezeichnet:

- Gehälter für pädagogische Fachkräfte und pädagogische Hilfskräfte,
- Abschreibung auf Inventar (KiTa-Möbel),
- Spiel- und Bastelmaterialien,

aber auch

- Gehälter für einen Hausmeister bzw. einen Techniker und eine Reinigungskraft,
- Abschreibungen für das Gebäude oder Miete,
- Papier für das Büro,
- Flyer in Bezug auf die Leistungen der KiTa,
- Musikgruppe für das Sommerfest,
- Betriebsausflug für die Mitarbeitenden im Rahmen steuerrechtlicher Zulässigkeit,

aber nicht

- ein eigentlich nicht notwendiges, kindgerechtes Kunstwerk auf dem Grundstück der KiTa (bzw. die Abschreibung darauf) oder
- eine Ausstellung zum 30-jährigen Bestehen der KiTa.

Hinweis: Beispielsweise die Mittel, die für den Betriebsausflug verzehrt werden, werden als Kosten bezeichnet, weil der Betriebsausflug dazu beiträgt, die gewünschten KiTa-Leistungen zu erreichen, indem er eine stärkere Bindung der Mitarbeitenden an das Unternehmen bedingt und dadurch vermutlich eine höhere Effektivität und Effizienz ihrer Leistungen nach sich zieht.

Aber der Werteverzehr, der nichts mit der typischen betrieblichen Leistung (Tätigkeit) bzw. dem Sachziel zu tun hat, stellt keine Kosten dar, also etwa das oben genannte Kunstwerk auf dem Grundstück der KiTa.

Bereits an dieser Stelle merken Leserinnen und Leser: Insgesamt ist im Bereich des Kostenmanagements eine bestimmte Fachsprache zu beachten (s. Tab. 4).

1.2 Die Kostenarten

Best Practice
Finanz- und Kostenverantwortliche sprechen ihre eigene Sprache. Auch für Führungskräfte in sozialwirtschaftlichen Unternehmen ist es Best Practice, diese zu beherrschen. Es sollte verhindert werden, dass man aneinander vorbeiredet. Insbesondere in Bezug auf Methoden und Instrumente. Und wenn man Fachbegriffe nicht beherrscht und damit die konkreten Auswirkungen der dahinterliegenden Aspekte falsch einschätzt, kann das böse ins Auge gehen. Wenn man sie allerdings beherrscht, dann können Sachverhalte genau und eindeutig erläutert werden. Also: Wissen ist Macht!

Tab. 4: Best Practice – Fachsprache nutzen!

1.2 Die Kostenarten

Die *Kostenarten* geben jeweils eine Antwort auf die Frage:

- Welcher Werteverzehr findet statt, wofür entstehen Kosten?
- Mit anderen Worten:
- *Welche Kosten sind in welcher Höhe angefallen?*

In Theorie und Praxis finden sich vor allem folgende Differenzierungen:

Typologien von Kostenarten *Differenzierung nach …*	
… der Art der verbrauchten Güter und Dienstleistungen	• Personalkosten • Sachkosten
… der Art der betrieblichen Funktion	• Beschaffungskosten • Finanzierungskosten • Materialkosten …
… dem Bezug zum Aufwand	• Aufwandsgleiche Kosten • Kalkulatorische Kosten
… der Höhe der Kosten	• Hohe Kosten • Niedrige Kosten
… der Zurechenbarkeit auf ein Bezugsobjekt	• Einzelkosten • Gemeinkosten
… der Mengenabhängigkeit bzw. Beschäftigungsabhängigkeit	• Fixkosten = fixe Kosten • Variable Kosten
… der Herkunft der Kosten	• Primäre Kosten • Sekundäre Kosten
… dem Zeitbezug	• Istkosten • Normalkosten • Plankosten

... dem Einbezug	• Vollkosten • Teilkosten
... der Entscheidungsrelevanz	• Entscheidungsrelevante Kosten • Entscheidungsirrelevante Kosten

Tab. 5: Typologien von Kostenarten

Bei den unterschiedlichen Differenzierungsmöglichkeiten der Kostenarten stellt sich zwangsläufig die Frage, wie *breit* und wie *tief* jeweils differenziert werden soll.

Die weise Antwort ist: In der Regel wird ein guter Mittelweg gewählt. Genutzt wird möglichst eine ausreichend transparente, aber nicht zu kleinteilige Gliederung der Kostenarten.

Grundsätzlich ist zu bedenken:

Nur die Kosten, die mittels einer eigenen Kostenart differenziert erfasst werden, können auch als solche separat ausgewertet und verarbeitet werden. Eine nachträgliche Differenzierung kommt einer Neuerfassung gleich. Wird also nur der Benzinverbrauch als Ganzes erfasst, so kann er

- in der Breite nur mit erheblichem Mehraufwand nach Diesel und Benzin und
- in der Tiefe nur mit erheblichem Mehraufwand für einzelne Fahrzeuge differenziert zur Verfügung gestellt werden.

Die in Tab. 5 genannten Typologien und daraus resultierenden Begrifflichkeiten werden nun nachfolgend näher erläutert:

Differenzierung nach der *Art der verbrauchten Güter und Dienstleistungen*
• Personalkosten • Sachkosten

Tab. 6: Kosten nach der Art der verbrauchten Güter und Dienstleistungen differenziert

Am häufigsten wird die Differenzierung nach der *Art der verbrauchten (verzehrten) Güter und Dienstleistungen* genutzt (s. Tab. 6).

Hierbei werden die Kostenarten ganz grob in

- Personalkosten und
- Sachkosten

1.2 Die Kostenarten

differenziert. Alle Kosten, die nicht zu den Personalkosten zu zählen sind, gehören zu den Sachkosten.

Eine tiefergehende Differenzierung ist sinnvoll. Dies ist auch deswegen passend, weil die Kostenarten im Kostenmanagement größtenteils mit den Aufwandskonten der Finanzbuchhaltung übereinstimmen. Zweckentsprechend werden diese um wenige weitere, für das Kostenmanagement benötigte Konten ergänzt; andere dagegen werden ggf. gestrichen. Dazu weiter unten mehr.

Einen Überblick verschafft der in Tab. 7 beispielhafte Kontenplan der Finanzbuchhaltung aus einem Sozialunternehmen.

6000	Aufwendungen für Material
6010	Aufwendungen für Verpackungsmaterial
6020	Aufwendungen für Energie
6030	Aufwendungen für Reparaturmaterial
6040	Aufwendungen für sonstiges Material
6040	Aufwendungen für Waren
6100	Fremdleistungen
6140	Frachten
6160	Fremdinstandhaltung
6170	Sonstige Aufwendungen für bezogene Leistungen
6300	Gehälter und Zulagen
6310	Urlaubs- und Weihnachtsgeld
6330	Freiwillige Zuwendungen
6350	Sachbezüge
6360	Vergütungen an Auszubildende
6400	Arbeitgeberanteil zur Sozialversicherung
6420	Beiträge zur Berufsgenossenschaft
6440	Aufwendungen für Altersversorgung
6495	Sonstige soziale Aufwendungen
6500	Abschreibungen auf Anlagevermögen
6510	Abschreibungen auf immaterielle VG des AV
6520	Abschreibungen auf Sachanlagen
6540	Abschreibungen auf geringwertige Wirtschaftsgüter
6550	Außerplanmäßige Abschreibungen
6600	Sonstige Personalaufwendungen
6610	Aufwendungen für Fahrten (bei Übernahme)
6620	Aufwendungen für Werkarzt und Arbeitssicherheit
6630	Personenbezogene Versicherungen

6640	Aufwendungen für Fort- und Weiterbildung
6650	Aufwendungen für Dienstjubiläen
6680	Ausgleichsabgabe nach dem Schwerbehindertengesetz
6690	Übrige sonstige Personalaufwendungen
6700	Mieten, Pachten
6710	Leasing
6720	Lizenzen und Konzessionen
6730	Gebühren
6750	Aufwand für den Geldverkehr
6770	Rechts- und Beratungsaufwand
6800	Büromaterial
6810	Zeitungen und Fachliteratur
6820	Porto-, Telefon-, Telefaxgebühren
6850	Reiseaufwand
6860	Bewirtung und Präsentation
6870	Werbung
6880	Spenden
6900	Versicherungsbeiträge
6920	Beiträge zu Wirtschaftsverbände etc.
6930	Verluste aus Schadensfällen
6940	Sonstige Aufwendungen
7030	Kraftfahrzeugsteuer
7080	Verbrauchssteuern
7400	Abschreibungen Finanzanlagen I Wertpapiere des UV
7500	Zinsen und ähnliche Aufwendungen
7600	Außerordentliche Aufwendungen

Tab. 7: Beispiel Kontenplan der Finanzbuchhaltung (Auszug)

Die hier aufgeführten Arten können in das Kostenmanagement übertragen werden, z. B.:

- Materialkosten
- Energiekosten
- Kosten für Büromaterial
- Abschreibungskosten
- ...

Die Typologie nach der *Art der betrieblichen Funktion* (s. Tab. 8) unterscheidet „Tätigkeiten", „Verrichtungen" und „Aufgabenbereiche".

1.2 Die Kostenarten

Differenzierung nach der Art der betrieblichen Funktion
Kosten der ..., des ...   • Beschaffung   • Controllings   • Finanzierung   • Forschung & Entwicklung   • Informationsmanagements   • Logistik   • Marketings & Absatzes   • Materialwirtschaft   • Organisation   • Personalmanagements   • Produktion   • Rechnungswesens   • Unternehmensleitung & Managements ...

Tab. 8: Kosten nach Art der betrieblichen Funktion differenziert

Hierbei sind insbesondere folgende Grund-, Querschnitts- und Servicefunktionen zu nennen:

- Beschaffung = Einkauf
- Controlling = Steuerung
- Finanzierung = Kapitalbeschaffung, Kapitalverwendung etc.
- Forschung & Entwicklung = Entwicklung von Dienstleistungen und Produktion
- Informationsmanagement = Informationsgewinnung und -verarbeitung etc.
- Logistik = Steuerung aller Güterströme
- Marketing = Absatz von Dienstleistungen und Produkten
- Materialwirtschaft = Management von Materialien
- Organisation = Verwaltung und Administration
- Personalmanagement = Beschaffung, Verwaltung, Entwicklung, Honorierung etc.
- Produktion = Erstellung von Dienstleistungen und Produkten
- Rechnungswesen = interne und externe Sicht auf die Mengen- und Wertbewegungen
- Unternehmensleitung = Management (Unternehmensführung)

Im Hinblick auf den *Bezug zum Aufwand* (s. Tab. 9) werden aufwandsgleiche und kalkulatorische Kosten voneinander abgegrenzt.

Differenzierung nach dem *Bezug zum Aufwand*
• Aufwandsgleiche Kosten
• Kalkulatorische Kosten

Tab. 9: Kosten nach Bezug zum Aufwand differenziert

Als *aufwandsgleiche Kosten* bezeichnet man den Werteverzehr, der sowohl entsprechend den gesetzlichen Vorschriften in der Finanzbuchhaltung zu verbuchen ist, als auch in der Kostenrechnung (und hier insbesondere in der Kalkulation) in gleicher Höhe berücksichtigt wird. Sie stellen den weitaus größten Teil des Werteverzehrs im Kostenmanagement dar.

Als *kalkulatorische* – und damit *nicht aufwandsgleiche* – Kosten wird solcher Werteverzehr bezeichnet, der mit anderen Werten (als der Aufwand in der Finanzbuchhaltung) oder zusätzlich in die Kostenrechnung übernommen wird. Erstere werden *Anderskosten* genannt, Letztere *Zusatzkosten*.

Anderskosten sind beispielsweise kalkulatorische Abschreibungen, die etwa aus Wiederbeschaffungskosten anstatt Anschaffungskosten oder mit einer entgegen der steuerrechtlich anerkannten, also der betriebsgewöhnlichen Nutzungsdauer, kürzeren oder längeren Nutzungsdauer berechnet werden.

Zusatzkosten sind etwa kalkulatorische Zinsen auf das z. B. in der Form von Anlagevermögen (etwa Gebäude) eingebrachte Eigenkapital oder etwa kalkulatorische Miete für kostenlos überlassenen Büroraum. In beiden Fällen handelt es sich nur um kalkulatorische Werte, eine tatsächliche Aufwendung fällt nicht an.

Differenzierung nach der *Höhe der Kosten*
• Hohe Kosten
• Niedrige Kosten

Tab. 10: Kosten nach der Höhe differenziert

Bei der in Tab. 10 dargestellten Unterscheidung wird unterstellt, dass die Steuerung hoher Kosten vordringlich ist bzw. einen höheren Wirkungsgrad haben könnte. Plant und kontrolliert man diese konsequent, so erreicht man schneller oder effektiver seine Ziele wie z. B. Kostendeckung oder -senkung.

Insofern ist – auch wenn es auf den ersten Blick so wirken könnte – diese Unterscheidung nicht trivial, sondern vielmehr häufig sehr hilfreich. Mittels dieser Differenzierung wird nämlich eine erste Sortierung z. B. bei der Kosten*analyse* vorgenommen.

1.2 Die Kostenarten

Ist jemand beispielsweise mit dem Kostenmanagement in einem bestimmten Bereich betraut, so ist es meistens ein empfehlenswertes Vorgehen, zunächst die hohen Kosten zu analysieren und entsprechende Strategien und Maßnahmen zu treffen, um diese zu decken bzw. zu senken.

Differenzierung nach der *Zurechenbarkeit auf ein Bezugsobjekt*
• Einzelkosten
• Gemeinkosten

Tab. 11: Kosten nach der Zurechenbarkeit auf ein Bezugsobjekt differenziert

Nach der *Zurechenbarkeit* werden Einzelkosten und Gemeinkosten unterschieden (s. Tab. 11):

- *Einzelkosten* sind die Kosten, die einem Objekt der Kostenrechnung direkt (unmittelbar, eindeutig) zugerechnet werden können. Eine Schlüsselung oder ein Verrechnungsschlüssel ist nicht notwendig. Wenn es dieses Objekt der Kostenrechnung oder Kalkulation nicht gäbe, würden diese Kosten auch nicht anfallen.
- *Gemeinkosten* sind die Kosten, die einem Objekt der Kostenrechnung nicht direkt (mittelbar, nicht eindeutig) zugerechnet werden können, also für mehrere Objekte zugleich anfallen. Eine Schlüsselung oder ein Verrechnungsschlüssel ist notwendig.

Objekte können in diesem Sinne beispielsweise sein:

- ein Produkt,
- eine Dienstleistung,
- eine Organisationseinheit (siehe weiter unten Kostenstellenrechnung),
- ein Produkt (mit dem Fachbegriff als *Kostenträger* bezeichnet, vgl. dazu weiter unten),
- ein Projekt etc.

Diesbezüglich gilt:

- Projekteinzelkosten sind z. B. die für einen Mitarbeiter oder eine Mitarbeiterin entstehenden Personalkosten, der oder die nur für das Projekt arbeitet. Die Kosten lassen sich direkt dem Projekt zurechnen.

- Die Personalkosten für den Geschäftsführer oder die Geschäftsführerin, der oder die insgesamt fünf Projekte betreut und verantwortet, lassen sich hingegen nicht direkt einem Projekt zuordnen. Sie müssen nach einem Schlüssel verteilt werden, z. B. 20 % dieser Personalkosten auf jedes Projekt, oder 40 % auf das größte der fünf Projekte und je 15 % auf die etwa „gleich großen" anderen vier Projekte. Es handelt sich also um Projektgemeinkosten.
- Einzelkosten in Bezug auf eine Dienstleistung sind z. B. die Fläschchen Färbemittel, die ein Friseur oder eine Friseurin für eine spezielle Haarbehandlung jeweils benötigt.
- Das Wasser, welches generell von allen zum Waschen bei dieser Dienstleistung verwendet wird, sind Gemeinkosten.
- Die speziellen Mietkosten für die Organisationseinheit „Essen auf Rädern", in einem z. B. angemieteten, ausgelagerten Gebäude, sind Einzelkosten in Bezug auf die Organisationseinheit.
- Die Kosten der Haustechnik, die unter anderem für diese, aber auch für andere Organisationseinheiten tätig ist, sind dagegen Gemeinkosten.

Hinweis: Wenn Sie in einem Buch nur von Einzel-/Gemeinkosten lesen bzw. in einem Gespräch davon hören, so sind in der Regel Kostenträgereinzelkosten bzw. Kostenträgergemeinkosten angesprochen.

Eine weitere, in diesem Zusammenhang relevante Begrifflichkeit: *unechte Gemeinkosten*. Diese sind Einzelkosten, die tatsächlich Einzelkosten sind, aber aus Wirtschaftlichkeitsgründen (Aufwand bei der Erfassung) nicht als solche behandelt werden. Theoretisch ist es nämlich z. B. möglich, bei jedem technischen Gerät den Energieverbrauch zu erfassen; häufig erfordert dies aber mehr Aufwand, als es Nutzen bringt und ist somit unwirtschaftlich.

Daher unterscheidet man in der Regel drei Typen:

- Einzelkosten
- Echte Gemeinkosten
- Unechte Gemeinkosten

Differenzierung nach der *Mengenabhängigkeit bzw. Beschäftigungsabhängigkeit*
• Fixkosten = fixe Kosten, mengenunabhängige bzw. beschäftigungsunabhängige Kosten, häufig Kosten der Betriebsbereitschaft
• Variable Kosten= veränderliche, bewegliche, mengenabhängige, beschäftigungsabhängige Kosten, häufig Kosten der Betriebsmittel

Tab. 12: Kosten nach der Mengen- bzw. Beschäftigungsabhängigkeit differenziert

1.2 Die Kostenarten

Eine weitere Differenzierung (s. Tab. 12) folgt der Unterschiedlichkeit von *beschäftigungsabhängigen* und *beschäftigungsunabhängigen* Kosten. Sie unterscheidet mit anderen Worten nach der Mengenabhängigkeit in *fixe* und *variable Kosten*:

- *Fixe Kosten* sind unabhängig von der Beschäftigung/der Menge.
- *Variable Kosten* sind abhängig von der Beschäftigung/der Menge.

Diese Differenzierung ist aber nicht absolut zu verstehen, sondern sie folgt einer Range: Die Kostenarten sind entweder variabel, fix oder gemischt strukturiert.

- *Völlig variabel* sind z. B. Honorare für Externe je Beratungsstunde.
- *Überwiegend variabel* sind z. B. Energiekosten.
- *Teils/teils* sind z. B. Kommunikationskosten.
- *Überwiegend fix* sind z. B. Reinigungskosten, Reisekosten.
- *Absolut fix* sind z. B. Versicherungsprämien, Mieten, Zinsen etc.

Zwei Arten von fixen Kosten sind weiterhin zu unterscheiden (s. Tab. 13):

- Absolut fixe Kosten
- *Intervallfixe* Kosten (auch *sprungfixe* Kosten genannt)

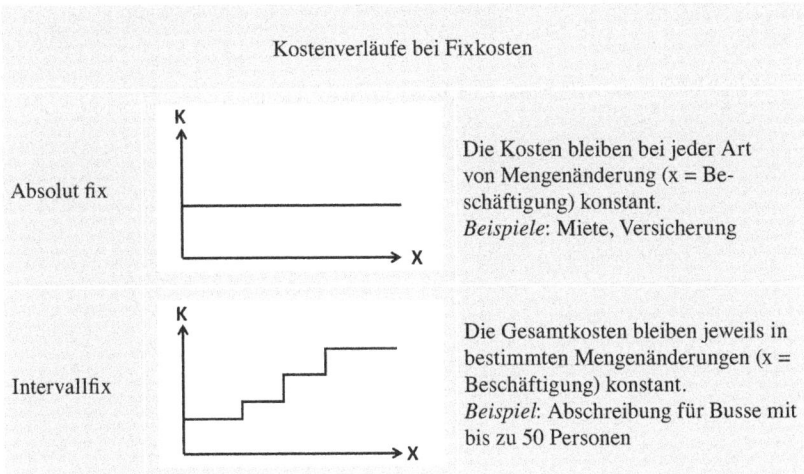

Tab. 13: Fixe Kostenverläufe

Beispiele: Die Kosten eines gemieteten Kopierers sind *intervallfix (sprungfix)*, z. B. bis 10.000 Kopien monatlich 9,99 €, und von 10.001–20.000 Kopien 17,99 € etc. Die Mietkosten eines Bürokomplexes sind *absolut fix*, weil diese immer in gleicher Höhe anfallen.

Bei den variablen Kosten sind folgende Verläufe zu differenzieren (s. Tab. 14):

- *Linear* = Die Gesamtkosten reagieren im gleichen Maße wie die Beschäftigung, z. B. Stundenhonorare (proportionale Kosten).
- *Degressiv* = Die Gesamtkosten steigen in geringerem Maße als die Beschäftigung, etwa Materialien, bei denen Mengenrabatte gewährt werden (unterproportionale Kosten).
- *Progressiv* = Die Gesamtkosten steigen in stärkerem Maße als die Beschäftigung, etwa Energiekosten, wenn Anlagen mit Überkapazitäten gefahren werden (überproportionale Kosten).
- *Regressiv* = Die Gesamtkosten gehen bei steigender Beschäftigung zurück, etwa die Heizung im Kino, weil anwesende Menschen den Raum heizen (sinkende Kosten).

In der betriebswirtschaftlichen Praxis wird meist von linearen (proportionalen) Kostenverläufen ausgegangen.

1.2 Die Kostenarten

Zusammengefasst ergibt sich die nachstehende Untertypologie:

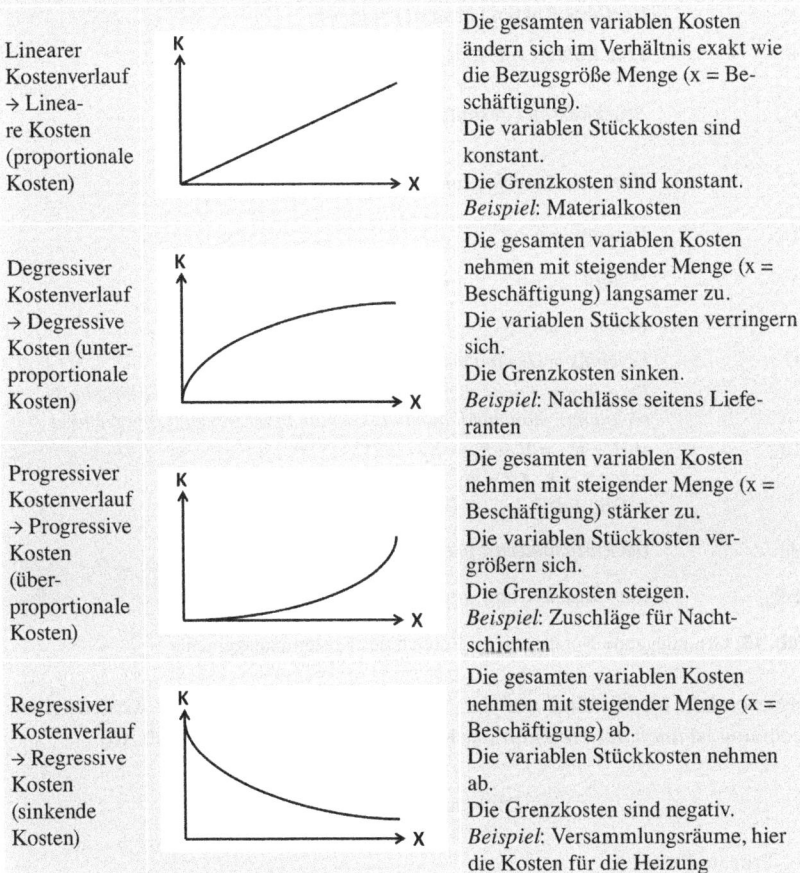

	Kostenverläufe bei variablen Kosten Veränderung der Kosten gemäß der Menge (Beschäftigung)	
Linearer Kostenverlauf → Lineare Kosten (proportionale Kosten)		Die gesamten variablen Kosten ändern sich im Verhältnis exakt wie die Bezugsgröße Menge (x = Beschäftigung). Die variablen Stückkosten sind konstant. Die Grenzkosten sind konstant. *Beispiel*: Materialkosten
Degressiver Kostenverlauf → Degressive Kosten (unterproportionale Kosten)		Die gesamten variablen Kosten nehmen mit steigender Menge (x = Beschäftigung) langsamer zu. Die variablen Stückkosten verringern sich. Die Grenzkosten sinken. *Beispiel*: Nachlässe seitens Lieferanten
Progressiver Kostenverlauf → Progressive Kosten (überproportionale Kosten)		Die gesamten variablen Kosten nehmen mit steigender Menge (x = Beschäftigung) stärker zu. Die variablen Stückkosten vergrößern sich. Die Grenzkosten steigen. *Beispiel*: Zuschläge für Nachtschichten
Regressiver Kostenverlauf → Regressive Kosten (sinkende Kosten)		Die gesamten variablen Kosten nehmen mit steigender Menge (x = Beschäftigung) ab. Die variablen Stückkosten nehmen ab. Die Grenzkosten sind negativ. *Beispiel*: Versammlungsräume, hier die Kosten für die Heizung

Hinweis: Grenzkosten sind die Kosten der zuletzt produzierten Einheit, also der zuletzt produzierten Güter oder erbrachten Leistung

Tab. 14: Variable Kostenverläufe

Als Lesehilfe für die weiteren Differenzierungen sei an dieser Stelle in Tab. 15 eine kleine Notationstabelle und Formelzusammenstellung zur Hand gegeben:

	Notation und Grundformeln
K_G	Gesamtkosten = $K_v + K_F$
K_v	Variable Kosten (gesamt) = $k_v * x$
K_F	Fixe Kosten (gesamt)
k_G	Stückkosten (gesamt) = $\dfrac{K_G}{x} = \dfrac{K_v + K_F}{x}$
k_v	Variable Stückkosten = $\dfrac{K_v}{x}$
U	Umsatz = $p * x$
x	Menge
p	Preis
G	Ergebnis = Gewinn oder Verlust (GuV)
BE	Betriebsergebnis = Betriebsgewinn oder Verlust (Betriebsergebnisrechnung), manchmal auch als Gewinn bzw. Verlust (G) bezeichnet $= U - K_G = U - K_v - K_F$ $= p * x - k_v * x - K_F$ $= DB_1 + DB_2 + \ldots + DB_n - K_F$
db	Deckungsbeitrag pro Stück = $p - k_v$
DB	Deckungsbeitrag gesamt = $(p - k_v) * x = db * x$

Tab. 15: Grundlegende Notationen im Bereich des Kostenmanagements

Insbesondere im Hinblick auf die Verteilung der Kosten in der Kostenstellenrechnung ist *nach der Herkunft* der Kosten zu differenzieren (s. Tab. 16).

Differenzierung nach der *Herkunft der Kosten*
• Primäre Kosten
• Sekundäre Kosten

Tab. 16: Kosten nach der Herkunft differenziert

Die im Produktions- bzw. Dienstleistungsprozess anfallenden Kosten können außer- oder innerhalb des Unternehmens anfallen. Dementsprechend werden sie wie folgt unterschieden:

1.2 Die Kostenarten

- *Primäre Kosten* resultieren nicht aus dem innerbetrieblichen Leistungsprozess, sie werden also von Dritten verursacht.
- *Sekundäre Kosten* resultieren aus dem innerbetrieblichen Leistungsprozess, es handelt sich um Verrechnungen von innerbetrieblichen Stellen bzw. zwischen Organisationseinheiten im Unternehmen.

Beispiel:

- Bei den monatlich anfallenden Personalkosten der Mitarbeitenden handelt es sich um typische Primärkosten.
- Typische Sekundärkosten sind hingegen zwischen zwei Teams verrechnete Personalkosten, weil ein Team Mitarbeitende für eine befristete Zeit an ein anderes Team ausleiht, da dort die Krankenquote aktuell sehr hoch ist.
- Die Haustechnik kauft einen Vorrat an Netzwerkkabeln ein und legt diese auf Lager zum Verbrauch in den nächsten Monaten. Es handelt sich um typische Primärkosten.
- Die Kosten über 25 Meter dieses Kabels werden, da im Bereich von Team 1 verbaut, diesem Team verrechnet. Hierbei handelt es sich um typische Sekundärkosten (innerbetriebliche Verrechnungskosten).
- Die Geschäftsführung beschafft und finanziert einen hochqualitativen DIN A1-Poster-Drucker, der von allen Teams genutzt wird (Primärkosten). Insgesamt werden nach Erfahrungswerten 1.000 Poster pro Jahr gedruckt. Die jährliche Abschreibung von 10.000,00 € für den Drucker wird zu einem Tausendstel auf jeden Druck umgelegt und multipliziert mit der Menge somit auf die einzelnen Teams verrechnet (Sekundärkosten).

Differenzierung nach dem *Zeitbezug*
• Istkosten
• Normalkosten
• Plankosten

Tab. 17: Kosten nach dem Zeitbezug differenziert

Weiterhin kann nach dem *Zeitbezug* der Kosten differenziert werden (s. Tab. 17):

- *Istkosten* = die Kosten, die anfallen bzw. tatsächlich angefallen sind,
- *Normalkosten* = die Kosten, die z. B. im Durchschnitt anfallen bzw. angefallen sind,
- *Plankosten* = die Kosten, die im Voraus geplant (vorgesehen) sind.

Als *Beispiel* nun typische Aussagen entsprechend der jeweiligen Kostenart:

- Istkosten = In diesem Monat sind Personalkosten in Höhe von 200.000,00 € angefallen.
- Normalkosten = Das sind 10 % mehr Personalkosten, als durchschnittlich in den letzten Jahren (Normalkosten) angefallen sind.
- Plankosten = Geplant waren 178.000,00 € für Personal.

Differenzierung nach dem *Einbezug*
• Vollkosten
• Teilkosten

Tab. 18: Kosten nach dem Einbezug differenziert

Der *Umfang (Einbezug)* der Kosten wird differenziert in (s. Tab. 18):

- *Vollkosten* – wenn von Vollkosten oder den vollen Kosten die Rede ist, so ist damit gemeint, dass mit allen Kosten gerechnet wird und keine Kosten systematisch ausgeschlossen werden.
- Der Begriff *Teilkosten* oder ein Teil der Kosten hingegen verdeutlicht, dass nur mit einem Teil der Kosten gerechnet wird.

Folgend drei konkrete Anwendungsfälle für diese Typologie bzw. Systematik:

- Vollkosten umfassen sowohl fixe als auch variable Bestandteile.
- Teilkosten umfassen dagegen nur variable Bestandteile.
- Vollkosten umfassen sowohl Einzel- als auch Gemeinkosten.
- Teilkosten umfassen nur Einzelkosten.
- Vollkosten umfassen die Gesamtkosten, also die Kosten aller produzierten Einheiten oder erbrachten Leistungen, eventuell deren Durchschnittskosten.
- Teilkosten umfassen nur die Grenzkosten, also die Kosten der zuletzt produzierten Einheit (Güter oder erbrachte Leistungen).

Differenzierung nach der *Entscheidungsrelevanz*
• Entscheidungsrelevante Kosten
• Entscheidungsirrelevante Kosten

Tab. 19: Kosten nach der Entscheidungsrelevanz differenziert

1.2 Die Kostenarten

Die Differenzierung nach der *Entscheidungsrelevanz* erfolgt in

- Kosten, die für eine bestimmte *Entscheidung relevant* sind bzw. durch die Entscheidung beeinflusst werden können und
- Kosten, die für eine bestimmte *Entscheidung irrelevant* sind bzw. durch die Entscheidung nicht beeinflusst werden können (s. Tab. 19).

Diese ebenfalls erhebliche Differenzierung schützt insbesondere vor Fehlentscheidungen. *Beispiel*: Wird ein medizinisches Gerät angeschafft, so sind neben den Anschaffungskosten bzw. der Abschreibung ebenfalls die Betriebskosten je Untersuchung, die damit abgehalten wird, entscheidungsrelevant.

Abschließend wird in Tab. 20 eine zusammenfassende Übersicht über die Differenzierung der Kosten nach Kostenarten gegeben.

Differenzierung nach …		Definitionen	Beispiele
… der Art der verbrauchten Güter und Dienstleistungen	Personalkosten (Pers.K) Sachkosten (Sach.K)	Personalkosten: Kosten der Gewinnung, Einstellung, Beschäftigung, Freisetzung von Mitarbeitenden, also Löhne und Gehälter inkl. Zusatzkosten (Nebenkosten) Sachkosten: Alle Kosten, die neben den Personalkosten entstehen	Personalkosten = Löhne, Gehälter, Arbeitgeberanteil zur Sozialversicherung, Nachtarbeitszuschläge etc. Sachkosten = Abschreibungen, Bürobedarf, Energie, Fremdleistungen, IT, Kalkulatorische Kosten, Marketing, Material, Mieten, Mobile, Reise, Versicherungen, Weiterbildung, Zinsen
… der Art der betrieblichen Funktion	Beschaffungskosten/ Finanzierungskosten/ Materialkosten	Definition entsprechend der jeweiligen Begriffsbestimmung der betrieblichen/betriebswirtschaftlichen Funktion, z. B. Beschaffungskosten = Kosten des Einkaufs & der Verteilungslogistik von Material	Kosten für die zu beschaffenden Güter und Dienstleistungen & Verpackungs-/Versand-/Versicherungskosten etc.
… dem Bezug zum Aufwand	Aufwandsgleiche Kosten Kalkulatorische Kosten	Aufwandsgleiche: Aufwand in der FiBu Kalkulatorische: anderer/Zusatzansatz KoRe	Aufwandsgleich: Kopieraufwand Kalkulatorisch: Wiederbeschaffungskosten

1 Grundlagen des Kostenmanagements und der Kostenerfassung

Differenzierung nach ...		Definitionen	Beispiele
... der Höhe der Kosten	Hohe Kosten (Hoh.K) Niedrige Kosten (Niedr.K)	Hohe Kosten: Kosten >= Wert xx,yy €	Hohe Kosten: Personalkosten 700.000,00 €
		Niedrige Kosten: Kosten < Wert xx,yy €	Niedrige Kosten: Bewirtungskosten 123,00 €
... der Zurechenbarkeit	Einzelkosten (Einz.K) Gemeinkosten (Gem.K)	Einzelkosten: Dem Objekt direkt zurechenbar Gemeinkosten: Dem Objekt nur indirekt zurechenbar	Einzelkosten: Kostenträgereinzelkosten Gemeinkosten: Kostenträgergemeinkosten aber auch: Projekteinzel-/-gemeinkosten etc.
... der Menge/ Beschäftigung	Fixe Kosten (Fix.K) Variable Kosten (Var.K)	Fixkosten: Beschäftigungsunabhängig Variable Kosten: Beschäftigungsabhängig	Fixkosten: KFZ-Steuer, Versicherung, Reparaturkosten Variable Kosten: Benzin und ggf. Abnutzung je km
... der Herkunft der Kosten	Primäre Kosten (Prim.K) Sekundäre Kosten (Sek.K)	Primäre Kosten: Beschaffung von außen Sekundäre Kosten: Innerbetrieblich verrechnete	Primäre Kosten: Rechnung für Instandhaltung Sekundäre Kosten: Innerbetriebliche Umlage
... dem Zeitbezug	Istkosten (Ist.K) Normalkosten (Norm.K) Plankosten (Plan.K)	Istkosten: Tatsächlich angefallene Kosten Normalkosten: Retrospektive Durchschnitte Plankosten: Im Voraus ermittelte, geplante Kosten	Istkosten: Es sind 3.000,00 € angefallen Normalkosten: Im Schnitt waren es bisher 2.800,00 € Plankosten: Für nächstes Jahr sind aufgrund der Erfahrungen 3.200,00 € geplant
... dem Umfang (Einbezug)	Vollkosten (Voll.K) Teilkosten (Teil.K)	Vollkosten: mit allen Kosten rechnen Teilkosten: mit einem Teil der Kosten rechnen	Vollkosten: Divisionskalkulation Teilkosten: Break-Even-Rechnung
... der Entscheidungsrelevanz	Entscheidungsrelevante Kosten Entscheidungsirrelevante Kosten	Relev.: sind in die Entscheidung einzubeziehen Irrelev.: sind nicht in die Entscheidung einzubeziehen	Relev.: Keine Engpasssituation → nur Einzelkosten Irrelev.: Keine Engpasssituation → Opportunitätskosten sind irrelevant

Tab. 20: Übersicht Differenzierung der Kosten nach Kostenarten

1.2 Die Kostenarten

Neben den zuvor dargestellten Differenzierungen der Kosten sind auch die folgenden – in Tab. 21 aufgeführten – Kostenbegriffe für sozialwirtschaftliche Unternehmen relevant. Die Kenntnis dieser Begrifflichkeiten ermöglicht eine fachgerechte Ausdrucksweise und somit ein Fachgespräch mit Dritten (z. B. einem Berater oder einer Beraterin).

Kleines Glossar weiterer Begrifflichkeiten in Bezug auf Kosten (alphabetisch)	
Alternativkosten	Siehe Opportunitätskosten.
Benchmarkkosten	Kosten, die im Rahmen eines Benchmarkings (vergleich mit den besten einer Branche) ermittelt werden.
Durchschnittskosten	Mittlere, durchschnittliche Kosten pro Stück, in der Regel ermittelt durch das arithmetische Mittel oder den Median.
Gesamtkosten	Die gesamten angefallenen Kosten.
Grenzkosten	Die Kosten der zuletzt produzierten Einheit, also der zuletzt produzierten Güter oder erbrachten Leistung.
Herstellkosten	Summe der Einzel- und Gemeinkosten aus dem Material- und Fertigungsbereich. Alternativ: Summe der Einzel- und Gemeinkosten der die Leistungen erbringenden Teams etc. Unterscheidung zu dem Begriff Herstellungskosten: Die Herstellkosten können kalkulatorische Bestandteile enthalten, die Herstellungskosten nicht.
Herstellungskosten	Ergebnis des finanzbuchhalterischen Bewertungsmaßstabs für die Herstellung eines Produkts, einer Leistung.
Lebenszykluskosten	Summe der Kosten eines Produkts/einer Dienstleistung von der Entwicklung bis zum Marktaustritt.
Marginalkosten	Synonym zu Grenzkosten.
Opportunitätskosten	Durch Nutzenentgang entstandene Kosten, die dadurch entstehen, dass andere Optionen (Opportunitäten) nicht genutzt werden, z. B. eine alternative Verwendung vorhandener Mittel.
Prozesskosten	Kosten eines Prozesses, eines Ablaufs, die bei der Ausführung eines Prozesses von Anfang bis Ende entstehen.
Selbstkosten	Ermittelt als Summe der Herstellungskosten zzgl. der Verwaltungs-, Vertriebs- und Entwicklungskosten sowie ggf. weiterer bestehender Kosten, somit alle Kosten (d.h. variable & fixe Kosten bzw. Einzel- & Gemeinkosten) der Produkte und Leistungen (Kostenträger), die sie verursacht haben.
Stückkosten	Die Kosten eines Stücks, einer Leistung etc. (ggf. Durchschnittskosten).
Verzichtskosten	Siehe Opportunitätskosten.
Zielkosten	Zulässige Kosten, also die Kosten, die aus der Sicht des Markts und der Kundinnen und Kunden als angemessen erscheinen = Target Costs.

Tab. 21: Glossar weiterer Kostenarten

1.3 Die kalkulatorischen Kosten

Der Aspekt der *kalkulatorischen Kosten* nimmt innerhalb des Kostenmanagements einen besonderen Stellenwert ein. Es handelt sich ja um Werteverzehr, dem gar kein Aufwand gegenübersteht oder ein Aufwand in tatsächlich anderer Höhe. *Kalkulatorische Kosten* ermöglichen es dem Unternehmen, nicht einfach den in der laufenden oder abgeschlossenen Periode (Wirtschaftsjahr) verbuchten Aufwand fortzuschreiben, sondern – entsprechend den betrieblichen Belangen sowie Gegebenheiten am Markt und in der Gesellschaft – absehbare Kostenveränderungen zu antizipieren.

Die kalkulatorischen Kosten sind weiterhin wie in Tab. 22 zu differenzieren:

Differenzierung kalkulatorischer Kosten
• Anderskosten
• Zusatzkosten

Tab. 22: Kalkulatorische Kosten: Hauptkategorien

Von *Anderskosten* spricht man, wenn die in der Kostenrechnung verrechneten Kosten von dem in der Finanzbuchhaltung (Gewinn- und Verlustrechnung) verrechneten Aufwand abweichen. Den Anderskosten steht dann zwar ein Aufwand in der Finanzbuchhaltung gegenüber, aber in anderer Höhe.

Im Regelfall stehen dem Aufwand jedoch Grundkosten in gleicher Höhe gegenüber (s. Tab. 23).

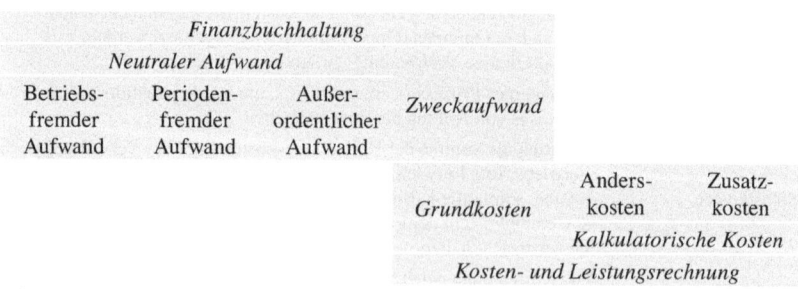

Tab. 23: Trennung Aufwand und Kosten

Beispiele hierzu:

- Die Löhne und Gehälter betragen für das laufende Jahr insgesamt 804.470,00 €. Dieser Wert wird in der Finanzbuchhaltung als Aufwand (Zweckaufwand) und in der Kosten- und Leistungsrechnung als Kosten (Grundkosten) berücksichtigt.

1.3 Die kalkulatorischen Kosten

- In der Finanzbuchhaltung liegt eine Rechnung über eine Lkw-Ladung mit Paketen Kopierpapier vor, insgesamt in Höhe von 15.000,00 €. Diese werden über das Jahr verbraucht und somit als Aufwand (Zweckaufwand) verbucht und als Kosten (Grundkosten) gerechnet.
- Eine regelmäßig wiederkehrende Dienstleistung wurde erbracht (z. B. Reinigung) und wird monatlich mit 12.000,00 € berechnet. Der Wert wird als Aufwand (Zweckaufwand) verbucht und als Kosten (Grundkosten) verrechnet.
- Eine technische Anlage wir mit jährlich 12.500,00 € abgeschrieben. In der Finanzbuchhaltung finden sich 12.500,00 € Aufwand (Zweckaufwand) und in der Kostenrechnung 12.500,00 € Kosten (Grundkosten).

In anderen Fällen stehen dem Aufwand aber auch höhere Anderskosten gegenüber. *Beispiele* hierzu:

- Die Löhne und Gehälter betragen für das laufende Jahr insgesamt 804.470,00 €. Ab dem kommenden Jahr ist aufgrund von Tarifverhandlungen mit einem höheren Wert zu rechnen. Geschätzt werden 845.000,00 €. Der Ausgangswert von 804.470,00 € wird in der Finanzbuchhaltung als Aufwand berücksichtigt (Zweckaufwand) und in der Kosten- und Leistungsrechnung werden 845.000,00 € als Kosten (Anderskosten) verrechnet.
- In der Finanzbuchhaltung liegt eine Rechnung über eine Lkw-Ladung mit Paketen Kopierpapier vor, insgesamt in Höhe von 15.000,00 €. Aufgrund einer Verteuerung auf dem Rohstoffmarkt ist in Zukunft mit Kosten in Höhe von 20.000,00 € zu rechnen. Die Pakete werden über das Jahr verbraucht und somit mit 15.000,00 € als Aufwand (Zweckaufwand) verbucht und mit 20.000,00 € als Kosten (Anderskosten) gerechnet.
- Eine regelmäßig wiederkehrende Dienstleistung wurde erbracht (z. B. Reinigung) und wird monatlich mit 12.000,00 € berechnet. Ab nächstem Jahr ist eine Steigerung der Kosten auf 15.000,00 € zu erwarten. Der Wert in Höhe von 12.000,00 € wird zwar als Aufwand (Zweckaufwand) verbucht, aber als Kosten (Anderskosten) kommen 15.000,00 € zum Ansatz.
- Eine technische Anlage wir mit jährlich 12.500,00 € abgeschrieben. Im nächsten Jahr soll die Anlage ausgemustert werden und es ist mit deutlich höheren Wiederbeschaffungskosten und einer daraus resultierenden Abschreibung in Höhe von 20.000,00 € zu rechnen. In der Finanzbuchhaltung finden sich 12.500,00 € Aufwand (Zweckaufwand) und in der Kostenrechnung 20.000,00 € Kosten (Anderskosten) wieder.

In anderen Fällen stehen dem Aufwand aber auch niedrigere Anderskosten gegenüber.
Beispiele hierzu:

- Die Löhne und Gehälter betragen für das laufende Jahr insgesamt 804.470,00 €. Ab dem kommenden Jahr ist wegen Outsourcing in einem Bereich mit einem deutlich geringeren Wert zu rechnen. Geschätzt werden 600.000,00 €. Der Ausgangswert von 804.470,00 € wird in der Finanzbuchhaltung als Aufwand berücksichtigt (Zweckaufwand) und in der Kosten- und Leistungsrechnung werden 600.000,00 € als Kosten (Anderskosten) gerechnet.
- In der Finanzbuchhaltung liegt eine Rechnung über eine Lkw-Ladung mit Paketen Kopierpapier vor, insgesamt in Höhe von 15.000,00 €. Wegen außerordentlich hohem Wettbewerb auf dem Rohstoffmarkt ist in Zukunft mit Kosten in Höhe von 10.000,00 € zu rechnen. Die Pakete werden über das Jahr verbraucht und somit mit 15.000,00 € als Aufwand (Zweckaufwand) verbucht und 10.000,00 € als Kosten (Anderskosten) gerechnet.
- Eine regelmäßig wiederkehrende Dienstleistung wurde erbracht (z. B. Reinigung) und wird monatlich mit 12.000,00 € berechnet. Ab nächstem Jahr ist eine Senkung der Kosten auf 10.000,00 € zu erwarten. Der Wert in Höhe von 12.000,00 € wird zwar als Aufwand (Zweckaufwand) verbucht, aber als Kosten (Anderskosten) kommen 10.000,00 € zum Ansatz.
- Eine technische Anlage wir mit jährlich 12.500,00 € abgeschrieben. Im nächsten Jahr soll die Anlage ausgemustert werden und es ist mit deutlich geringeren Wiederbeschaffungskosten und einer daraus resultierenden Abschreibung in Höhe von 9.000,00 € zu rechnen. In der Finanzbuchhaltung finden sich 12.500,00 € Aufwand (Zweckaufwand) und in der Kostenrechnung 9.000,00 € Kosten (Anderskosten) wieder.

Hinweis: Anderskosten können auf zwei unterschiedliche Weisen definiert werden:

- Einerseits ist es möglich (wie zuvor vorgenommen), den Gesamtwert der anders ermittelten bzw. kalkulierten/angesetzten Kosten (z. B. 500,00 €) als Anderskosten zu titulieren.
- Andererseits ist es möglich, die Differenz zwischen Aufwand (z. B. 700,00 €) und den anders ermittelten/kalkulierten Kosten (z. B. 500,00 €) als Anderskosten zu verrechnen, also insgesamt 200,00 €.

1.3 Die kalkulatorischen Kosten

Beide Vorgehensweisen sind in der Literatur vorzufinden. Dies muss bei der Lektüre von Fachbeiträgen berücksichtigt werden.

Von *Zusatzkosten* spricht man z. B. im Rahmen eines kalkulatorischen Unternehmenslohns, kalkulatorischer Zinsen auf das Kapital und kalkulatorischer Miete.

Die Zusatzkosten haben den Charakter von *Opportunitätskosten*. Damit sollen beispielsweise Zinsen, die ein Unternehmer für sein Eigenkapital erhalten würde, wenn er das Geld bei einer Bank anlegen würde, als Kosten einbezogen werden.

Opportunitätskosten sind Kosten, die dadurch entstehen, dass Möglichkeiten (Opportunitäten) zur maximalen Nutzung von Ressourcen nicht genutzt werden, also der Nutzenentgang, der bei zwei Alternativen durch die Entscheidung für die eine und gegen die andere Möglichkeit entsteht.

Klassisches Beispiel: Statt mit 100.000,00 € einen Kiosk zu eröffnen, hätte ein Unternehmer das Kapital auch zur Bank bringen können. Die Opportunitätskosten betragen bei 5 % Zinsen jährlich 5.000,00 €. Also sollte der Unternehmer 5.000,00 € als Kosten ansetzen.

Anderskosten und Zusatzkosten (kalkulatorische Kosten) sind weiterhin wie folgt zu differenzieren (s. Tab. 24):

Differenzierung der *kalkulatorischen Kosten*
• Abschreibungen, kalkulatorische
• Lohn für das Ehrenamt, kalkulatorischer
• Miete, kalkulatorische
• Unternehmerlohn, kalkulatorischer
• Wagnisse, kalkulatorische
• Zinsen, kalkulatorische

Tab. 24: Kalkulatorische Kosten: Unterkategorien der 1. Ebene

Die *kalkulatorischen Wagnisse* können darüber hinaus noch weiter – wie in Tab. 25 dargestellt – ausdifferenziert werden:

Differenzierung der *kalkulatorischen Wagnisse*
• Anlagenwagnis
• Arbeitswagnis
• Beständewagnis
• Debitorenwagnis

- Entwicklungswagnis
- Fertigungswagnis
- Gewährleistungswagnis
- Vertriebswagnis

Tab. 25: Kalkulatorische Kosten: Unterkategorien der 2. Ebene

Durch kalkulatorische Wagnisse sollen besondere betriebliche, nicht versicherte Einzelrisiken berücksichtigt werden. Wagniskosten sind immer dann anzusetzen, wenn diese im Zweckaufwand und in anderen kalkulatorischen Kostenarten nicht ausreichend erfasst sind, jedoch für eine vollständige Erfassung des Güterverzehrs berücksichtigt werden müssen.

Die Einzelrisiken (Einzelwagnisse) werden wie folgt unterschieden (s. Tab. 26).

Exkurs: Typologie kalkulatorischer Wagnisse	
• Anlagenwagnis	• Technische und wirtschaftliche Veraltung
• Arbeitswagnis	• Ausfallzeiten wegen Krankheit
• Beständewagnis	• Schwund, Veraltern, Verderben, Mode (Bestände schlecht verkaufbar)
• Debitorenwagnis	• Forderungsausfälle, Kursverluste
• Entwicklungswagnis	• Erfolglose Forschung und Entwicklung
• Fertigungswagnis	• Mehrkosten • Ausschuss und Nacharbeiten • Konstruktions-, Material- und Arbeitsfehler
• Gewährleistungswagnis	• Kulanzen, Preisnachlässe, Haftung
• Vertriebswagnis	• Forderungsausfälle

Tab. 26: Kalkulatorische Kosten: Unterscheidung der Einzelwagnisse

In Tab. 27 sind die kalkulatorischen Kostenarten kurz zusammenfassend erläutert.

Exkurs 1: Erläuterungen zu den kalkulatorischen Kostenarten im Telegrammstil	
Kalkulatorische Abschreibungen	• werden – wie bilanzielle Abschreibungen – planmäßig über die Nutzungszeit des abnutzbaren Anlageguts verteilt. • werden grundsätzlich nur linear abgeschrieben (Abschreibungszeitraum = tatsächlich abzuschätzende Nutzungsdauer). • müssen nicht von den historischen Anschaffungs- oder Herstellungskosten vorgenommen werden, vielmehr werden häufig die Wiederbeschaffungskosten oder aktuellen Tageswerte angesetzt. • erfassen die tatsächliche Wertminderung durch Abschreibung. • sind normalerweise Anderskosten.

1.3 Die kalkulatorischen Kosten

Kalkulatorische Zinsen	• Opportunitätskostencharakter, werden auf Kapitalkosten berechnet. • entgangener Nutzen, der entstanden ist, weil das Kapital für den eigentlichen betrieblichen Zweck eingesetzt wird und nicht zu anderen Zwecken (z. B. Anlage am Kapitalmarkt) verwendet werden kann. • berechnet auf das durchschnittlich gebundene betriebsnotwendige Kapital. • unterschiedslos werden Zinsen für betriebsnotwendiges Fremdkapital und Eigenkapital verrechnet, da nicht die Herkunft, sondern die Höhe des eingesetzten Kapitals kalkulationsrelevant ist. • Ermittlung erfolgt nach dem weiter untenstehenden Schema. • sind üblicherweise Zusatzkosten.
Kalkulatorische Mieten	• bei (teil-)kostenloser Nutzung von Räumlichkeiten. • Anhaltewert: ortsüblich anfallende Mieten. • können Zusatzkosten oder Anderskosten sein.
Kalkulatorische Wagnisse	• Aufteilung siehe nachfolgend. • typischer Fall von Zusatzkosten.
Kalkulatorischer Unternehmerlohn & Kalkulatorischer Lohn für das Ehrenamt	• wenn Arbeitsentgelte der Geschäftsführerinnen oder Geschäftsführer aus dem Gewinn zu decken sind. • insbesondere, wenn ehrenamtlich Tätige keine oder nur eine geringe Aufwandsentschädigung erhalten. • branchenübliche Löhne/Gehälter als Anhaltewerte. • typische Zusatzkosten.
Kalkulatorischer Gewinn	• beinhaltet das allgemeine Unternehmenswagnis und somit das Risiko, dass sich das eingesetzte Kapital nicht oder zu niedrig verzinst bzw. (teilweise) verloren geht. • hier können auch Teile der Wagniskosten pauschal als Zuschlag zum Gewinn verrechnet werden. • Zusatzkosten.

Tab. 27: Kalkulatorische Kosten: Erläuterungen

Folgende kalkulatorische Kosten sind demgemäß in einem sozialwirtschaftlichen Unternehmen beispielsweise zu berücksichtigen:

- Eine Rentnerin arbeitet für ein halbes Jahr unentgeltlich in der Verwaltung mit und leistet gute Arbeit. Kalkulatorische Kosten in Höhe einer marktüblichen Entlohnung werden angesetzt, weil die Rentnerin nach dem halben Jahr ausscheidet und eine marktüblich zu entlohnende Mitarbeiterin dann an ihre Stelle tritt.
- Die neu angemieteten Räumlichkeiten werden der Organisation für acht Monate unentgeltlich überlassen. Kalkulatorische Kosten in Höhe einer ortsüblichen Miete werden berücksichtigt.
- Die Einrichtung hat drei Pkw im Einsatz, die in der Finanzbuchhaltung nur noch mit einem Erinnerungswert stehen. Kalkulatorische Abschreibungen werden angesetzt.

- Mittels kalkulatorischer Abschreibungen soll der betriebsbedingte und nicht der handels- oder steuerrechtlich zulässige Abschreibungssatz zum Ansatz kommen.
- Kalkulatorische Abschreibungen richten sich somit nicht nach externen Erfordernissen (z. B. Rechtsvorschriften), sondern lediglich nach internen Erfordernissen (z. B. Erfordernisse einer sachgerechten Kalkulation von Kostensätzen).

Fazit: Die kalkulatorischen Kosten ermöglichen eine genauere Kalkulation und somit eine präzisere Steuerung.

Mittels der Berücksichtigung von kalkulatorischen Kosten (s. Tab. 27) wird aus betriebswirtschaftlicher Sicht insbesondere bei der Verwendung von Wiederbeschaffungskosten das Ziel der realen Substanzerhaltung verfolgt, also der Erhaltung des realen Werts des eingesetzten Kapitals.

Die Höhe der kalkulatorischen Kosten richtet sich weitgehend nach Erfahrungswerten.

1.4 Die Verzinsung des betriebsnotwendigen Vermögens (kalk. Zinsen)

Das betriebsnotwendige Vermögen umfasst die Vermögensgegenstände, die für die sachzielgerechte, typische betriebliche Produktion und Dienstleistungserbringung notwendig sind.

Dazu gehört z. B. bei einer Seniorinnen- und Senioreneinrichtung das Gebäude, in dem die Menschen gepflegt werden, nicht aber eine Lagerhalle auf dem Grundstück, die für Campingwagen vermietet wird.

Eine hinreichende Kenntnis der Höhe des betriebsnotwendigen Vermögens ist Voraussetzung, um das betriebsnotwendige Kapital zu ermitteln.

Die Ermittlung des betriebsnotwendigen Vermögens geht in folgenden Schritten (s. Tab. 28) vor sich. Am Ende steht die Ermittlung der kalkulatorischen Zinsen.

Notwendige VG ermitteln	- Quelle: Bücher der Finanzbuchhaltung - z. B. Anlagekartei, Inventar, Buchführungssoftware
VG, die nicht betriebsnotwendig sind, eliminieren	- z. B. aktivierte Geschäftswerte, ungenutzte Gebäude, Grundstücke in Fremdnutzung, zu hohe Bestände im Umlaufvermögen (etwa Vorräte, Material), zu hohe Zahlungsmittel

1.4 Die Verzinsung des betriebsnotwendigen Vermögens (kalk. Zinsen)

Betriebsnotwendige VG, die nicht in der Bilanz stehen, addieren	• z. B. Vermögensgegenstände, die nicht mehr in der Bilanz stehen, weil sie voll abgeschrieben sind, aber dennoch genutzt werden
Bewertung der betriebsnotwendigen VG durchführen	• Bewertung des Anlagevermögens zu Restbuchwerten • Bewertung des Umlaufvermögens zu kalkulatorischen Mittelwerten • Ermittlung des durchschnittlich gebundenen Vermögens $$= \frac{Anfangsbestand + Endbestand}{2}$$
Abzugskapital	• Subtraktion von Kapital, das zinslos zur Verfügung gestellt wird (z. B. Kundinnen-/Kundenkredite = Anzahlungen; Lieferantenkredite = Verbindlichkeiten [Zielkauf])
Zinsermittlung	• Multiplikation mit einem kalkulatorischen Zinsfuß (Zinssatz)
Formel	+ Summe notwendige VG des Unternehmens − neutrale/betriebsfremde VG + nicht-bilanzierte VG = betriebsnotwendiges Vermögen − Abzugskapital = betriebsnotwendiges Kapital

Tab. 28: Ermittlung der kalkulatorischen Zinsen

Gegeben sei beispielhaft folgende Ausgangssituation:
Ein Unternehmen hat einen Lieferantenkredit
und eine Anzahlung über   3.000,00 €
Einige VG dienen nicht dem Betriebszweck.
Der Gesamtwert beträgt   10.000,00 €
VG, die noch einen Wert am Markt haben, sind endgültig
abgeschrieben und tauchen in der Bilanz nicht auf   25.000,00 €
Ein Unternehmen hat VG mit einem Gesamtwert in Höhe von   400.000,00 €

Das betriebsnotwendige Kapital berechnet sich wie folgt:
+ Summe notwendige VG des Unternehmens   400.000,00 €
− neutrale/betriebsfremde VG   10.000,00 €
+ nicht-bilanzierte VG   25.000,00 €
= betriebsnotwendiges Vermögen   415.000,00 €
− Abzugskapital   3.000,00 €
= betriebsnotwendiges Kapital   412.000,00 €

Rechnet man darauf kalkulatorische Zinsen in Höhe von 5 %,
so ergeben sich für das betriebsnotwendige Kapital Zinsen
in Höhe von   20.600,00 €

Dieses *Beispiel* stammt von dem ✠Kreuz des Nordens – ein Unternehmensbeispiel, das als Fallstudie hier im Buch herangezogen wird. Im nachfolgenden Kapitel findet sich eine kurze Beschreibung der Rahmenbedingungen des ✠Kreuz des Nordens.

1.5 Die durchgängige Fallstudie ✠ Kreuz des Nordens

Das ✠Kreuz des Nordens, gegründet als *Hilfsorganisation* in der Rechtsform der GmbH, feierte kürzlich sein fünfjähriges Jubiläum. Die Gründerinnen und Gründer sind stolz, der Aufbau hat lange gedauert, aber die Mühe hat sich gelohnt. Aller Anfang war eben schwer. Sie haben mühevoll lernen müssen, wie ein Unternehmen zu steuern ist.

Herr Hasenbein leitet das Controlling der bundesweit tätigen Hilfsorganisation. Im Auftrag des Vorstands soll er die bestehende Kostenrechnung verbessern und ein einfaches, aber wirkungsvolles Kostenmanagement etablieren, um die Steuerung der Hilfsorganisation zu optimieren.

Zu den *Kernkompetenzen* der Hilfsorganisation gehören die sozialen Dienste, eine strategische Geschäftseinheit, die unterschiedliche Dienste für betagte Menschen anbietet, die dennoch – so der Werbeslogan – „Sicher und unabhängig daheim" leben möchten.

Das ✠ Kreuz des Nordens bietet insbesondere folgende *Leistungen* an:

- Essen auf Rädern
- Ambulante Pflege
- Stationäre
- Krankentransport
- Hausnotruf
- Hauswirtschaftliche Dienste
- Schuldnerberatung

und betreibt auch Krankenhäuser.

Innerhalb des ✠Kreuz des Nordens gibt es eine regionale Einheit, die als Pilot das neue Kostenmanagement einführen und erproben soll.

1.6 Ein System des Kostenmanagements

Wenn es um Kosten geht, spitzen Managerinnen und Manager grundsätzlich die Ohren. Wie kann ich Kosten senken oder möglichst sogar ganz vermeiden? Das ist eine zentrale Frage, die sich die betriebswirtschaftlich Verantwortlichen täglich stellen. Häufig wird diese punktuell, unsystematisch und spontan beantwortet. Das kann wirkungsvoll sein, muss es aber nicht.

Wirkungsvoller ist in jedem Fall ein *systematisches Kostenmanagement*. Darunter wird hier eine *zielgerichtete Gestaltung, Steuerung und Entwicklung der Kosten* in einem Unternehmen – speziell einem sozialwirtschaftlichen Unternehmen – verstanden.

Bezüglich des hier im Folgenden erläuterten Kostenmanagements handelt es sich um ein systematisches Vorgehen, das neun Aspekte beinhaltet, die im folgenden *Kachelmodell des Kostenmanagements nach Heister & Tiskens* dargestellt sind (s. Tab. 29):

Ausrichtung des Kostenmanagements	*Kostenstruktur*	*Kostenniveau*
Vision I Orientierung I Ziele Strategien I Maßnahmen Wirtschaftlichkeit	Strukturorientierung Ziel: Optimierung der Kostenstruktur	Niveauorientierung Ziel: Reduzierung der Kostenhöhe

Kostenverlauf	*Kostenrechnung*	*Kostencontrolling*
Verlaufsorientierung, Abhängigkeit der Kosten von der Beschäftigung optimieren (Reagibilität)	Erfassung Verrechnung Zuordnung	Planung Informationsversorgung Kontrolle

Organisation & Kommunikation	*Schulung*	*Qualitätsmanagement*
Aufbau- I Ablauforganisation Projektmanagement Change Management Digitale Systeme	Fachliche Kompetenzen Überfachliche Kompetenzen (insbesondere Digitale Kompetenzen)	Plan I Do I Check I Act Förderung agilen Verhaltens: flexibel I proaktiv I antizipativ I initiativ

Tab. 29: Kachelmodell des Kostenmanagements nach Heister & Tiskens

Empfehlung: Die nachfolgenden Ausführungen sollten aufmerksam gelesen und gedanklich verarbeitet werden. Nach der Lektüre des gesamten Buchs sollte dieses Unterkapitel erneut konzentriert gelesen werden.

1. Ausrichtung des Kostenmanagements	Vision | Orientierung | Ziele Strategien | Maßnahmen Wirtschaftlichkeit

Zu einem erfolgreichen Kostenmanagement gehört eine *Vision*. Visionen sind richtungsweisende Bilder der Zukunft, konkrete Beschreibungen dessen, wo die langfristige Entwicklung des Unternehmens/der Organisation hingehen soll. Es handelt sich also um ein noch nicht erreichtes, in der Ferne liegendes Ziel, das fast utopisch erscheint. Visionen sind wie die Sterne am Firmament. Man kann sie nicht erreichen, aber sie weisen immer den richtigen Weg. Eine beispielhafte Vision für das Kostenmanagement kann folgende Aussagen beinhalten: Bei uns wird jeder mögliche Cent für die Menschen ausgegeben und für die Verwaltung und Organisation etc. nur jeder unbedingt notwendige.

Orientierungen des Kostenmanagements, also spezielle Ausrichtungen, könnten sein:

- Nicht „Kaputtsparen", sondern Steigerung von Effektivität und Effizienz mit Kreativität und Innovation.
- Nicht nur Kosten betrachten, sondern auch Umsätze (Leistungen).
- Digitalisierung zur Steigerung der Effektivität und Effizienz.

Damit wird auch in den Blick genommen: Welche Auswirkungen haben die geplanten Kostenreduktionen für die externen Kundinnen und Kunden bzw. für die Mitarbeitenden (als interne Kundinnen und Kunden) eines sozialwirtschaftlichen Unternehmens? In welchem Kontext/Zusammenhang steht die Reduzierung der Kosten zu unserer Vision, den Oberzielen und unseren Strategien?

Ziele als Aussagen über angestrebte Zustände im sozialwirtschaftlichen Unternehmen könnten beispielsweise sein: In drei Jahren haben wir die Struktur und das Niveau der Kosten optimiert und die Kosten um 20 % gesenkt. Wir verdoppeln innerhalb der nächsten zwei Jahre die Anzahl der Mitarbeitenden, die über notwendige Digitale Kompetenzen verfügen. Mit der neuen Version laufen die digitalen Systeme fehlerfrei.

Strategien sind auf lange Fristen gerichtete Verhaltenspläne. Im Bereich des Kostenmanagements beispielsweise:

- Die Strategie der Segmentierung befürwortet z. B. die Aufteilung der heterogenen Gruppe der Mitarbeitenden in Bezug auf Informationsversorgung in in sich homogene und untereinander heterogene Gruppen (Segmente, Zielgruppen, Cluster) sowie eine entsprechend differenzierte Berücksichtigung

derselben. Nicht alle werden gleich geschult, nicht alle erhalten die gleichen Berichte, sondern es findet eine Differenzierung der Segmente statt.
- Benchmarking: Zusammenarbeit und Vergleich mit den Besten einer Branche, z. B. Vergleich über Kennzahlen/von Prozessen.
- Kooperation, z. B. Bildung von Einkaufsgemeinschaften.

In jedem Fall ist zu beachten, dass Aktivitäten jedweder Art dem Prinzip der Wirtschaftlichkeit entsprechen müssen. Das bedeutet mit anderen Worten: Sie müssen sich rechnen. Die Kosten, die beispielsweise bei der Umstellung von einer Software zusätzlich entstehen, müssen auch in jedem Fall an anderer Stelle eingespart werden. Dieses Prinzip gilt für jede Strategie, für jede Maßnahme, für jede Software, die eingeführt wird, sowie für jede Schulung, die durchgeführt wird etc.

2. Kostenstruktur	Strukturorientierung Ziel: Optimierung der Kostenstruktur

Im Rahmen der *Kostenstruktur* geht es um die Zusammensetzung der Kosten. Diese soll optimiert werden. Es geht darum, ob variable Kosten oder Fixkosten durch die Entscheidungen des Managements generiert werden bzw. ob die Beschlüsse Einzel- oder Gemeinkosten nach sich ziehen.

Durch variable Kosten (Einzelkosten) können nämlich die Flexibilität des bzw. im Unternehmen wesentlich erhöht werden und ggf. auch die Kosten gesenkt werden. Zu entscheiden ist, ob ein Fahrer oder eine Fahrerin beim „Essen auf Rädern" beispielsweise pro Essen honoriert wird oder ob er einen Monatslohn (als Geringbeschäftigter bzw. Geringbeschäftigte) erhält.

3. Kostenniveau	Niveauorientierung Ziel: Reduzierung der Kostenhöhe

Im Rahmen der *Niveauorientierung* geht es mit einfachen Worten darum, die Höhe der Kosten zu optimieren, d.h. meistens, sie einfach zu senken. Dazu gibt es zahlreiche Ansätze, die auch im weiteren Verlauf des vorliegenden Buchs vermittelt werden.

4. Kostenverlauf	Verlaufsorientierung Abhängigkeit der Kosten von der Beschäftigung optimieren (Reagibilität)

Beim *Kostenverlauf* steht das Fixkostenmanagement (Gemeinkostenmanagement) im Vordergrund, z. B.: Ist die Beschäftigung so optimiert, dass die Fixkosten auch z. B. komplett mit den Selbstkosten auf die Kundinnen und Kunden umgewälzt werden?

Solche und ähnliche Aspekte werden hier behandelt. Untersucht wird aber gleichzeitig auch der Kostenverlauf über die Zeit, also von der Konzeption einer Leistung bis hin zur Beendigung des Angebots am Markt.

5. Kostenrechnung	Erfassung Verrechnung Zuordnung

Die zentralen Fragestellungen der *Kostenrechnung* als Aspekt des Kostenmanagements sind:

- Kostenerfassung: Welche Kosten fallen in welcher Höhe an?
- Kostenverrechnung: Wo fallen die Kosten in welcher Höhe an?
- Kostenzuordnung: Wofür fallen die Kosten in welcher Höhe an?

Zur Beantwortung der Fragen sind entsprechende, differenzierte Methoden und Instrumente der Kostenrechnung (ganz präzise: Kosten- und Leistungsrechnung) anzuwenden.

6. Kostencontrolling	Planung Infoversorgung Kontrolle

Controlling heißt übersetzt „Steuerung" und nicht – wie häufig irrtümlich angenommen – „Kontrolle". Zwar gehört die Kontrolle auch zu den Aufgaben des Controllings, aber diese sind insgesamt umfassender und beinhalten

- die Planung,
- die Informationsverarbeitung und
- die Kontrolle

1.6 Ein System des Kostenmanagements

in Bezug auf die Kosten in einer sozialwirtschaftlichen Organisation.
Bitte beachten Sie: Eine Kontrolle ist immer nur möglich, wenn auch die Planung und die Informationsversorgung angepasst bzw. optimiert sind. Wer nicht geplant hat, kann nicht sagen, ob er am Ziel ist. Und die fehlende Informationsversorgung ist häufig ein großes Problem: Wenn beispielsweise die Erfassung der IT-Kosten nicht durchdacht ist, können die meisten sozialwirtschaftlichen Unternehmen überhaupt keine Auskunft dazu geben, in welcher Höhe heute tatsächlich IT-Kosten anfallen.

Insofern handelt es sich bei der Kontrolle und Informationsversorgung ebenfalls um wichtige Aspekte, die im Rahmen des Kostenmanagements besonders beachtet werden müssen.

7. Organisation & Kommunikation	Aufbau- I Ablauforganisation Projektmanagement Change Management Digitale Systeme

Für ein gelingendes Kostenmanagement ist eine optimierte Aufbau- und Ablauforganisation als Primärorganisation von großer Bedeutung. Einmalige Aktivitäten müssen ggf. im Rahmen eines begleitenden Projektmanagements organisiert werden. Bei großen Veränderung ist ein professionelles Change Management notwendig.

Wichtig ist eine umfassende und regelmäßige Information bzw. Kommunikation über Veränderungen und Aktivitäten im Bereich des Kostenmanagements.

8. Schulung	Fachliche Kompetenzen Überfachliche Kompetenzen (insbesondere Digitale Kompetenzen)

Im Bereich der *Schulung* wird unter Kompetenzen die Kombinationen von Wissen, Verständnis, Fähigkeiten, Fertigkeiten und ethischen Werten verstanden, mithilfe derer bestimmte Aufgaben zu erledigen bzw. bestimmte (betriebliche) Probleme gelöst werden können:

- Wissen: (intersubjektiv) überprüfbare Theorien und Fakten
- Verständnis: inhaltliches Begreifen
- Ethische Werte: sittliches Verständnis
- Fähigkeiten: Können, angeborenes Vermögen, etwas aktiv zu tun
- Können: erlerntes Verhalten

Kompetenzen werden in fachliche und überfachliche Kompetenzen unterschieden: Fachliche Kompetenzen sind Kompetenzen, die unmittelbar mit dem Fachaspekt einer Aufgabe zusammenhängen, also beispielsweise die Diagnosekompetenz eines Arztes. Überfachliche Kompetenzen dienen z. B. zum Erwerb neuer Kompetenzen, beispielsweise die Recherchekompetenz.

Angesichts der heutigen gesamtgesellschaftlichen Entwicklungen ist es von großer Bedeutung, auch Digitale Kompetenzen souverän zu nutzen, z. B.

- Suchstrategien im Einkauf nutzen, um Kostensenkungspotenziale zu entdecken.
- Informationsquellen kritisch bewerten.
- digital kommunizieren.
- Dokumente gemeinsam bearbeiten.
- digitale Werkzeuge bedarfsgerecht einsetzen.

9. Qualitätsmanagement	Plan I Do I Check I Act Förderung agilen Verhaltens: flexibel I proaktiv I antizipativ I initiativ

Das Kostenmanagement ist in das bestehende *Qualitätsmanagement* des sozialwirtschaftlichen Unternehmens einzubeziehen. Der bekannte PDCA Zyklus kann zum Einsatz kommen: Plan I Do I Check I Act. Auf die Förderung agilen Verhaltens sollte besonders geachtet werden. Die Arbeiten im Kostenmanagement sollten möglichst flexibel, proaktiv, antizipativ und initiativ erledigt werden.

Ein solch systematisches Vorgehen im Kostenmanagement ist zweifellos der beste Weg und von großem Vorteil. Aber manchmal drängt – auch in sozialwirtschaftlichen Organisationen – einfach die Zeit. Die Kosten müssen runter! Und das kurzfristig.

Und häufig ist nicht die Zeit gegeben, ein komplettes Kostenmanagement aufzubauen, sondern es müssen eilig kurzfristig wirkende Maßnahmen ergriffen bzw. vielleicht erste Strukturen konzipiert und umgesetzt werden.

Deshalb hier auch eine „Erste-Hilfe-Liste" für kurzfristige Maßnahmen, die, wenn dem Unternehmen bereits das Wasser bis zum Hals stehen sollte, hilfreich sein werden. Besonders zu empfehlen ist es, dabei stets die Mitarbeitenden mit ins Boot zu holen. Sie können Tipps geben, welche Maßnahmen ergriffen werden können, und sie sind letztendlich auch diejenigen, die die Maßnahmen umsetzen müssen.

1.6 Ein System des Kostenmanagements

- Leistungen entfallen komplett.
- Qualitätslevel werden gesenkt.
- Servicelevel werden gesenkt.
- Leistungen entfallen nicht komplett, aber Leistungsumfang wird gesenkt.
- Die Leistungshäufigkeit/-frequenz wird gemindert.
- Priorisierte Erbringung.
- Vergütungen möglichst auf Erfolgsabhängigkeit umstellen oder in Einzelkosten umwandeln.
- Rationalisierungsmaßnahmen zur Senkung von Fix-/Gemeinkosten, z. B. Prozessoptimierung durchführen.
- Fixkostendegression (stärker sinkende Stückkosten) durch Kapazitätsauslastung, z. B. Einkaufsvorteile durch Mengen.
- Cost Sharing, d. h., nicht alles allein machen, Kosten einer Leistung/eines Projekts unter den beteiligten Parteien aufteilen.
- „Make or buy", muss alles selbst gemacht werden oder kann es auch eingekauft werden?

Aber auch erste strukturelle Reaktionen können nach Möglichkeit ergriffen werden:

- So können beispielsweise Leistungen rationeller erbracht werden, d. h., die Ablauforganisation kann effektiver und vor allem effizienter gestaltet werden durch Zentralisierung, Dezentralisierung und Umorganisation (intern).
- Aber auch die Abläufe können effektiver und vor allem effizienter gestaltet werden durch z. B. Optimierung und Standardisierung der Prozesse, Digitalisierung, bessere Informationstransparenz.
- Letztendlich können aber auch – vor allem interne – Leistungen grundsätzlich reduziert werden. Der Aspekt „Müssen diese (internen) Leistungen, Standards etc. überhaupt erbracht/vorgehalten werden, oder können sie nicht vielleicht sogar wegfallen?" ist konsequent zu überdenken. *Ein gutes Beispiel*: Sind wirklich Farbdrucker in den Büros notwendig (siehe z. B. Handelsblatt 2019)?

Und immer sollten auch besonders innovative Ideen in den Blick genommen werden, z. B. *Co-Sourcing*: Aufgaben oder Projekte, die von einem Auftraggeber und Auftragnehmer (Dienstleister) gemeinsam durchgeführt werden, indem beide Ressourcen und Know-how beitragen.

Literatur

Coenenberg, A. G., Fischer, T. M., & Günther, T. (2016). *Kostenrechnung und Kostenanalyse*. 9. Aufl. Stuttgart: Schäffer-Poeschel.

Ernst, C., Schenk, G., & Schuster, P. (2017). *Kostenrechnung klipp und klar*. 2. Aufl. Berlin: Springer Gabler.

Goldman, S. L., Warnecke, H.-J., Preiss, K., & Nagel, R. N. (1996). *Agil im Wettbewerb: die Strategie der virtuellen Organisation zum Nutzen des Kunden*. Berlin, Heidelberg: Springer.

Handelsblatt (2019). *VW sucht Sparpotenziale und verzichtet jetzt auf Farbdrucker*. 14. April 2019. https://www.handelsblatt.com/unternehmen/industrie/autobauer-vw-sucht-sparpotenziale-und-verzichtet-jetzt-auf-farbausdrucke/24218322.html. Zugegriffen: 17. Juli 2019.

Heister, W. (2010). Erfolgsfaktoren des Controllings in Nonprofit-Organisationen. In H.-C. Reiss (Hrsg.), *Steuerung von Sozial- und Gesundheitsunternehmen* (S. 171–188). Baden-Baden: Nomos.

Horsch, J. (2018). Kostenrechnung. Klassische und neue Methoden in der Unternehmenspraxis. 3. Aufl. Wiesbaden: Springer Fachmedien.

Olfert, K. (2018). *Kostenrechnung*. 18. Aufl. Herne: Kiehl.

Olfert, K., & Rahn, H.-J. (2017). *Einführung in die Betriebswirtschaftslehre*. 12. Aufl. Herne: Kiehl.

Schmola, G. (2019). Jahresabschluss, Kostenrechnung und Finanzierung im Krankenhaus. Grundlagen und Zusammenhänge verstehen. Wiesbaden: Springer Fachmedien.

Vahs, D., & Schäfer-Kunz, J. (2015). *Einführung in die Betriebswirtschaftslehre*. 7. Aufl. Stuttgart: Schäffer Poeschel.

Weber, J., & Weißenberger, B. E. (2015). *Einführung in das Rechnungswesen. Bilanzierung und Kostenrechnung*. 9. Aufl. Stuttgart: Schäffer-Poeschel.

Die Erfassung der Kosten (Kostenartenrechnung) 2

> **Summary**
> *Das Externe Rechnungswesen bildet den Ausgangspunkt und die Grundlage der Kostenerfassung. Die im Externen Rechnungswesen ermittelten Aufwendungen sind jedoch mittels einer Abgrenzungsrechnung zu bearbeiten, bevor sie im Rahmen des Kostenmanagements – insbesondere der Kostenstellenrechnung – genutzt werden können.*

Ziele der Kompetenzentwicklung

Grundlagen des Externen Rechnungswesens (Jahresabschluss, Bilanz, GuV) als Basis der Kostenerfassung verstehen und entsprechend agieren zu können (es handelt sich um eine sehr knappe Zusammenfassung wichtiger Aspekte).
Fertigkeit, zweckmäßige Kostenartenkategorien zu bilden.
Fertigkeit, einen Kostenartenplan aufzubauen.
Fertigkeit, Methoden zur Berechnung zu beherrschen.
Fertigkeit, eine Kostenspaltung umsetzen und interpretieren zu können.

2.1 Das Externe Rechnungswesen als Grundlage der Kostenerfassung

Das Externe Rechnungswesen (die Finanzbuchhaltung) bildet die Grundlage für das Kostenmanagement, speziell für die Erfassung und Abgrenzung der Kostenarten, einerseits bezüglich der Art (des Typus), aber andererseits auch der Höhe.

Das Externe Rechnungswesen hat – gesetzlich vorgeschrieben – die Aufgabe, alle Geschäftsvorfälle des Unternehmens systematisch gemäß den vorliegenden Rechtsvorschriften zu dokumentieren. Wichtige Rechtsquellen diesbezüglich sind beispielsweise das HGB (Handelsgesetzbuch) und das GmbH-Gesetz.

Berichte Finanzbuchhaltung			
Jahresabschluss			Lagebericht
Bilanz	GuV	Anhang	

Tab. 30: Elemente des Jahresabschlusses

Grundlegende Informationen auf aggregierter Ebene enthält der Jahresabschluss (JA) mit Bilanz, Gewinn- und Verlustrechnung (GuV) sowie dem Anhang (s. Tab. 30). Der Jahresabschluss wird durch den Lagebericht ergänzt. Letzterer ist nur je nach Rechtsform zusätzlich zu erstellen bzw. wird freiwillig erstellt.

Ziel und Zweck des *Jahresabschlusses* ist es, ein den tatsächlichen Verhältnissen entsprechendes Bild der Vermögens-, Finanz- und Ertragslage zu geben (§ 264 Abs. 2 HGB).

- Die *Bilanz* ist eine stichtagsbezogene Gegenüberstellung von Vermögen und Kapital (Eigenkapital und Fremdkapital (Schulden)). Die Bilanz ist ein mittels Werten dargestelltes Modell des Unternehmens.
- Die *Gewinn- und Verlustrechnung (GuV)* ist die Gegenüberstellung der Aufwendungen und Erträge eines Geschäftsjahrs. Entsteht ein Gewinn, so erhöht sich das Eigenkapital, entsteht ein Verlust, so wird das Eigenkapital gemindert.
- Der *Anhang* enthält ergänzende Erklärungen bzw. erläuternde Angaben, die zu den einzelnen Positionen der Bilanz oder der GuV vorgeschrieben sind.

Der *Lagebericht* enthält Erläuterungen zum Geschäftsverlauf, zum derzeitigen Erfolg und der Lage des Unternehmens. Er berichtet über die Rahmenbedingungen

2.1 Das Externe Rechnungswesen als Grundlage der Kostenerfassung

z. B. der Märkte, unter denen die wirtschaftliche Geschäftstätigkeit erfolgt bzw. erfolgen wird. Zudem enthält er Angaben zur Ertrags- und Finanzlage, und kann zahlreiche andere wesentliche Aspekte beinhalten, wie z. B. Engagement im Rahmen der Corporate Social Responsibility, des Diversity Managements, der Eingliederung von geflüchteten Menschen etc.

Die *Rechnungsperiode* umfasst im Regelfall ein Geschäftsjahr, also 12 Monate (Ausnahme: Rumpfgeschäftsjahr, z. B. bei der Unternehmensgründung). Das Geschäftsjahr muss nicht mit dem Kalenderjahr übereinstimmen.

Die Bilanz umfasst *Aktiva* und *Passiva* und zeigt damit die Mittel des Unternehmens bezüglich der Herkunft (Passiva) und einmal mit Blick auf die Verwendung (Aktiva) auf.

- *Passiva*: Einen Anspruch auf die im Unternehmen verwendeten Mittel haben die Unternehmenseigner (Eigenkapital) oder Dritte. Letzteren gegenüber bestehen explizit Schulden. Die Schulden sind die Belastungen des Vermögens. Hier unterscheidet man Verbindlichkeiten und Rückstellungen. Verbindlichkeiten sind Verpflichtungen des Unternehmens, die dem Grund und/oder der Höhe sowie dem Zeitpunkt nach sicher feststehen (z. B. Lieferantenrechnung). Rückstellungen sind Verpflichtungen des Unternehmens, die dem Grund und/oder der Höhe sowie dem Zeitpunkt nach noch nicht sicher feststehen (z. B. erwartete Gewerbesteuerzahlung).
- *Aktiva*: Verwendet sind die Mittel in Anlage- oder Umlaufvermögen. Anlagevermögen (AV) umfasst nach § 247 HGB die Gegenstände, „die bestimmt sind, dauernd dem Geschäftsbetrieb zu dienen". Dauernd bezieht sich nicht auf die Zeitdauer, sondern auf die Häufigkeit des dem Geschäftsbetrieb zu dienen. Es handelt sich also um Gebrauchsgüter, die durch *Mehrmalnutzung* dem Geschäftsbetrieb dienen (z. B. betrieblicher Pkw). Hingegen zeichnet sich das Umlaufvermögen (UV) durch Verbrauch, Verwertung oder Veräußerung aus. Es handelt sich um Verbrauchsgüter, die durch *Einmalnutzung* dem Geschäftsbetrieb dienen (z. B. Reinigungsmittel).

Alle Wertverschiebungen – ausgedrückt in Geldeinheiten – sind für das Externe Rechnungswesen relevant und werden als *Geschäftsvorfälle* bezeichnet.

Durch die *Inventur* wird das jeweils aktuelle Bild des Unternehmens korrekt ermittelt. Dabei werden dann jeweils das Vermögen und die Schulden körperlich aufgenommen.

Der Aufbau der Bilanz (s. Tab. 31) und der GuV (s. Tab. 32 und 33) zeigt sich nachfolgend systematisch und beispielhaft an einem ausgewählten Teilbereich im ✠Kreuz des Nordens, den Herr Hasenbein im Rahmen der Jahresplanung gerade bearbeitet.

A	Bilanz zum 31. Dezember 20xx		P	
A. AV		0,00 €	**A. Eigenkapital**	
I. Immaterielle VG			I. Eigenkapital	0,00 €
1. Rechte & Lizenzen		0,00 €	II. Rücklage	0,00 €
2. Firmenwert		0,00 €	III. Jahresüberschuß	
II. Sachanlagen			**B. Rückstellungen**	0,00 €
1. Grundstücke		0,00 €	**C. Verbindlichkeiten (Verb.)**	
2. Anlagen & Maschinen		0,00 €	1. Verb. gegenüber Kreditinstituten	0,00 €
3. BGA		0,00 €	2. Verb. aus Lief./ Leistungen	0,00 €
III. Finanzanlagen			3. Sonstige Verbindlichkeiten	0,00 €
1. Beteiligungen		0,00 €	**D. Passive RAP**	0,00 €
2. Wertpapiere		0,00 €		
B. UV				
I. Vorräte				
1. Materialien		0,00 €		
2. Fertige Erzeugnisse		0,00 €		
II. Forderungen				
1. Forderungen aus Lief./Leistungen		0,00 €		
2. Sonstige Forderungen		0,00 €		
III. Wertpapiere				
1. Aktien		0,00 €		
2. Sonstige Wertpapiere		0,00 €		
IV. Kasse & Bank				
1. Kasse		0,00 €		
2. Bank		0,00 €		
C. Aktive RAP		0,00 €		
		0,00 €		0,00 €

Tab. 31: Struktur Bilanz ✠Kreuz des Nordens

2.1 Das Externe Rechnungswesen als Grundlage der Kostenerfassung

GuV 01.01.–31.12.20xx	
1. Umsatzerlöse	0,00 €
2. Herstellungskosten der zur Erzielung der Umsatzerlöse erbrachten Leistungen	0,00 €
3. Bruttoergebnis vom Umsatz	0,00 €
4. Vertriebskosten	0,00 €
5. allgemeine Verwaltungskosten	0,00 €
6. sonstige betriebliche Erträge	0,00 €
7. sonstige betriebliche Aufwendungen	0,00 €
8. Erträge aus Beteiligungen,	0,00 €
davon aus verbundenen Unternehmen	0,00 €
9. Erträge aus anderen Wertpapieren und Ausleihungen des Finanzanlagevermögens,	0,00 €
davon aus verbundenen Unternehmen	0,00 €
10. sonstige Zinsen und ähnliche Erträge	0,00 €
davon aus verbundenen Unternehmen	0,00 €
11. Abschreibungen auf Finanzanlagen und auf Wertpapiere des Umlaufvermögens	0,00 €
12. Zinsen und ähnliche Aufwendungen,	0,00 €
davon an verbundene Unternehmen	0,00 €
13. Steuern vom Einkommen und vom Ertrag	0,00 €
14. Ergebnis nach Steuern	0,00 €
15. sonstige Steuern	0,00 €
16. Jahresüberschuss/Jahresfehlbetrag	0,00 €

Tab. 32: Struktur GuV ✠Kreuz des Nordens

GuV 01.01.–31.12.20xx	
1. Umsatzerlöse	145.367,00 €
2. Materialaufwand	12.332,00 €
3. Personalaufwand	35.000,00 €
4. Abschreibungen	15.478,00 €
5. sonstige Erträge	5.243,00 €
6. sonstige Aufwendungen	2.588,00 €
7. Jahresüberschuss/Jahresfehlbetrag	85.212,00 €

Tab. 33: Struktur GuV Existenzgründer

2.2 Auswirkungen der Umsatzsteuer (Mehrwertsteuer)

Bei der Aufstellung von Bilanz und GuV ist die *Umsatzsteuer* (*Mehrwertsteuer*) besonders zu beachten. Im Vordergrund steht die Frage, ob die Positionen brutto oder netto aktiviert bzw. passiviert werden. Dies wird nachfolgend geklärt, zunächst erfolgen aber kurz die Begriffsbestimmungen in Tab. 34.

Aktivieren bedeutet, etwas auf die Aktivseite der Bilanz zu schreiben/zu buchen.
Passivieren bedeutet, etwas auf die Passivseite der Bilanz zu schreiben/zu buchen.

Tab. 34: Aktivieren – Passivieren

Aber bevor Klarheit zu der Ausgangsfrage geschaffen ist, sind zudem die nachfolgenden Aspekte zur Umsatzsteuer zu erläutern:

Die *Umsatzsteuer* (USt) dient der Besteuerung der Umsätze und unterliegt dem Umsatzsteuergesetz (UStG). Der Begriff Umsatzsteuer ist also der „rechtstechnische Begriff". Mit dem Begriff *Mehrwertsteuer* (MwSt) ist das gleiche Gesetz (es gibt kein Mehrwertsteuergesetz) angesprochen. Allerdings steht bei diesem alternativen Begriff die *Methode* im Vordergrund; im Rahmen der Umsatzbesteuerung wird konkret der Mehrwert besteuert.

Buchhalterisch unterscheidet man weiterhin wie folgt:

- Die MwSt. beim Einkauf ist die *Vorsteuer*.
- Die MwSt. beim Verkauf ist die *Umsatzsteuer*.

Der Begriff Umsatzsteuer wird also zum einen als rechtstechnischer Begriff für die Steuer insgesamt benutzt und zum anderen für die MwSt. beim Verkauf, um sie von der MwSt. beim Einkauf (Vorsteuer) abzugrenzen.

Laut Umsatzsteuergesetz wird jeder Umsatz (= *Preis*Menge*) besteuert.

Der Regelsatz der Mehrwertsteuer (Umsatzsteuer) beträgt 19 % (§ 12 Abs. 1 UStG). Der ermäßigte Satz ist 7 % (§ 12 Abs. 2 Nr. 1 & 2 & Anlage 2). Bestimmte Produkte oder Leistungen werden nach § 4 UStG von der Steuer befreit.

Der Rechnungsbetrag ohne Mehrwertsteuer (Umsatzsteuer) ist der *Nettobetrag*, der mit Mehrwertsteuer ist der *Bruttobetrag*. Kurz Brutto (brutto) und Netto (netto).

Der Steuerbetrag, also die Mehrwertsteuer bzw. Umsatzsteuer, errechnet sich wie folgt:

Steuerbetrag = Nettobetrag * Mehrwertsteuersatz
Steuerbetrag = Nettobetrag * Umsatzsteuersatz
Beispiel: 19,00 € = 100,00 € * 19 % *oder*: 19,00 € = 100,00 € * 0,19

2.2 Auswirkungen der Umsatzsteuer (Mehrwertsteuer)

Der Bruttobetrag, also der Betrag inklusive Mehrwertsteuer, wird wie folgt ermittelt:
*Bruttobetrag = Nettobetrag * (1 + Mehrwertsteuersatz)*
*Bruttobetrag = Nettobetrag * (1 + Umsatzsteuersatz)*
Beispiel: 119,00 € = 100,00 € * 119 % *oder*: 119,00 € = 100,00 € * 1,19

Der Nettobetrag ist der Betrag exklusive Mehrwertsteuer und errechnet sich wie folgt:
Nettobetrag = Bruttobetrag ÷ ((1 + Mehrwertsteuersatz))
Nettobetrag = Bruttobetrag ÷ ((1 + Umsatzsteuersatz))
Beispiel: 100,00 € = 119,00 € ÷ 119 % *oder*: 100,00 € = 119,00 € ÷ 1,19

Den Ausgangspunkt der Rechnung bildet jeweils der Dreisatz:
$$\frac{Nettobetrag}{Bruttobetrag} = \frac{100\,\%}{119\,\%}$$

Das Schreiben einer Rechnung wird als *Fakturierung/Faktura* bezeichnet. Das Verb lautet *fakturieren*. Eine Rechnung wird mit Mehrwertsteuer fakturiert, sofern keine Befreiung der Leistung besteht.

Grundsätzlich ist bei Leistungen, die der Mehrwertsteuer unterliegen, ein *Vorsteuerabzug* möglich. Ein Unternehmen, ein Freiberufler oder eine Freiberuflerin etc. muss beim Einkauf zunächst die Mehrwertsteuer tragen, bekommt diese aber vom Finanzamt zurückerstattet. Letztendlich zahlt nämlich im Regelfall die gesamte Mehrwertsteuer der Endverbraucher.

Eine Vorsteuerabzugsbefähigung besteht nur dann, wenn ein Unternehmen mit Umsatzsteuer fakturiert.

Für Unternehmen der Sozialwirtschaft gilt: Unternehmen, die ihre Leistungen nicht mit Umsatzsteuer fakturieren, können diesbezüglich auch keine Vorsteuer abziehen. Sie werden behandelt wie die Endverbraucher. Dies trifft auf viele Leistungen von Unternehmen der Sozial- und Gesundheitswirtschaft zu, weil insbesondere ihre Leistungen meist grundsätzlich von der Umsatzsteuer befreit sind. Wenn ein Vorsteuerabzug möglich ist, so gilt:

- Den sich aus Umsatzsteuer abzüglich Vorsteuer ergebenden „positiven Unterschiedsbetrag" nennt man *Zahllast*. Es handelt sich dabei um eine Verbindlichkeit gegenüber dem Finanzamt.
- Ist das Ergebnis negativ, wurde also mehr Vorsteuer gezahlt als Umsatzsteuer an das Finanzamt zu zahlen ist, so wird der Unterschiedsbetrag vom Finanzamt an das Unternehmen überwiesen. Den sich so ergebenden „negativen Unter-

schiedsbetrag" nennt man *Vorsteuerüberhang*. Es handelt sich um eine Forderung gegenüber dem Finanzamt.

Der Unterschied zwischen Listenpreis und Rechnungsbetrag ist also unbedingt zu beachten (s. Tab. 35):

Listenpreis + Umsatzsteuer = Rechnungsbetrag

Tab. 35: Beziehung Listenpreis und Rechnungsbetrag

Dies gilt insbesondere beim Einkauf:

- Der Listenpreis ist die Preisangabe (netto), die Ihnen als Unternehmen ein Verkäufer oder eine Verkäuferin in der Regel nennt.
- Der Rechnungsbetrag, das ist dann der Listenpreis zzgl. der Mehrwertsteuer. Es handelt sich also grundsätzlich um einen Bruttowert.

Das hat zur Folge:

- Werden die Leistungen eines sozialwirtschaftlichen Unternehmens *mit Mehrwertsteuer* fakturiert, so ist ein Vorsteuerabzug durchzuführen. Die Folge: Die Vermögensgegenstände sind netto zu aktivieren. Leistungen von Dritten sind als Aufwand netto zu berücksichtigen.
- Sind die Leistungen des sozialwirtschaftlichen Unternehmens *mehrwertsteuerbefreit*, so ist ein Vorsteuerabzug nicht möglich. Die Vermögensgegenstände sind brutto zu aktivieren. Leistungen von Dritten sind als Aufwand brutto zu berücksichtigen. Das sozialwirtschaftliche Unternehmen wird wie ein Endkunde behandelt.

2.3 Methoden zur Ermittlung des Werteverzehrs

Die Erbringung von Dienstleistungen bzw. die Erstellung von Produkten ist nur möglich, wenn Werte verzehrt werden. Auf diesem Weg ist dann jeweils im Gegenzug die Schaffung von Werten erdenklich: Werteschaffung, Wertschöpfung. Unter dem Strich bleibt möglichst ein positiver Erfolg (*Werteschaffung – Werteverzehr*), dieser kann aber auch negativ ausfallen. Dieser Prozess, der vorstehend in neutraler Sprache ausgedrückt wurde, lässt sich entsprechend Tab. 36 in die Sprache der Finanzbuchhaltung (Externes Rechnungswesen) und des Kostenmanagements übersetzen (Internes Rechnungswesen, Kosten- und Leistungsrechnung).

2.3 Methoden zur Ermittlung des Werteverzehrs

Neutral	Erfolgswirksame Geschäftstätigkeit Werteverzehr Werteschaffung (Wertschöpfung) Positiver oder negativer Erfolg = Werteschaffung – Werteverzehr
Finanzbuchhaltung	Ertrag (Plural Erträge) Aufwand/Aufwendung (Plural Aufwendungen/Aufwendungen) Gewinn oder Verlust = Ertrag – Aufwand
Kostenmanagement	Leistungen Kosten Betriebsgewinn oder Betriebsverlust = Leistungen – Kosten

Tab. 36: Werteverzehr und Werteschaffung

Die Erfassung beispielsweise des Werteverzehrs erfolgt über unterschiedliche Quellen. In Tab. 37 ist beispielhaft aufgeführt, auf welcher Basis die Kostenarten des ✠Kreuz des Nordens in der Finanzbuchhaltung erfasst werden (können), um sie dann im Kostenmanagement weiter zu verarbeiten:

Erfassung der Kostenarten	
Kostenart	**Erfassungsquelle/-methode**
Abschreibungen	Anlagenbuchhaltung
Altersversorgung	Personalbuchhaltung
Bürobedarf	Rechnungsbelege
Energie	Jahresabrechnung
Fremdleistungen	Rechnungsbelege
Informationstechnologie	Aufschreibungen
Kalkulatorische Zinsen	Eigenbelege
Marketing	Rechnungsbelege
Material	Materialwirtschaftsprogramm
Mieten	Mietverträge
Mobile (Handy)	Rechnungsbelege
Personal	Personalbuchhaltung
Reise	Reisekostenabrechnung
Versicherungen	Versicherungskartei
Weiterbildung	Rechnungsbelege
Zinsen	Tabellenkalkulation

Tab. 37: Quellen (Methoden) der Kostenartenerfassung

Dabei sind die nachfolgend dargestellten rechtlichen und betriebswirtschaftlichen Aspekte systematisch zu beachten:

2.3.1 Behandlung des Werteverzehrs des Anlagevermögens (Abschreibung)

Die Abschreibung (auch als *AfA* bezeichnet = Absetzung für Abnutzung) bezeichnet vorrangig die Wertminderungen der Vermögensgegenstände des *Anlagevermögens*, insbesondere durch Gebrauch (mehrmalige Nutzung).

Das Vermögen ist in diesem Zusammenhang zu differenzieren in:

- *bewegliche* und *unbewegliche* VG, also Mobilien (z. B. Gerät, PC) und Immobilien (z. B. Grundstück),
- *abnutzbare* und *nicht abnutzbare* VG, deren Nutzung zeitlich begrenzt (Gebäude) oder zeitlich unbegrenzt (Grundstück, Aktien) ist.

Bei der Abschreibung ist weiterhin zu unterscheiden:

- *planmäßige* und *außerplanmäßige* AfA = auf Planung beruhend oder ungeplant/zufällig.

Zum Zweck der Abschreibung wird je Anlagegut ein Abschreibungsplan erstellt, der insbesondere Anschaffungsjahr, Anschaffungspreis, Nutzungsdauer (Jahre), Abschreibungsmethode (geplante Abschreibung) und Restbuchwert enthält.

Die Abschreibung wird wie folgt methodisch durchgeführt:

Zur Berechnung der Abschreibung wird ein Abschreibungssatz genutzt. Dieser gibt das Verhältnis zwischen dem Abschreibungsbetrag und den Anschaffungs- oder Herstellungskosten an. Der Abschreibungsbetrag ist die auf ein Geschäftsjahr entfallende Abschreibung.

1. Lineare Abschreibung: Bei der Methode werden stets gleichbleibende Abschreibungsbeträge verrechnet. Die Anschaffungskosten (ggf. abzüglich eines Liquidationserlöses (LE)/Restbuchwerts) werden also über die betriebsgewöhnliche Nutzungsdauer (in Jahren) in gleichen Raten verteilt.

Es gilt:

2.3 Methoden zur Ermittlung des Werteverzehrs

- Ohne Liquidationserlös:

$$Abschreibungssatz = \frac{Abschreibungsbetrag * 100\,\%}{Anschaffungskosten\ bzw.\ Herstellungskosten}$$

$$Abschreibungsbetrag = \frac{Anschaffungskosten\ bzw.\ Herstellungskosten}{Betriebsgewöhnliche\ Nutzungsdauer}$$

- Mit Liquidationserlös:

$$Abschreibungssatz = \frac{Abschreibungsbetrag * 100\,\%}{Anschaffungskosten\ bzw.\ Herstellungskosten}$$

$$Abschreibungsbetrag = \frac{Anschaffungskosten\ bzw.\ Herstellungskosten - Liquidationserlös}{Betriebsgewöhnliche\ Nutzungsdauer}$$

2. *Degressive Abschreibung*: Die degressive Abschreibung wird grundsätzlich nur als Prozentsatz vom jeweiligen Buchwert vorgenommen, z. B. 30 % oder 20 % (Abschreibungssatz).
Der Abschreibungsbetrag berechnet sich wie folgt.
Im ersten Jahr:

*Abschreibungsbetrag = Anschaffungskosten bzw. Herstellungskosten * Abschreibungssatz*

Danach:

*Abschreibungsbetrag = Buchwert * Abschreibungssatz*

3. *Abschreibung nach Maßgabe der Nutzung/Leistung:*
Es wird nach Umfang der Leistung abgeschrieben, der für jeweils ein einzelnes Jahr anfällt.
Fazit: Die lineare Abschreibung rechnet mit gleichmäßigen Abschreibungsbeträgen. Die degressive Abschreibung (geometrisch degressiv) arbeitet mit fallenden Abschreibungsbeträgen. Die Abschreibung nach der Maßgabe der Nutzung bzw. die Leistung wirkt mit wechselnden, der Leistung entsprechenden Beträgen.
Wird ein VG nach vollständiger Abschreibung nicht aussortiert, sondern verbleibt im Unternehmen, so bleibt er mit einem *Erinnerungswert* (EW) von in der Regel 1,00 € oder 0,50 € in den Büchern vermerkt. Im letzten Jahr der Nutzung wird eine Abschreibung in Höhe des Erinnerungswerts vorgenommen.

Anschaffungskosten	16.000,00 €	Jahresleistung (chronologisch)
Betriebsgewöhnliche Nutzung	8 Jahre	Jahr 1 bis 8:
Degressive Abschreibung	30 %	30.000 | 40.000 | 60.000 | 40.000
Erwartete Gesamtleistung	270.000 Einheiten	30.000 | 20.000 | 30.000 | 20.000

Verschrottung zum Ende der betriebsgewöhnlichen Nutzungsdauer

in €	Lineare Abschreibung		Degressive Abschreibung		Abschreibung nach Maßgabe der Leistung		
Jahr	Abschreibung pro Jahr	(Rest-) Buchwert	Abschreibung pro Jahr	(Rest-) Buchwert	Leistung / Nutzung in Einheiten	Abschreibung pro Jahr	(Rest-) Buchwert
1	2.000,00	14.000,00	4.800,00	11.200,00	30.000	1.777,78	14.222,22
2	2.000,00	12.000,00	3.360,00	7.840,00	40.000	2.370,37	11.851,85
3	2.000,00	10.000,00	2.352,00	5.488,00	60.000	3.555,56	8.296,30
4	2.000,00	8.000,00	1.646,40	3.841,60	40.000	2.370,37	5.925,93
5	2.000,00	6.000,00	1.152,48	2.689,12	30.000	1.777,78	4.148,15
6	2.000,00	4.000,00	806,74	1.882,38	20.000	1.185,19	2.962,96
7	2.000,00	2.000,00	564,72	1.317,67	30.000	1.777,78	1.185,19
8	2.000,00	0,00	1.317,67	0,00	20.000	1.185,19	0,00

Tab. 38: Methoden der Abschreibung 1 – Fallstudie

2.3 Methoden zur Ermittlung des Werteverzehrs

in €	Zum Ende der betriebsgewöhnlichen Nutzungdauer weitere Nutzung um 2 Jahre (EW = 1,00 €)						
	Lineare Abschreibung		Degressive Abschreibung		Abschreibung nach Maßgabe der Leistung		
Jahr	Abschreibung pro Jahr	(Rest-) Buchwert	Abschreibung pro Jahr	(Rest-) Buchwert	Leistung / Nutzung in Einheiten	Abschreibung pro Jahr	(Rest-) Buchwert
1	2.000,00	14.000,00	4.800,00	11.200,00	30.000	1.777,78	14.222,22
2	2.000,00	12.000,00	3.360,00	7.840,00	40.000	2.370,37	11.851,85
3	2.000,00	10.000,00	2.352,00	5.488,00	60.000	3.555,56	8.296,30
4	2.000,00	8.000,00	1.646,40	3.841,60	40.000	2.370,37	5.925,93
5	2.000,00	6.000,00	1.152,48	2.689,12	30.000	1.777,78	4.148,15
6	2.000,00	4.000,00	806,74	1.882,38	20.000	1.185,19	2.962,96
7	2.000,00	2.000,00	564,72	1.317,67	30.000	1.777,78	1.185,19
8	1.999,00	1,00	395,30	922,37	20.000	1.184,19	1,00
9	0,00	1,00	276,71	645,66	ungeplant	0,00	1,00
10	1,00	0,00	645,66	0,00	ungeplant	1,00	0,00

Tab. 39: Methoden der Abschreibung 2 – Fallstudie

Hinweis: Die Leistung/derNutzung wird in Einheiten gemessen, bei einem Pkw z. B. in km.

Ein Beispiel: Ein Vermögensgegenstand im Bestand des ✠Kreuz des Nordens kann entsprechend der nachfolgend beschriebenen Ausgangslage und Szenarien aktiviert werden. Dargestellt sind die Abschreibungen und die Restbuchwerte. Differenziert wird nach den Methoden und den Szenarien:

- Verschrottung zum Ende der betriebsgewöhnlichen Nutzungsdauer (s. Tab. 38).
- Zum Ende der betriebsgewöhnlichen Nutzungsdauer Weiternutzung um 2 Jahre (s. Tab. 39).

Die wesentlichen Ziele der Abschreibung sind zusammenfassend

- die verursachungsgerechte Ermittlung des Gebrauchs und somit der Wertminderung,
- die periodengerechte Abgrenzung desselben und
- die Refinanzierung des Gebrauchsguts.

Durch die Abschreibung werden über die Zeit des Gebrauchs Mittel zur Refinanzierung des Vermögensgegenstands frei (Kapitalfreisetzung). Am Ende der (betriebsgewöhnlichen) Nutzungsdauer sind die Anschaffungskosten zurückverdient und die Anschaffung kann erneut ausgeführt werden. Der Vermögensgegenstand wird wiederbeschafft und der Unternehmensfortführung steht zumindest diesbezüglich nichts im Wege. Die Substanz des Unternehmens kann somit erhalten werden.

Eine wesentliche Rolle spielt die betriebsgewöhnliche Nutzungsdauer. Zu Zwecken der Besteuerung ist diese für konkrete Arten von Vermögensgegenständen verbindlich festgelegt. Die so vorgegebenen Werte werden in der Regel auch in sozialwirtschaftlichen Unternehmen verwendet. Die Jahresangaben werden vom Finanzministerium in den sogenannten AfA-Tabellen veröffentlicht und aktualisiert. Googeln Sie bei Bedarf zugleich die folgenden Begriffe: afa tabellen bundesministerium finanzen. Sie gelangen zu einer Webseite mit Informationen, von der aus die konkreten AfA-Tabellen verlinkt sind. *Beispiele* (s. Tab. 40):

Betriebsgewöhnliche Nutzungsdauer (Stand 01.06.2019)	
Jahre	Vermögensgegenstand
23	Tresore
13	Büromöbel
11	Alarmanlagen
11	(mobile) Klimageräte

2.3 Methoden zur Ermittlung des Werteverzehrs

7	Kameras
7	Industriestaubsauger
6	Personenkraftwagen
5	Mobilfunkendgeräte
3	Computer
3	Drucker

Tab. 40: Beispiele für die betriebsgewöhnliche Nutzungsdauer laut AfA-Tabellen

2.3.2 Bewertung des Werteverzehrs des Umlaufvermögens

Zur Erfassung des Werteverzehrs (Aufwand, Kosten) des Umlaufvermögens werden bereits im Externen Rechnungswesen bzw. in der Finanzbuchhaltung unterschiedliche Methoden angewendet:

- *Skontraktionsmethode* – Fortschreibungsrechnung, laufende Erfassung der Bewegungen: Zugänge werden durch Lieferscheine, Abgänge durch Materialentnahmescheine bzw. in einer Lagerhaltungssoftware direkt erfasst.
- *Inventurmethode* – der Verbrauch wird im Rahmen der Inventur als Unterschied zwischen Anfangs- und Endbestand bestimmt (= Periodische Methode).
- *Retrograde Methode* – Rückrechnung, bei der der Verbrauch aus den erstellten Erzeugnissen/Leistungen zurückgerechnet wird. *Beispiel*: Bei jeder Blinddarmoperation werden vier Verbrauchsmaterialien Typ A benötigt. Am Ende der Periode erfolgt zusätzlich eine Inventur.
- *Just in Time* – Ermittlung des Werteverzehrs aus den Lieferantenrechnungen, d.h.: Was geliefert wurde, wurde sofort verbraucht.

Weiterhin werden bei der Bewertung des Materialverbrauchs ggf. Vereinfachungsverfahren angewandt (Durchschnittsmethode, Lifo = last in, first out etc.).

Best Practice:
Eigentlich sind es zwei sehr unterschiedliche Inseln. Mit unterschiedlichen Sprachen. Mit unterschiedlichen Methoden. Mit ungleicher Vorgehensweise. Die Inseln der Finanzbuchhaltung und der Kosten-/Leistungsrechnung. In der Sozialwirtschaft wird es jedoch häufig „uneigentlich gehandhabt". Dort sind häufig dieselben Teams und dieselben Menschen sowohl für die Finanzbuchhaltung als auch für die Kostenrechnung zuständig. Best Practice ist das nicht. Nach Möglichkeit sollte für jeden Bereich jeweils eigene Expertise vorgehalten werden.

Tab. 41: Best Practice – Trennung von Finanzbuchhaltung und Kostenrechnung

2.4 Die Abgrenzungsrechnung

Die bisherigen (zusammenfassenden) Ausführungen zum Externen Rechnungswesen (Finanzbuchhaltung) bilden die Basis der weiteren Erläuterungen. Die Abgrenzungsrechnung stellt nun einen wichtigen Schritt hin zum Kostenmanagement dar.

Ausgangspunkt in der Abgrenzungsrechnung sind die Aufwendungen und Erträge, die im Externen Rechnungswesen auf Konten der Buchführung erfasst wurden und in der GuV zusammengefasst sind.

Diese werden sowohl übernommen als auch bereinigt und zwar um die

- neutralen Aufwendungen und
- neutralen Erträge.

Weiterhin werden Zusatzkosten addiert.

Unter dem Aspekt der Anderskosten werden die Ansätze bestimmter Aufwendungen und Erträge verändert.

Beginnen wir mit der Elimination. Ziel ist es, nur diejenigen Aufwendungen und Erträge zu separieren, die dem Betriebszweck dienen. Mit anderen Worten: Es sind die Aufwendungen und Erträge zu eliminieren, die in Bezug auf den Betriebszweck neutral sind.

Neutrale Aufwendungen sowie Erträge und damit zu eliminieren sind:

- betriebsfremde Aufwendungen und Erträge,
- außerordentliche Aufwendungen und Erträge,
- periodenfremde Aufwendungen und Erträge.

Betriebsfremde Aufwendungen/Erträge liegen dann vor, wenn keine Beziehung zur betrieblichen Leistungserstellung besteht. Solche dienen nicht der betrieblichen Zielsetzung, nicht dem Sachziel, nicht der typischen betrieblichen Leistungserstellung. Dies ist beispielsweise dann der Fall, wenn ein Unternehmen einmalig wegen der guten wirtschaftlichen Situation eine Spende an eine spendensammelnde, gemeinnützige Organisation leistet (neutraler Aufwand). Weiterhin ist es der Fall, wenn ein Unternehmen Wertpapiere als langfristige Finanzanlage hält. Dann sollten die Erträge aus diesen Wertpapieren (z. B. Zinszahlungen) in der Kosten- und Leistungsrechnung zur Gänze vom Betrieb abgegrenzt werden.

Außerordentliche Aufwendungen/Erträge liegen vor, wenn wirklich etwas Außerordentliches geschieht und der damit verbundene Aufwand bzw. Ertrag nicht in die Kosten- und Leistungsrechnung eingerechnet werden darf.

2.4 Die Abgrenzungsrechnung

Wenn beispielsweise eine Räumlichkeit durch Hochwasser zerstört wird, Geräte gestohlen werden oder ein außergewöhnlicher Verlust anderer Art zu verschmerzen ist, handelt es sich jeweils um einen außerordentlichen Aufwand. Wenn diesbezüglich eine Versicherung besteht, würde der außerordentliche Aufwand ganz oder teilweise amortisiert. Allerdings sind Aufwandsentstehung und Erträge aus Versicherungen unterschiedliche Geschäftsvorfälle.

Unter die außerordentlichen Erträge dagegen fallen beispielsweise einmalige Zuschüsse oder Subventionen. Hierzu zählen aber auch Erträge aus der Veräußerung von Vermögensgegenständen über Buchwert sowie Erträge aus der Vermietung von Gebäuden, die nicht mit dem eigentlichen Betrieb zusammenhängen.

Periodenfremde Aufwendungen/Erträge liegen vor, wenn die Aufwendungen bzw. Erträge zwar betriebsbedingt sind, diese aber einer anderen Periode (z. B. einem anderen Geschäftsjahr) zuzurechnen sind.

Als *typische Beispiele* für periodenfremden Aufwand können Steuernachzahlungen oder Prozesskosten, die die dafür gebildeten Rückstellungen übersteigen, genannt werden sowie Vorauszahlungen.

Periodenfremder Ertrag kann durch die Auflösung einer Rückstellung entstehen, aber beispielsweise auch durch eine Rückerstattung z. B. durch Lieferanten oder die Steuerbehörden.

In den zuvor aufgeführten Fällen haben Aufwendungen und Erträge nichts mit dem eigentlichen Wirtschaften des Unternehmens zu tun. Sie stehen in keiner Beziehung zu dem typischen Betriebsprozess oder ihre Bewertung entspricht nicht dem üblichen, regelmäßigen Einsatz. Sie stellen deshalb keine Kosten bzw. Leistungen dar, die im Kostenmanagement zu berücksichtigen wären.

Grundsätzlich geht es in den Fällen entweder

- um betriebliche, sachlich begründete Abgrenzungen oder
- um zeitliche Abgrenzungen.

Bei Letzteren handelt es sich um Aufwendungen oder Erträge, die vorausgezahlt oder vorab erhalten wurden, insbesondere:

- Miete,
- Versicherung,
- Energie,
- Lohn und Gehalt.

Zuletzt erfolgt bei der Abgrenzungsrechnung die Hinzurechnungen von Zusatzkosten und die Änderung von Ansätzen (Anderskosten), d. h. umgewertete Aufwendungen und Erträge.

Literatur

Coenenberg, A. G., Haller, A., Mattner, G., & Schultze, W. (2018). *Einführung in das Rechnungswesen. Grundlagen der Buchführung und Bilanzierung*. 7. Aufl. Stuttgart: Schäffer-Poeschel.

Ernst, C., Schenk, G., & Schuster, P. (2017). *Kostenrechnung klipp und klar*. 2. Aufl. Berlin: Springer Gabler.

Folz, T., Grabowski, S., Mankel, B., & Odenthal, F.W. (2017). Kosten- und Leistungsrechnung. Wirtschaftlichkeitsrechnung. Studienbuch für den kommunalen und staatlichen Bachelorstudiengang mit praktischen Übungen und Lösungen. 4. Aufl. Witten: Bernhardt-Witten.

Heister, W. (2012). Aspekte der Wirtschaftlichkeitsrechnung in sozialen Einrichtungen. In R. Bieker & E. Vomberg (Hrsg.), *Management in der sozialen Arbeit* (S. 156–179). Stuttgart: Kohlhammer.

Heister, W. (2008). *Rechnungswesen in Nonprofit-Organisationen*. Stuttgart: Schäffer-Poeschel.

Horsch, J. (2018). Kostenrechnung. Klassische und neue Methoden in der Unternehmenspraxis. 3. Aufl. Wiesbaden: Springer Fachmedien.

Hungenberg, H., & Kaufmann, L. (2001). *Kostenmanagement. Einführung in Schaubildform*. 2. Aufl. München, Wien: Oldenbourg.

Jórasz, W., & Baltzer, B. (2019). *Kosten- und Leistungsrechnung. Lehrbuch mit Aufgaben und Lösungen*. 6. Aufl. Stuttgart: Schäffer-Poeschel.

Kaspers, U. (2016). Wirtschaftliche Steuerung von Sozial- und Gesundheitsunternehmen. Gesellschaftsrecht, internes und externes Rechnungswesen, Controlling. 2. Aufl. Regensburg: Walhalla Digital.

Langenbeck, J., & Burgfeld-Schächer, B. (2017). *Kosten- und Leistungsrechnung: Grundlagen. Vollkostenrechnung. Teilkostenrechnung. Plankostenrechnung. Prozesskostenrechnung. Zielkostenrechnung. Kosten-Controlling*. 3. Aufl. Herne: NWB Verlag.

Nickenig, K. (2018). Grundkurs Kosten- und Leistungsrechnung. Schneller Einstieg in die unternehmerische Kalkulation. 2. Aufl. Wiesbaden: Springer Fachmedien.

Olfert, K. (2018). *Kostenrechnung*. 18. Aufl. Herne: Kiehl.

Olfert, K., & Rahn, H.-J. (2017). *Einführung in die Betriebswirtschaftslehre*. 12. Aufl. Herne: Kiehl.

Placke, F., & Sprenger-Menzel, M. Th. P. (2017). *Grundlagen des externen Rechnungswesens: Buchführung, Bilanzierung, Bilanzanalyse, Internationale Rechnungslegungsstandards*. Stuttgart: Kohlhammer.

Schmola, G. (2019). Jahresabschluss, Kostenrechnung und Finanzierung im Krankenhaus. Grundlagen und Zusammenhänge verstehen. Wiesbaden: Springer Fachmedien.

Schultz, V. (2017). Basiswissen Rechnungswesen. Buchführung, Bilanzierung, Kostenrechnung, Controlling. München: C.H. Beck.

Thommen, J.-P., Achleitner, A.-K., Gilbert, D.U., Hachmeister, D., & Kaiser, G. (2017). *Allgemeine Betriebswirtschaftslehre. Umfassende Einführung aus managementorientierter Sicht*. 8. Aufl. Wiesbaden: Springer Gabler.

Vahs, D., & Schäfer-Kunz, J. (2015). *Einführung in die Betriebswirtschaftslehre*. 7. Aufl. Stuttgart: Schäffer-Poeschel.

Weber, J., & Weißenberger, B. E. (2015). *Einführung in das Rechnungswesen. Bilanzierung und Kostenrechnung*. 9. Aufl. Stuttgart: Schäffer Poeschel.

Die Verteilung der Kosten (Kostenstellenrechnung) 3

> **Summary**
> *Die Verteilungsrechnung (Kostenstellenrechnung) stellt das Bindeglied zwischen der Kostenerfassung (Kostenartenrechnung) und der Kostenzurechnung (Kostenträgerstückrechnung) dar. Die Gemeinkosten werden verursachungsgerecht auf die Kostenstellen verteilt, um insbesondere Wirtschaftlichkeitsrechnungen durchführen zu können. Von den Kostenstellen aus werden die Gemeinkosten dann den Produkten und Dienstleistungen im Rahmen der Kalkulation zugerechnet.*

Ziele der Kompetenzentwicklung

Die Rolle der Verteilungsrechnung (Kostenstellenrechnung) erkennen.
Anwendung der Primärkostenrechnung und Sekundärkostenrechnung.
Die Verfahren der Verteilung der Kosten einsetzen können.
Entscheiden, welches Verfahren sinnvollerweise angewendet wird.
Customizing (d.h. Anpassung an die Unternehmensbedürfnisse) der Verfahren in Bezug auf den jeweiligen Einsatz.

Im Rahmen der Kostenverteilung wird die Weitergabe der in der Kostenartenrechnung erfassten Kostenträgergemeinkosten auf die Kostenstellen, deren interne Verrechnung auf selbigen und Weiterleitung an die Kostenträger durchgeführt bzw. vorbereitet.

3 Die Verteilung der Kosten (Kostenstellenrechnung)

Die Kostenstellenrechnung gewährleistet die Verteilung und Verrechnung der Kostenträgergemeinkosten, also derjenigen Kosten, die nicht direkt den Produkten oder Leistungen (Kostenträgern) zuzurechnen sind, sondern nur indirekt kalkuliert werden können. Sie stellt somit das Bindeglied zwischen der Kostenerfassung und der Kostenzurechnung (der eigentlichen Kalkulation; auch Kostenträgerstückrechnung genannt) dar.

Die Einzelkosten werden nicht in der Kostenstellenrechnung verrechnet, sondern nur als Informationen bzw. Verrechnungsgröße genutzt. Die weitere Verrechnung der Einzelkosten findet ausgehend von der Kostenerfassung (Kostenartenrechnung) direkt (unmittelbar) in der Kostenzurechnung (Kostenträgerstückrechnung; Kalkulation) statt.

Erfassung *Kostenartenrechnung*	Verteilung	Zurechnung *Kostenträgerrechnung*
Kostenträgereinzelkosten werden erfasst	und den Kostenträgern direkt zugerechnet →	Kalkulation von Selbstkosten
Kostenträgergemeinkosten werden erfasst	und den Kostenträgern indirekt mittels Verteilung im Rahmen der *Kostenstellenrechnung* zugerechnet →	

Tab. 42: Erfassung, Verteilung, Zurechnung

In Tab. 42 sind diese Aspekte grafisch dargestellt.

Kostenträgereinzelkosten	Kostenträgergemeinkosten	
	Kostenstelleneinzelkosten	Kostenstellengemeinkosten

Tab. 43: Kostenstelleneinzel- und -gemeinkosten

Die Kostenträgergemeinkosten werden in Kostenstelleneinzelkosten und Kostenstellengemeinkosten unterschieden (s. Tab. 43):

- *Kostenstelleneinzelkosten* sind solche Kostenträgergemeinkosten, die einer Kostenstelle direkt und unmittelbar zugerechnet werden können.

- *Kostenstellengemeinkosten* sind solche Kostenträgergemeinkosten, die einer Kostenstelle nicht direkt, sondern nur mittelbar zugerechnet werden können.

Beispielsweise bei dem ✠Kreuz des Nordens (Essen auf Rädern, s. Tab. 44):

	Kostenträgergemeinkosten	
	z. B. Geschäftsführung der Geschäftsstelle, verantwortlich für alle Kostenstellen	
Kostenträgereinzelkosten		
z. B. eine Tiefkühlportion „Mittagsmenü"	*Kostenstelleneinzelkosten*	*Kostenstellengemeinkosten*
	z. B. Mitarbeitende, die nur für Essen auf Rädern angestellt sind	z. B. Mitarbeitende, die für Essen auf Rädern und Hausnotruf angestellt sind

Tab. 44: Beispiel Kostenstelleneinzelkosten, Kostenstellengemeinkosten – Fallstudie

3.1 Kostenstellen als Grundlage der Kostenverteilung

Eine *Kostenstelle* ist eine Organisationseinheit im Unternehmen, in der (Zwischen-)Produkte erstellt bzw. Leistungen erbracht werden und somit Kosten anfallen. Sie ist also ein Ort der Kostenentstehung und der Leistungserbringung.

Kostenstellen sind Abrechnungseinheiten (abgegrenzte Unternehmensbereiche, Kostensammler), für die die Kosten gesondert geplant, erfasst und kontrolliert werden können.

Sie werden nach räumlichen, funktionalen, aufbauorganisatorischen oder verrechnungstechnischen Aspekten gebildet (s. Tab. 45).

„Kreuz des Nordens"	*Kriterien der Kostenstellenbildung*
Kriterium	*Kostenstellen*
Räumlich, geografisch	Für jede Niederlassung (Köln, Düsseldorf, Bremen) ist eine Kostenstelle eingerichtet.
Nach Funktionen	Weitere Kostenstellen sind entsprechend der betrieblichen Funktionen eingerichtet, also Essen auf Rädern, Ambulante Pflege, Marketing, Rechnungswesen etc.
Aufbauorganisatorisch	Aufbauorganisatorisch werden Verantwortungsbereiche wie Marketing, Rechnungswesen, Geschäftsführung unterschieden.
Verrechnungstechnisch	Die Kostenstellen haben teilweise die Funktion einer Hauptkostenstelle und teilweise die einer Hilfskostenstelle.

Tab. 45: Kriterien der Kostenstellenbildung – Fallstudie

Bei Kostenstellen handelt sich um Bereiche, die durch eine Kostenverantwortung gekennzeichnet sind. Diese schlägt sich in einem Budget bzw. einer Budgetverantwortung nieder. Häufig werden solche Bereiche, die als Kostenstellen geführt werden, weitergehend als eigenständige kleine Unternehmensbereiche im Unternehmen geführt und gesteuert. Je nach Verantwortungsart/-umfang spricht man dann von Profit Center, Cost Center, Umsatz-Center, Service Center und Investment Center (s. Tab. 46).

Center – Konzept	Steuerung & Verantwortungsart	✠Kreuz des Nordens
• Profit Center	Die Steuerung erfolgt über Deckungsbeitrags-/Gewinnziele, es werden Erträge und Aufwendungen berücksichtigt	Die Leistungen wie Essen auf Rädern, Hausnotruf etc. sind als Profit Center gesteuert
• Cost Center	Die Steuerung erfolgt über die Einhaltung von Kostenzielen, z. B. der Kostendeckung oder Unterschreitung von Grenzen	Die Hilfsorganisation ist Teil eines Forschungsverbunds – bezüglich der entsprechenden Kostenstelle wird das Ziel der Kostendeckung verfolgt
• Umsatz-Center	Die Steuerung erfolgt über die Einhaltung von Umsatzzielen, es werden nur Erträge berücksichtigt	Die Hilfsorganisation sammelt Spenden und verfolgt hier Umsatzziele, da ein Umsatz ggf. eine neue „warme" Spenderadresse bedeutet
• Service Center	Service Center werden über Leistungsziele gesteuert	Z. B. Stabsstellen Öffentlichkeitsarbeit, Recht, Qualitätsmanagement
• Investment Center	Die Investment Center tragen neben der Ergebnisverantwortung auch die Verantwortung für Investitionsentscheidungen	Die Krankenhäuser und Altenheime der Hilfsorganisation sind als Investment Center ausgelegt

Tab. 46: Profit Center und andere Konzepte – Fallstudie

Die Kostenstellen sind in einem Kostenstellenplan verzeichnet. Der bundesweit gültige Kostenstellenplan (s. Tab. 47) des ✠Kreuz des Nordens enthält folgende Kostenstellen:

3.1 Kostenstellen als Grundlage der Kostenverteilung

⛨Kreuz des Nordens
Kostenstellenplan

- Einkauf
- Energieversorgung
- Entwicklung
- Facility (Liegenschaft)
- Geschäftsführung
- Instandhaltung
- Leistung/Geschäftsfeld
- Marketing/Vertrieb
- Materialwirtschaft
- Personalmanagement
- Qualitätsmanagement
- Rechnungswesen
- Transport
- Unternehmenseinrichtungen
- Verwaltung

Tab. 47: Kostenstellenplan – Fallstudie

In der Regel wird eine weitere Untergliederung in der Form einer Kostenstellenhierarchie (s. Tab. 48) vorgenommen.

⛨Kreuz des Nordens				Kostenstellenunterteilung *Verwaltung*	
Verwaltung					
FiBu	Controlling	Personal	IT	Einkauf	Faktura
→ Debitoren & Kreditoren	→ Strategie	→ Nord	→ Externe	→ AV	
→ Bilanz/JA	→ Operativ	→ Süd	→ Software → Hardware → Netware	→ UV	

Tab. 48: Kostenstellenhierarchie – Fallstudie

Neben der Aufgabe der Gewährleistung der innerbetrieblichen Leistungsverrechnung (s. *Beispiele* in Tab. 49) hat die Kostenstellenrechnung aber auch andere eigenständige Aufgaben:

- Wirtschaftlichkeitskontrolle einzelner Verantwortungsbereiche, z. B. Kostenkontrolle bezogen auf Abteilungen, Bereiche etc.,
- Zulieferung von Informationen für die Kostenzurechnung/Ermittlung von Kalkulationssätzen,
- Unterstützung bei der Entscheidung bezüglich Eigenfertigung und Fremdbezug (Make or Buy).

✠Kreuz des Nordens	*Beispiele innerbetrieblicher Verrechnung nach ...*
• Abteilungsleitung	• Anzahl Mitarbeitende je Kostenstelle
• Arbeitszeit (MA-Ausleihe)	• Stunden
• Betriebsarzt/-ärztin	• Anzahl Mitarbeitende je Kostenstelle
• Facility (Liegenschaft)	• Quadratmeter
• Fuhrpark	• Gefahrene Kilometer
• Telekommunikation	• Geräte
• Nutzung eines Kopierers	• Aufzeichnung Kopien (PIN-Verwendung)
• Raumnutzung	• Quadratmeter
• Sicherheitsbeauftragte/r	• Anzahl Mitarbeitende je Kostenstelle
• Softwarelizenzen	• Anzahl Arbeitsplätze je Kostenstelle

Tab. 49: Innerbetriebliche Verrechnung – Fallstudie

Die Kostenverteilung im Rahmen der Kostenstellenrechnung geschieht alternativ auf der Basis von

- einzelnen Kostenarten,
- mehreren Kostenarten,
- einer Kostenstelle oder
- mehreren Kostenstellen.

Die Kostenstellen werden nach der Art der Verrechnung weiterhin in Vor- und Endkostenstellen differenziert:

- *Vorkostenstellen* (synonym Hilfskostenstellen; sekundäre Kostenstellen) bieten ihre Leistungen anderen Kostenstellen an. Sie sind nicht direkt (unmittelbar) an der Leistungserstellung beteiligt, sondern nur indirekt (mittelbar).

3.1 Kostenstellen als Grundlage der Kostenverteilung

- *Endkostenstellen* (synonym Hauptkostenstellen; primäre Kostenstellen) arbeiten unmittelbar (direkt) an den Endprodukten. Die Kosten der Endkostenstellen werden also unmittelbar (direkt) auf die Kostenträger verrechnet.

Die Kosten der Vorkostenstellen werden zunächst auf die anderen Kostenstellen verrechnet und dann von dort weiter auf die Kostenträger. Sie werden also nicht direkt auf die Kostenträger verrechnet.

Die Vorkostenstellen werden durch die Verrechnung im Betriebsabrechnungsbogen (BAB) in der Regel komplett entlastet und lösen sich sozusagen in Bezug auf die Kosten auf.

Die Endkostenstellen werden nach der Art der Leistungsabgabe in Haupt- und Nebenkostenstellen differenziert (s. Tab. 50):

- *Hauptkostenstellen* geben ihre Leistung direkt an die Leistungsprozesse der Hauptprodukte ab,
- *Nebenkostenstellen* geben ihre Leistung direkt an die Leistungsprozesse der Nebenprodukte ab.

Die Vorkostenstellen werden entsprechend dem Unterstützungsbezug weiter in „allgemein" und „funktionsbezogen" differenziert (s. Tab. 50):

- *Allgemeine Vorkostenstellen* geben ihre Leistungen an alle Hauptkostenstellen ab.
- *Funktionsbezogene Vorkostenstellen* geben ihre Leistung nur an bestimmte Hauptkostenstellen ab.

Kostenstellen			
Vorkostenstellen		Endkostenstellen	
Allgemeine Vorkostenstellen	Funktionsbezogene Vorkostenstellen	Hauptkostenstellen	Nebenkostenstellen

Tab. 50: Kostenstellenhierarchie

3.2 Die Kostenverteilungsrechnung

Die Kostenverteilungsrechnung unterscheidet zwei Schritte (s. Tab. 51):

Kostenverteilungsrechnung	
Primärkostenrechnung, -verrechnung, -verteilung	Sekundärkostenrechnung, -verrechnung, -verteilung

Tab. 51: Primär- und Sekundärkostenrechnung

Die Aufgabe der *Primärkostenrechnung* ist es, die nach der Abgrenzungsrechnung vorliegenden Primärkosten auf die Kostenstellen zu verrechnen bzw. verteilen.

Die Aufgabe der *Sekundärkostenrechnung* ist es, innerbetriebliche Leistungen zu verrechnen bzw. verteilen.

Innerbetriebliche Leistungen sind interne Leistungen, die nicht für den Absatz bestimmt sind, sondern z. B. zwischen Abteilungen und Bereichen erbracht werden.

So sind etwa die Leistungen der Personalabteilung oder der Finanzbuchhaltung Leistungen, die – um eine höhere Kostentransparenz zu erhalten – innerbetrieblich verrechnet werden. Innerbetrieblich werden insbesondere auch Hilfskostenstellen wie etwa die Hausmeisterei, der Fuhrpark und Facilities (also z. B. technische Einrichtungen und Anlagen, Geräte, Gebäude und Energie) verrechnet. Ebenso Personal einer Organisationseinheit, das zeitweise an anderer Stelle aushilfsweise eingesetzt wird.

Hinweis: Eine saubere Trennung der Begriffe „Verteilung" und „Verrechnung" wird in der Literatur leider nicht konsequent vorgenommen. Strebt man diese an, so gilt: Die „Verteilung" wird über Schlüsselgrößen durchgeführt und die „Verrechnung" über Verrechnungsbelege, die in der Regel eine Anzahl enthalten:

- Von *Verteilung* spricht man, wenn etwa 20 % der Kosten einer Kostenart einer bestimmten Kostenstelle zugeordnet werden, z. B. 20 % der Mietkosten werden auf die Kostenstelle Team 1 geschlüsselt.
- Von *Verrechnung* spricht man, wenn fünf Stunden Technikereinsatz (IT) mit einem Stundensatz in Höhe von 25,43 € auf eine Kostenstelle verrechnet werden. Die Anzahl „fünf Stunden" ist exakt gemessen und es existiert ein entsprechender Verrechnungsbeleg.

3.2 Die Kostenverteilungsrechnung

Die genaue Vorgabe zur Verteilung bzw. Verrechnung

- wird entweder bereits auf dem zugehörigen Beleg der Buchhaltung als Schlüssel angegeben oder
- als fester, etwa mengen- oder wertmäßiger Schlüssel anlassbezogen fest vorgegeben oder
- bei einem Aufwands- oder Kostenkonto hinterlegt.

Sowohl bei der Primärkosten- als auch der Sekundärkostenrechnung werden der Art nach mengen- oder wertmäßige Schlüssel (s. Tab. 52) zur Kostenverteilung verwendet:

- *Mengenschlüssel*: Flächenmaße, Gewichtsgrößen, Längenmaße, Leistungsgrößen, Raumgrößen, Zählgrößen, Zeitgrößen.
- *Wertschlüssel*: Durchsatz, Einsatz, Kosten, Produktions-/Leistungswerte, Umsatz, Vermögenswerte.

Schlüsselart	*Schlüsselunterart*	✠Kreuz des Nordens
	Flächenmaße	• Quadratmeter bei Miete
	Gewichtsgrößen	• Kilogramm Dünger für Außenanlagen
	Längenmaße	• Meter Netzwerkkabel
Mengenschlüssel	Leistungsgrößen	• Anzahl Essen
	Raumgrößen	• Quadratmeter oder Kubikmeter
	Zählgrößen	• Anzahl, Stück
	Zeitgrößen	• Stunden, Minuten
	Durchsatz	• Wasserverbrauch
	Einsatz	• Kraftstoffverbrauch
Wertschlüssel	Kosten	• Material
	Produktions-/Leistungswerte	• Abrechenbare Pflegeminuten
	Umsatz	• Erträge Hausnotruf

Tab. 52: Arten von Verrechnungsschlüsseln – Fallstudie

Das mathematische Vorgehen ist bei der Verteilung der Kosten wie folgt:

Nehmen wir an, Versicherungskosten in Höhe von 20.000,00 € seien auf vier Kostenstellen (Nr. eins bis vier) mit den Anteilen 4 zu 6 zu 3 zu 7 zu verteilen. Dann ist das Vorgehen wie folgt:

- Die Anteile der einzelnen Kostenstellen sind zu addieren, also 4 + 6 + 3 + 7 = 20.
- Die Kosten sind den jeweiligen Anteilen entsprechend den einzelnen Kostenstellen zuzurechnen.

Kostenstelle „Nr. eins":
$$\frac{20.000}{20} * 4 = 4.000,00 \,€$$

Kostenstelle „Nr. zwei":
$$\frac{20.000}{20} * 6 = 6.000,00 \,€$$

Kostenstelle „Nr. drei":
$$\frac{20.000}{20} * 3 = 3.000,00 \,€$$

Kostenstelle „Nr. vier":
$$\frac{20.000}{20} * 7 = 7.000,00 \,€$$

Hinweis: Die Verrechnung geht logisch „einfacher", ist also besser vorstellbar, wenn sich zu insgesamt 100 % addierende Prozentanteile genutzt werden. Dies muss aber – wie es das *vorstehende Beispiel* zeigt – nicht der Fall sein.

3.3 Der Betriebsabrechnungsbogen (BAB)

Das Instrument der Kostenstellenrechnung ist der Betriebsabrechnungsbogen (BAB, s. Tab. 53). Es handelt sich dabei um eine tabellarische Darstellung.

Kostenart	Summe	Facility	Küche	Fuhrpark	Technik	Essen auf Rädern	Hausnotruf	Pflege	Verwaltung
...	...	...	...	...	...	...	...	...	...
...	...	...	...	...	...	...	...	...	...

Tab. 53 Struktur Betriebsabrechnungsbogen (BAB) – Fallstudie

3.3 Der Betriebsabrechnungsbogen (BAB)

Der BAB stellt in den Zeilen die Kostenarten und in den Spalten die Kostenstellen (KSt) dar.

Er dient

- der Verteilung der Gemeinkosten (Primärkostenrechnung) sowie
- der Verrechnung der Gemeinkosten (Sekundärkostenrechnung).

In einer regionalen Geschäftsstelle des ✠Kreuz des Nordens ist die Abgrenzungsrechnung erfolgt. Es wird im Fallbeispiel mit um 10.000,00 € höheren IT-Kosten gerechnet. Weiterhin werden kalkulatorische Abschreibungen in der Höhe von 220.000,00 € berücksichtigt. Personalkostensteigerungen werden kalkulatorisch in der Höhe von 140.000,00 € geplant. Aufgrund von Preisverhandlungen und Vertragswechsel sollen die Versicherungskosten um 10.000,00 € sinken. Die in Tab. 54 dargestellten Kostenarten sind erfasst worden:

Konten FiBu bzw. Kostenart	Summe	Abgrenzungsrechnung	Kosten
Abschreibungen	500.000,00 €		500.000,00 €
Altersversorgung	200.000,00 €		200.000,00 €
Bürobedarf	30.000,00 €		30.000,00 €
Energie (Wasser, Strom ...)	170.000,00 €		170.000,00 €
Fremdleistungen	90.000,00 €		90.000,00 €
Informationstechnologie (IT)	50.000,00 €	10.000,00 €	60.000,00 €
Kalkulatorischer Werteverzehr	0,00 €	220.000,00 €	220.000,00 €
Marketing	300.000,00 €		300.000,00 €
Material	1.500.000,00 €		1.500.000,00 €
Mieten	400.000,00 €		400.000,00 €
Mobile Kommunikation	50.000,00 €		50.000,00 €
Personal (Gehälter, Nebenkosten)	2.000.000,00 €	140.000,00 €	2.140.000,00 €
Reise	170.000,00 €		170.000,00 €
Versicherungen	40.000,00 €	-10.000,00 €	30.000,00 €
Weiterbildung	110.000,00 €		110.000,00 €
Zinsen	30.000,00 €		30.000,00 €
Summe	5.640.000,00 €		6.000.000,00 €

Tab. 54: Abgrenzungsrechnung – Fallstudie

In dieser regionalen Einheit existieren Hilfs- und Hauptkostenstellen:
Die Hilfskostenstellen sind:

- Facility
- Küche
- Fuhrpark
- Technik

Die Hauptkostenstellen sind:

- Essen auf Rädern
- Hausnotruf
- Pflege (ambulante Pflege)
- Verwaltung

3.4 Die Primärkostenrechnung

Die Primärkostenrechnung, also die Verteilung der primären Kosten auf die Kostenstellen erfolgt – wie oben angegeben – auf unterschiedliche Weise (s. Tab. 55):

Verrechnungsprinzip (alphabetisch)	Erläuterung: Dem Objekt (Kostenstelle, Kostenträger, Projekt etc.) werden ...
Durchschnittsprinzip	... die Kosten in durchschnittlicher Höhe zugewiesen bzw. zugerechnet.
Proportionalitätsprinzip	... die Kosten proportional zu einer bestimmten Größe zugeordnet.
Tragfähigkeitsprinzip	... die Kosten in der Höhe zugeteilt bzw. zugerechnet, das Objekt tragen kann.
Verursachungsprinzip	... die Kosten zugeteilt bzw. zugerechnet, die durch das Objekt verursacht werden.

Tab. 55: Verrechnungsprinzipien im Kostenmanagement

Generelles Ziel soll im Folgenden die verursachungsgerechte Verteilung sein, d.h., die Kostenstelle und letztlich der Kostenträger, der die Kosten verursacht hat, soll sie auch tragen.

Als Ergebnis ergibt sich bei der regionalen Einheit beim ✠Kreuz des Nordens beispielsweise folgender BAB (s. Tab. 56):

3.4 Die Primärkostenrechnung

Konten FiBu bzw. Kostenart	Kosten	Verteilung über	Hilfskostenstellen (Vorkostenstellen)				Hauptkostenstellen (Endkostenstellen)			
			Facility	Küche	Fuhrpark	Technik	Essen auf Rädern	Hausnotruf	Pflege	Verwaltung
Abschreibungen	500.000,00 €	Anlagenbuchhaltung	134.000,00 €	55.000,00 €	80.000,00 €	65.000,00 €	70.000,00 €	25.000,00 €	20.000,00 €	51.000,00 €
Altersversorgung	200.000,00 €	Personalbuchhaltung	28.000,00 €	5.000,00 €	8.000,00 €	8.000,00 €	6.000,00 €	12.000,00 €	75.000,00 €	58.000,00 €
Bürobedarf	30.000,00 €	Belege	4.000,00 €	1.000,00 €	1.000,00 €	1.000,00 €	1.000,00 €	2.000,00 €	11.000,00 €	9.000,00 €
Energie (Wasser, Strom ...)	170.000,00 €	Abrechnung	170.000,00 €	0,00 €	0,00 €	0,00 €	0,00 €	0,00 €	0,00 €	0,00 €
Fremdleistungen	90.000,00 €	Belege/Verträge	11.000,00 €	2.000,00 €	3.000,00 €	3.000,00 €	28.000,00 €	5.000,00 €	30.000,00 €	8.000,00 €
Informationstechnologie (IT)	60.000,00 €	Belege/Verträge	60.000,00 €	0,00 €	0,00 €	0,00 €	0,00 €	0,00 €	0,00 €	0,00 €
Kalkulatorischer Werteverzehr	220.000,00 €	Belege	31.000,00 €	6.000,00 €	9.000,00 €	8.000,00 €	7.000,00 €	13.000,00 €	124.000,00 €	22.000,00 €
Marketing	300.000,00 €	Belege/Verträge	0,00 €	0,00 €	0,00 €	0,00 €	52.000,00 €	40.000,00 €	170.000,00 €	38.000,00 €
Material	1.500.000,00 €	Materialwirtschaft	80.000,00 €	161.000,00 €	92.000,00 €	96.000,00 €	50.000,00 €	85.000,00 €	840.000,00 €	96.000,00 €
Mieten	400.000,00 €	Belege/Verträge	360.000,00 €	0,00 €	0,00 €	0,00 €	0,00 €	0,00 €	0,00 €	40.000,00 €
Mobile Kommunikation	50.000,00 €	Belege/Verträge	7.000,00 €	2.000,00 €	2.000,00 €	2.000,00 €	2.000,00 €	4.000,00 €	30.000,00 €	1.000,00 €
Personal (Gehälter, Nebenkosten)	2.140.000,00 €	Personalbuchhaltung	80.000,00 €	56.000,00 €	88.000,00 €	100.000,00 €	70.000,00 €	90.000,00 €	1.200.000,00 €	456.000,00 €
Reise	170.000,00 €	Belege/Verträge	2.000,00 €	5.000,00 €	7.000,00 €	6.000,00 €	6.000,00 €	10.000,00 €	95.000,00 €	39.000,00 €
Versicherungen	30.000,00 €	Belege/Verträge	3.000,00 €	1.000,00 €	1.000,00 €	1.000,00 €	1.000,00 €	2.000,00 €	17.000,00 €	4.000,00 €
Weiterbildung	110.000,00 €	Belege/Verträge	0,00 €	6.000,00 €	9.000,00 €	10.000,00 €	7.000,00 €	12.000,00 €	188.000,00 €	-122.000,00 €
Zinsen	30.000,00 €		30.300,00 €	0,00 €	0,00 €	0,00 €	0,00 €	0,00 €	0,00 €	0,00 €
Summe	6.000.000,00 €		1.000.000,00 €	300.000,00 €	300.000,00 €	300.000,00 €	300.000,00 €	300.000,00 €	2.800.000,00 €	700.000,00 €

Tab. 56: BAB ✠Kreuz des Nordens – Fallstudie

3.5 Die Sekundärkostenrechnung (bzw. Innerbetriebliche Leistungsverrechnung)

Nach Abschluss der Primärkostenrechnung wird die Sekundärkostenrechnung (innerbetriebliche Leistungsverrechnung) vorgenommen.

Bei einer anderen Geschäftsstelle des ✠Kreuz des Nordens existieren u.a. auch die beiden Kostenstellen „Essen auf Rädern" und „Hausnotruf". In der alltäglichen Praxis wird manchmal Personal der einen Organisationseinheit bei der anderen eingesetzt. Im Controlling wird nun festgestellt, dass über das Jahr gerechnet dies in einem Umfang von 10.000,00 € geschehen ist. Man überlegt, wie dies im Rahmen einer sekundären Verrechnung geschehen könnte. Die Idee ist die folgende (s. Tab. 57):

Idee einer Sekundärkostenverrechnung	✠Kreuz des Nordens	
Kostenstelle	Essen auf Rädern	Hausnotruf
Summe Kostenstelle	300.000,00 €	300.000,00 €
Sekundärkostenverrechnung	– 10.000,00 €	+ 10.000,00 €
Summe nach Verrechnung	290.000,00 €	310.000,00 €

Tab. 57: Sekundärkostenrechnung auf Basis einer Kostenart – Fallstudie

Hier passiert Folgendes im Rahmen einer Sekundärkostenrechnung (innerbetrieblichen Leistungsverrechnung):

- Die *abgebende* (*leistende*) Kostenstelle wird in Höhe der zu verrechnenden Kosten entlastet.
- Die *empfangende* (*beziehende*) Kostenstelle wird in Höhe der zu verrechnenden Kosten belastet.

Neben der Verrechnung einer oder mehrerer Kostenarten werden häufig ganze Kostenstellen, insbesondere Hilfskostenstellen, verrechnet. Im *Beispiel* des ✠Kreuz des Nordens sind das – wie oben erwähnt – die Hilfskostenstellen:

- Facility
- Küche
- Fuhrpark
- Technik

Sie werden mittels der in Tab. 58 angegebenen Schlüssel verrechnet:

3.5 Die Sekundärkostenrechnung …

Verrechnungsschlüssel		Hilfskostenstellen (Vorkostenstellen)				Hauptkostenstellen (Endkostenstellen)			
Interne Leistungen (insgesamt erbracht)	Summe erbracht	Facility	Küche	Fuhrpark	Technik	Essen auf Rädern	Haus-notruf	Pflege	Ver-waltung
Facility	90		10	10	10	10	10	30	0
Küche	100	0		0	0	90	0	10	0
Fuhrpark	100	5	5		5	20	10	40	10
Technik	80	10	10	10		10	10	10	10

Tab. 58: Verrechnungsschlüssel (interne Leistungen) – Fallstudie

Bei der innerbetrieblichen Leistungsverrechnung der Kosten ganzer Kostenstellen werden folgende Verfahren genutzt:

- *Anbauverfahren* (auch Blockverfahren genannt),
- *Stufenleiterverfahren* (auch Treppenverfahren genannt),
- *Gleichungsverfahren* (auch mathematisches Verfahren genannt),
- *Kostenstellenausgleichsverfahren* sowie
- *Gutschrift-Lastschrift-Verfahren.*

Diese Verfahren werden im Folgenden erläutert. Ausgangspunkt sind jeweils der BAB aus Tab. 56 und die Verrechnungsschlüssel aus Tab. 58.

3.5.1 Das Anbauverfahren (Blockverfahren)

Beim *Anbauverfahren* (Blockverfahren, s. Tab. 59) werden aus Vereinfachungsgründen die Kosten der Hilfskostenstellen nur auf die Hauptkostenstellen verrechnet.

Primärkostenrechnung – Kostenverteilung auf die Hilfs- und Hauptkostenstellen
Verrechnung der Hilfskostenstellen als Block auf die Hauptkostenstellen
Keine Verrechnungen zwischen den Hilfskostenstellen

Tab. 59: Charakteristika Anbauverfahren

Eine Verrechnung von Kosten zwischen den Hilfskostenstellen findet nicht statt bzw. wird aus Vereinfachungsgründen nicht durchgeführt.

Für die Fallstudie ✠Kreuz des Nordens bedeutet dies konkret (s. Tab. 60):

- Nur die Leistungen der Hilfskostenstellen an die Hauptkostenstellen werden berücksichtigt, also:

3.5 Die Sekundärkostenrechnung …

Anbauverfahren		Hilfskostenstellen (Vorkostenstellen)				Hauptkostenstellen (Endkostenstellen)			
Interne Leistungen (verrechnet)	Summe verrechnet	Facility	Küche	Fuhrpark	Technik	Essen auf Rädern	Hausnotruf	Pflege	Verwaltung
Facility	50	Diese Leistungen werden bei dem Anbauverfahren erbracht, aber nicht untereinander verrechnet				10	10	30	0
Küche	100					90	0	10	0
Fuhrpark	80					20	10	40	10
Technik	40					10	10	10	10
Primärkosten (BAB)		1.000.000,00 €	300.000,00 €	300.000,00 €	300.000,00 €	300.000,00 €	300.000,00 €	2.800.000,00 €	700.000,00 €

Tab. 60: Anbauverfahren Grafik 1 – Fallstudie

Anbauverfahren		Hilfskostenstellen (Vorkostenstellen)				Hauptkostenstellen (Endkostenstellen)			
Interne Leistungen (verrechnet)	Summe verrechnet	Facility	Küche	Fuhrpark	Technik	Essen auf Rädern	Hausnotruf	Pflege	Verwaltung
Facility	50	Diese Leistungen werden bei dem Anbauverfahren erbracht, aber nicht untereinander verrechnet				10	10	30	0
Küche	100					90	0	10	0
Fuhrpark	80					20	10	40	10
Technik	40					10	10	10	10
Primärkosten (BAB)		1.000.000,00 €	300.000,00 €	300.000,00 €	300.000,00 €	300.000,00 €	300.000,00 €	2.800.000,00 €	700.000,00 €
Facility	50	–>–>–>–>–>				200.000,00 €	200.000,00 €	600.000,00 €	0,00 €
Küche	100		–>–>–>–>–>			270.000,00 €	0,00 €	30.000,00 €	0,00 €
Fuhrpark	80			–>–>–>–>–>		75.000,00 €	37.500,00 €	150.000,00 €	37.500,00 €
Technik	40				–>–>–>–>–>	75.000,00 €	75.000,00 €	75.000,00 €	75.000,00 €
Summe		- €	- €	- €	- €	920.000,00 €	612.500,00 €	3.655.000,00 €	812.500,00 €

Tab. 61: Anbauverfahren Grafik 2 – Fallstudie

3.5 Die Sekundärkostenrechnung ...

- In der Summe also Facility 50, Küche 100, Fuhrpark 80 und Technik 40.
- Für die anderen Leistungen, z. B. zwischen den Hilfskostenstellen, gilt: Diese Leistung werden erbracht, aber im Rahmen des generell vereinfachenden Anbauverfahrens nicht verrechnet.
- Die Verrechnungen ergeben sich wie in Tab. 61 dargestellt.
- Z. B. Facility verrechnet 1.000.000,00 € an Kosten über 50 Einheiten interne Leistungen. Davon erhält „Essen auf Rädern" 10 Einheiten, d.h. 10 / 50 von 1.000.000,00 €, also 200.000,00 €.
- Davon erhält „Hausnotruf" ebenfalls 10 Einheiten, d.h. 10 / 50 von 1.000.000,00 €, also 200.000,00 €.
- Davon erhält „die Pflege" 30 Einheiten, d.h. 30 / 50 von 1.000.000,00 €, also 600.000,00 €.
- Damit sind die insgesamt 1.000.000,00 € Kosten der Hilfskostenstelle „Facility" auf die Hauptkostenstellen verrechnet.
- Nach diesem Prinzip werden alle anderen Hilfskostenstellen („Küche", „Fuhrpark" und „Technik") ebenfalls auf die Hauptkostenstellen verrechnet, bis alle Hilfskostenstellen komplett entlastet und die Hauptkostenstellen belastet sind.
- Eine verursachungsgerechte Verrechnung wird damit unterstellt.

Im Ergebnis sind nach erfolgreicher Durchführung des Anbauverfahrens die Hilfskostenstellen komplett von den Kosten entlastet. Die Kosten der Hilfskostenstellen wurden auf die Hauptkostenstellen verrechnet. Hier finden sich im Ergebnis folgende Kosten: Essen auf Rädern 920.000,00 €, Hausnotruf 612.500,00 €, Pflege 3.655.000,00 €, Verwaltung 812.500,00 €.

3.5.2 Das Stufenleiter-/Treppenverfahren

Das Stufenleiter-/Treppenverfahren ist etwas präziser als das Anbauverfahren (Blockverfahren). Hierbei wird auch ein Teil der Verrechnungen von Hilfskostenstellen auf andere Hilfskostenstellen berücksichtigt.

Beim Stufenleiterverfahren (s. Tab. 62) werden die Leistungen nur in eine Richtung, nämlich „nach vorne" berücksichtigt. Das bedeutet, dass die Leistungen der ersten Hilfskostenstelle an alle anderen Hilfskostenstellen mitberücksichtigt werden. Bei den weiteren Hilfskostenstellen setzt sich dies fort, sprich nur die Leistungen, die an die folgenden Kostenstellen verrechnet werden, werden berücksichtigt.

Primärkostenrechnung – Kostenverteilung auf die Hilfs- und Hauptkostenstellen
Verrechnung der Hilfskostenstellen auf andere Hilfskostenstellen und die Hauptkostenstellen
Teilweise Verrechnungen zwischen den Hilfskostenstellen („nach vorne").

Tab. 62: Charakteristika Stufenleiterverfahren

Damit wird aber auch ein Teil der gegenseitigen Leistungsverflechtungen der Hilfskostenstellen nicht berücksichtigt. Man geht Stufe für Stufe vor. Die Vorkostenstellen werden nacheinander von ihren Kosten entlastet.

Wichtig hierbei ist, dass man die Kostenstellen in eine – im Sinne des Verfahrens – zweckmäßige Reihenfolge bringt:

- Häufig werden die Hilfskostenstellen so sortiert, dass zunächst die Hilfskostenstellen mit den höchsten Kosten priorisiert werden. Die Sortierung wäre dann in absteigender Reihenfolge nach der Summe der Kosten.
- Möglich ist auch, sich die Verflechtungen zwischen den Hilfskostenstellen genau anzusehen und einen speziellen Entscheidungsalgorithmus zu entwickeln, nach dem die Sortierung durchgeführt wird.
- Manchmal versucht man die Reihenfolge so festzusetzen, dass die nicht erfassten Leistungen von nachgelagerten an vorgelagerte Kostenstellen so gering wie möglich sind.

In unserem *Beispiel* steht die Reihenfolge der Hilfskostenstellen fest. Schauen wir uns den Algorithmus der Verrechnung in Tab. 63 an:

3.5 Die Sekundärkostenrechnung ...

Anbauverfahren		Hilfskostenstellen (Vorkostenstellen)				Hauptkostenstellen (Endkostenstellen)			
Interne Leistungen (verrechnet)	Summe verrechnet	Facility	Küche	Fuhrpark	Technik	Essen auf Rädern	Hausnotruf	Pflege	Verwaltung
Facility	80	Diese Leistungen werden bei dem Stufenleiter-/Treppenverfahren erbracht, aber nicht untereinander verrechnet				10	10	30	0
Küche	100					90	0	10	0
Fuhrpark	85					20	10	40	10
Technik	40					10	10	10	10
Primärkosten (BAB)		1.000.000,00 €	300.000,00 €	300.000,00 €	300.000,00 €	300.000,00 €	300.000,00 €	2.800.000,00 €	700.000,00 €
Facility	80	–>–>–>–>–>	125.000,00 €	125.000,00 €	125.000,00 €	125.000,00 €	125.000,00 €	375.000,00 €	0,00 €
Zwischensumme			425.000,00 €						
Küche	100		–>–>–>–>–>	0,00 €	0,00 €	382.500,00 €	0,00 €	42.500,00 €	0,00 €
Zwischensumme				425.000,00 €					
Fuhrpark	85			–>–>–>–>–>	25.000,00 €	100.000,00 €	50.000,00 €	200.000,00 €	50.000,00 €
Zwischensumme					450.000,00 €				
Technik	40				–>–>–>–>–>	112.500,00 €	112.500,00 €	112.500,00 €	112.500,00 €
Summe		- €	- €	- €	- €	1.020.000,00 €	587.500,00 €	3.530.000,00 €	862.500,00 €

Tab. 63: Treppenleiter-/Stufenverfahren – Fallstudie

Zunächst wird die Hilfskostenstelle „Facility" auf die „Küche", den „Fuhrpark" und die „Technik" sowie die Hauptkostenstellen verrechnet.

Es wird über insgesamt 80 Einheiten verrechnet:

80 = 10 + 10 + 10 + 10 + 10 + 30

Außer der Hauptkostenstelle „Pflege" wird auf alle anderen Kostenstellen wie folgt verrechnet:

$$\frac{1.000.000,00}{80} * 10 = 125.000,00 \ €$$

Bei der Hauptkostenstelle „Pflege" wird wie folgt gerechnet:

$$\frac{1.000.000,00}{80} * 30 = 375.000,00 \ €$$

Nun kommt der entscheidende Schritt bei dieser Methode:

Bei der folgenden Hilfskostenstelle „Küche" werden zu den Primärkosten in Höhe von 300.000,00 € noch die Sekundärkosten von Facility in Höhe von 125.000,00 € hinzugerechnet.

Somit entstehen hier auf der Kostenstelle 425.000,00 €, die weiter zu verrechnen sind, nämlich 90 + 10 = 100 Anteile wie folgt:

90 Anteile auf „Essen auf Rädern", also

$$\frac{425.000,00}{100} * 90 = 382.500,00 \ €$$

10 Anteile auf „Pflege", also

$$\frac{425.000,00}{100} * 10 = 42.500,00 \ €$$

Für die nun folgenden Hilfskostenstellen geht es entsprechend weiter.

Die beiden bisher behandelten Verfahren (Anbau- und Stufenleiterverfahren) führen selbstverständlich zu einem unterschiedlichen Ergebnis: Je nach Verfahren finden sich unterschiedlich hohe Kosten auf den empfangenden Kostenstellen.

Fazit bleibt: Das Stufenleiterverfahren verrechnet die Kosten präziser, weil die entstandenen Kosten verursachungsgemäßer verteilt werden.

3.5.3 Das Gleichungsverfahren

Beim *Gleichungsverfahren* werden – wie der Name schon sagt – mathematische Gleichungen aufgestellt. Mit dieser Methode werden alle Leistungen komplett erfasst.
Der Einfachheit halber wird ein *simples Beispiel* gewählt:

- Kostenstelle A hat Primärkosten in Höhe von 10.000,00 €.
- Kostenstelle B hat Primärkosten in Höhe von 20.000,00 €.
- Kostenstelle A erbringt insgesamt 50.000 innerbetriebliche Leistungen (z. B. Stunden), davon 8.000 für Kostenstelle B.
- Kostenstelle B erbringt insgesamt 12.000 innerbetriebliche Leistungen (z. B. Stunden), davon 3.000 für Kostenstelle A.

Zunächst werden die Kosten den Leistungen gegenübergestellt. Ziel ist es, exakte Verrechnungspreise für A und B zu ermitteln. Für alle Hilfskostenstellen (hier A und B) gilt deshalb beim Gleichungsverfahren:

Kosten = Leistungen

Primärkosten + Sekundärkosten = Leistungen

Aus der Annahme (Voraussetzung) Kosten = Leistung ergeben sich folgende Gleichungen:

Für Hilfskostenstelle A: $10.000 + 3.000\, V_B = 50.000\, V_A$

Für Hilfskostenstelle B: $20.000 + 8.000\, V_A = 12.000\, V_B$

Hinweis: V_A bzw. V_B = Verrechnungspreis A bzw. B
Die Gleichungen werden entsprechend sortiert und weiterverarbeitet, um V_A und V_B zu ermitteln. Es wird die Methode des Additions-/Subtraktionsverfahrens angewendet.

In einem ersten Schritt werden die Formelelemente sortiert:
A': $10.000 = 50.000 * V_A - 3.000 * V_B$
B': $20.000 = -8.000 * V_A + 12.000 * V_B$

Multiplizieren wir A' mit 4, so ergibt sich:

$4 * A' : 40.000 = 200.000 * V_A - 12.000 * V_B$

Nun werden die Gleichungen $4 * A'$ und B' zulässigerweise addiert. Es ergibt sich:

$60.000 = 192.000 * V_A$

und somit:

$$V_A = \frac{60.000}{192.000} = 0{,}3125 \ €$$

Setzt man V_A beliebig in eine der beiden Ausgangsgleichungen A' oder B' ein und löst die Gleichung nach V_B auf, so ergibt sich:

$V_B = 1{,}875 \ €$.

Das Ergebnis könnte beispielsweise bei einer Geschäftsstelle des ✠Kreuz des Nordens wie folgt interpretiert werden:

- Kostenstelle A sei der Fuhrpark. Dann würde die Nutzung eines Fahrzeugs mit 0,3125 € pro km verrechnet.
- Kostenstelle B sei die Küche. Dann würde ein Essen aus der Küche mit 1,875 € verrechnet.

3.5.4 Das Kostenstellenausgleichsverfahren

Im Rahmen des *Kostenstellenausgleichsverfahrens* werden in der Regel geschätzte, fest vereinbarte Kostensätze (Verrechnungssätze) zur Verrechnung der Leistungen gewählt.

Häufig spricht man in diesem Zusammenhang von Umlagen.

Beispielsweise war beim ✠Kreuz des Nordens bislang vereinbart, dass jede Regionalgeschäftsstelle eine Umlage für die Öffentlichkeitsarbeit des Gesamtverbands in Höhe von 20.000,00 € p. a. abführt.

Die entsprechenden Kostenstellen werden in der Höhe des Betrags be- bzw. entlastet.

3.5.5 Das Gutschrift-Lastschrift-Verfahren

Beim *Gutschrift-Lastschrift-Verfahren* werden zunächst Verrechnungspreise festgelegt, um innerbetriebliche Leistungen zu verrechnen. Dabei kommt es im Gegensatz zum Stufenleiter-/Treppenverfahren nicht darauf an, dass alle Kosten weggerechnet werden.

Alle „Zahlungen an die Kostenstellen" und „Zahlungen von den Kostenstellen" werden berücksichtigt und zwar auf der Basis der Verrechnungspreise. Bei der abgebenden Kostenstelle ergibt sich eine Einzahlung, bei der empfangenden Kostenstelle eine Auszahlung. Bleiben am Ende Kosten übrig, so werden diese nach einem zuvor vereinbarten Schlüssel verrechnet. Einzahlungsüberschüsse werden ebenfalls den anderen Kostenstellen nach einem zuvor vereinbarten Schlüssel gutgeschrieben.

Best Practice
Die innerbetriebliche Verrechnung erfüllt keinen Selbstzweck. Sie muss wirtschaftlich durchgeführt werden. Innerbetriebliche Verrechnung verursacht einen erheblichen Aufwand und damit erhebliche Kosten. Sie ist also nur sinnvoll, wenn die Ressourcen, die dafür aufgewendet werden, auch verdient oder eingespart werden. Und das gilt insgesamt für die Kostenrechnung: kein Selbstzweck, sondern probates Mittel mit klaren Zielen und professionellem Controlling. Hier gilt es wachsam zu bleiben und nicht in möglicherweise sogar teuren Aktionismus zu verfallen.

Tab. 64: Best Practice – Wohlüberlegte innerbetriebliche Kostenverrechnung

Literatur

Coenenberg, A. G., Fischer, T. M., & Günther, T. (2016). *Kostenrechnung und Kostenanalyse.* 9. Aufl. Stuttgart: Schäffer-Poeschel.
Ernst, C., Schenk, G., & Schuster, P. (2017). *Kostenrechnung klipp und klar.* 2. Aufl. Berlin: Springer Gabler.
Folz, T., Grabowski, S., Mankel, B., & Odenthal, F. W. (2017). Kosten- und Leistungsrechnung. Wirtschaftlichkeitsrechnung. Studienbuch für den kommunalen und staatlichen Bachelorstudiengang mit praktischen Übungen und Lösungen. 4. Aufl. Witten: Bernhardt-Witten.
Griga, M. (2017). *Kosten- und Leistungsrechnung für Dummies.* 2. Aufl. Weinheim: Wiley-VCH.
Heister, W. (2008). *Rechnungswesen in Nonprofit-Organisationen.* Stuttgart: Schäffer-Poeschel.
Horsch, J. (2018). Kostenrechnung. Klassische und neue Methoden in der Unternehmenspraxis. 3. Aufl. Wiesbaden: Springer Fachmedien.
Hungenberg, H., & Kaufmann, L. (2001). *Kostenmanagement. Einführung in Schaubildform.* 2. Aufl. München, Wien: Oldenbourg.

Jórasz, W., & Baltzer, B. (2019). *Kosten- und Leistungsrechnung. Lehrbuch mit Aufgaben und Lösungen.* 6. Aufl. Stuttgart: Schäffer-Poeschel.

Kaspers, U. (2016). Wirtschaftliche Steuerung von Sozial- und Gesundheitsunternehmen. Gesellschaftsrecht, internes und externes Rechnungswesen, Controlling. 2. Aufl. Regensburg: Walhalla Digital.

Langenbeck, J., & Burgfeld-Schächer, B. (2017). *Kosten- und Leistungsrechnung: Grundlagen. Vollkostenrechnung. Teilkostenrechnung. Plankostenrechnung. Prozesskostenrechnung. Zielkostenrechnung. Kosten-Controlling.* 3. Aufl. Herne: NWB Verlag.

Nickenig, K. (2018). Grundkurs Kosten- und Leistungsrechnung. Schneller Einstieg in die unternehmerische Kalkulation. 2. Aufl. Wiesbaden: Springer Fachmedien.

Olfert, K. (2018). *Kostenrechnung.* 18. Aufl. Herne: Kiehl.

Olfert, K., & Rahn, H.-J. (2017). *Einführung in die Betriebswirtschaftslehre.* 12. Aufl. Herne: Kiehl.

Schmola, G. (2019). Jahresabschluss, Kostenrechnung und Finanzierung im Krankenhaus. Grundlagen und Zusammenhänge verstehen. Wiesbaden: Springer Fachmedien.

Schultz, V. (2017). Basiswissen Rechnungswesen. Buchführung, Bilanzierung, Kostenrechnung, Controlling. München: C.H. Beck.

Vahs, D., & Schäfer-Kunz, J. (2015). *Einführung in die Betriebswirtschaftslehre.* 7. Aufl. Stuttgart: Schäffer-Poeschel.

Weber, J., & Weißenberger, B. E. (2015). *Einführung in das Rechnungswesen. Bilanzierung und Kostenrechnung.* 9. Aufl. Stuttgart: Schäffer Poeschel.

Die Kostenzurechnung 4

> **Summary**
> *Die Divisionskalkulation, die Äquivalenzziffernkalkulation und die Zuschlagskalkulation sind bewährte Verfahren der Kostenzurechnung. Im Kostenträger (dem Produkt, der Dienstleistung) werden die Einzelkosten und die Gemeinkosten zu den Selbstkosten vereint. Nur mit Kenntnis derselben kann ein angemessenes Pricing, also eine Festlegung der Entgelte, durchgeführt werden.*

Ziele der Kompetenzentwicklung

Fertigkeit, die Kosten zu ermitteln, die bei der Erstellung einer Leistung angefallen sind.
Kenntnis über die Bedeutung der Zurechnung von Kosten im Rahmen der Kalkulation.
Kenntnis über unterschiedliche Kalkulationsverfahren.
Fertigkeit, unterschiedliche Kalkulationsverfahren anwenden zu können.
Fertigkeit, Selbstkosten zu ermitteln.
Befähigung, aufgrund der Höhe der Selbstkosten betriebswirtschaftliche Entscheidungen zu treffen.

Aufgabe der Kostenzurechnung (Kostenträgerstückrechnung) ist es, die Kosten zu ermitteln, die bei der Erbringung einer Leistung (Herstellung eines Produkts) angefallen sind, anfallen bzw. anfallen werden.

Gegenstand der Kostenzurechnung sind somit:

- Kalkulation der Selbstkosten,
- Zurechnung für die Ergebnisrechnung (Kostenträgerzeitrechnung, Wirtschaftsplan),
- Bewertung von fertigen oder unfertigen Beständen (z. B. in Werkstätten der Behindertenhilfe).

Der *Kostenträger* ist ein Produkt oder eine Dienstleistung. In der nachfolgenden Tab. 65 sind *Beispiele* für sozialwirtschaftliche Unternehmen angegeben.

✠Kreuz des Nordens
Kostenträger (beispielhaft)
• Mittagsmahlzeit (Essen auf Rädern)
• Eine Pflegeminute
• Ein Kilometer Krankentransport
• Eine Stunde hauswirtschaftlicher Dienst
• Ein Monat Hausnotruf
• Ein Ausflugswochenende für Seniorinnen und Senioren

Tab. 65: Beispiele für Kostenträger – Fallstudie

Der so definierte Begriff „Kostenträger" weicht von der Begriffsauslegung, die in der Sozialwirtschaft in der Vergangenheit genutzt wurde, deutlich ab. In der Sozialbranche wurde im Allgemeinen der Entgeltzahler als Kostenträger bezeichnet.

Um Eindeutigkeit und Klarheit zu schaffen, wird aber neuerdings auch in der Sozialwirtschaft immer häufiger der Kostenträgerbegriff in der betriebswirtschaftlichen Perspektive verwendet, d. h., die Leistung an sich bzw. das Produkt wird als Kostenträger bezeichnet und nicht deren (Entgelt-)Zahler.

Kalkuliert werden die *Selbstkosten* eines Kostenträgers. Die Selbstkosten sind die Kosten, die für die Erbringung der Leistung bzw. die Herstellung der Produkte und deren Entwicklung und Vermarktung etc. anfallen. Es handelt sich also sowohl um die Herstellkosten (Erbringungskosten) als auch um Entwicklungskosten, Verwaltungskosten und Marketing-/Vertriebskosten etc.

Nach der *Kalkulationsmethode* werden vor allem die

- Divisionskalkulation,
- Äquivalenzziffernkalkulation und die
- Zuschlagskalkulation

unterschieden.

4 Die Kostenzurechnung

Die *Divisionskalkulation* eignet sich besonders bei der Produktion oder Leistungserbringung großer Mengen, also in der Sozialwirtschaft z. B. zur Kalkulation von Fachleistungsstunden.

Die *Äquivalenzziffernkalkulation* kann sowohl für die Sortenfertigung als auch für die Serienfertigung angewendet werden.

- *Serienfertigung* liegt vor, wenn mehrere Produkte hintereinander in einer begrenzten Stückzahl erstellt werden bzw. mehrere Leistungen erbracht werden. Beim ✠Kreuz des Nordens z. B. mehrere Beratungsgespräche in ähnlicher fachlicher Angelegenheit, denen weitere in unterschiedlicher fachlicher Angelegenheit folgen.
- *Sortenfertigung*: Die Produktion verwandter Güter oder die Erbringung verwandter Leistungen, die einen hohen Verwandtschaftsgrad aufweisen. Beim ✠Kreuz des Nordens z. B. Fachleistungsstunden mit unterschiedlich hohem Dokumentationsaufwand.

Die *Zuschlagskalkulation* eignet sich besonders, wenn sehr heterogene Produkte oder Leistungen hergestellt bzw. erbracht werden. Beim ✠Kreuz des Nordens z. B. eine Beratungseinheit, die Unternehmensberatung in der Sozialwirtschaft anbietet.

Nach dem *Kalkulationszeitpunkt* werden die

- Vorkalkulation,
- mitlaufende Kalkulation und
- Nachkalkulation

unterschieden.

In den Rahmen der Kostenträgerstückrechnung ist auch die *Prozesskostenrechnung* einzuordnen, die weiter unten behandelt wird.

Ergänzend zur Kostenzurechnung ist die *Ergebnisrechnung* zu sehen, also die Kostenträgerzeitrechnung, sprich die kurzfristige Erfolgsrechnung (auch als Betriebsergebnisrechnung, Wirtschaftlichkeitsrechnung etc. bezeichnet). Im Rahmen der Ergebnisrechnung werden die Kostenstrukturen weiter analysiert, die Quellen des Erfolgs untersucht und die Wirtschaftlichkeit überprüft. Dies kann auch weiter differenzierend nach Kundinnen- und Kundengruppen, Leistungssegmenten, geografischen Märkten sowie anderen Segmentierungen geschehen.

4.1 Die Divisionskalkulation

4.1.1 Die einstufige Divisionskalkulation

Die einstufige Divisionskalkulation stellt die einfachste Methode der Kostenzurechnung dar. Sie ist insbesondere in Unternehmen weit verbreitet, die nur eine Leistung bzw. ein Produkt anbieten.

Dies ist in der Sozialwirtschaft bzw. in Teilbereichen der Sozialwirtschaft häufig der Fall, insbesondere in der Betreuung und Beratung. Dort werden Fachleistungsstunden abgerechnet und somit auch kalkuliert.

Die einstufige Divisionskalkulation wird durchgeführt, indem die gesamten Kosten durch die gesamten Leistungen geteilt werden. Mathematisch bedeutet das:

$$k_G = \frac{K_G}{x} = \frac{Gesamtkosten}{Menge}$$

Das ✠Kreuz des Nordens bietet etwa in Elmsglück spezielle Ausbildungskurse an. Die Gesamtkosten betragen 22.343,50 €. Es wurden 700 Kursstunden gegeben. Die Selbstkosten einer Kursstunde betragen

$$= \frac{22.343,50}{700} = 31,92 \text{ € } je\ Stunde$$

Wie wird diese Information weiterverarbeitet? Nun, aufgrund der Informationen über die Selbstkosten und den Markt entscheidet die Geschäftsführung, dass die Weiterbildung für insgesamt 35,00 € (also inklusive eines kalkulierten Gewinns) angeboten wird.

4.1.2 Die zweistufige Divisionskalkulation

Die zweistufige Divisionskalkulation unterscheidet mehrere Produktions- bzw. Leistungsstufen. So wird z. B. zwischen der Produktion eines Gutes (Erbringung einer Leistung) und dessen (deren) Vermarktung unterschieden.

Die zweistufige Divisionskalkulation rechnet dann:

$$k_G = \frac{K_H}{x_H} + \frac{K_V}{x_A} = \frac{Kosten\ der\ Herstellung}{Herstellungsmenge} + \frac{Vertriebskosten}{abgesetzte\ Menge}$$

4.1 Die Divisionskalkulation

Beim ✠Kreuz des Nordens wird die zweistufige Divisionskalkulation in einer Werkstatt für Menschen mit Behinderung angewendet. Hier wird ein Set für Erstklässler hergestellt, d.h. aus Pappe zusammengebaut und mit Schreibutensilien gefüllt.

Dabei fallen Materialkosten in Höhe von 3.000,00 € an. Zugleich entstehen Fertigungskosten in Höhe von 2.000,00 €. 1.000 Sets werden gefertigt. 200 Sets werden bei einem besonderen Markt in der Stadt angeboten. Die Anmietung des Stands und die Werbung für das Event betragen in Summe 60,00 €.

Das Controlling rechnet für die auf dem Markt angebotenen Sets:

$$k_G = \frac{K_H}{x_H} + \frac{K_V}{x_A} = \frac{5.000,00}{1.000} + \frac{60,00}{200} = 5,00 + 0,30 = 5,30 \; € \; je \; Set$$

Die Herstellkosten pro Stück betragen 5,00 €, die Vertriebskosten 0,30 €, also die Selbstkosten je Set 5,30 €.

Es wäre sinnvoll, diese z. B. für 6,50 € zu verkaufen, um einen guten Gewinn zu erzielen.

Für die Leistungserbringung (Dienstleistungen) könnte man die Formel wie folgt anpassen:

$$k_G = \frac{K_E}{x_E} + \frac{K_{VV}}{x_A} = \frac{Kosten\;der\;Leistungserbringung}{Leistungsmenge} + \frac{Kosten\;Verwaltung\;\&\;Vertrieb}{abgesetzte\;Menge}$$

(Hier: E = Leistungserbringung; VV = Verwaltung & Vertrieb; A = Absatz)

Die Rechnung lässt sich um weitere Stufen ergänzen. In diesem Fall spricht man dann von der *mehrstufigen Divisionskalkulation*.

Ausgehend von dem Ergebnis des oben genutzten Stufenleiterverfahrens soll eine Divisionskalkulation für die einzelnen Dienstleistungen durchgeführt werden. Der Ausgangspunkt ist die folgende Situation (s. Tab. 66):

Anbauverfahren		Hilfskostenstellen (Vorkostenstellen)				Hauptkostenstellen (Endkostenstellen)			
Interne Leistungen (verrechnet)	Summe verrechnet	Facility	Küche	Fuhrpark	Technik	Essen auf Rädern	Hausnotruf	Pflege	Verwaltung
Facility	80	Diese Leistungen werden bei dem Stufenleiter- / Treppenverfahren erbracht, aber nicht untereinander verrechnet				10	10	30	0
Küche	100					90	0	10	0
Fuhrpark	85					20	10	40	10
Technik	40					10	10	10	10
Primärkosten (BAB)		1.000.000,00 €	300.000,00 €	300.000,00 €	300.000,00 €	300.000,00 €	300.000,00 €	2.800.000,00 €	700.000,00 €
Facility	80	–>–>–>–>–>	125.000,00 €	125.000,00 €	125.000,00 €	125.000,00 €	125.000,00 €	375.000,00 €	0,00 €
Zwischensumme			425.000,00 €						
Küche	100		–>–>–>–>	0,00 €	0,00 €	382.500,00 €	0,00 €	42.500,00 €	0,00 €
Zwischensumme				425.000,00 €					
Fuhrpark	85			–>–>–>–>	25.000,00 €	100.000,00 €	50.000,00 €	200.000,00 €	50.000,00 €
Zwischensumme					450.000,00 €				
Technik	40				–>–>–>–>	112.500,00 €	112.500,00 €	112.500,00 €	112.500,00 €
Summe		- €	- €	- €	- €	1.020.000,00 €	587.500,00 €	3.530.000,00 €	862.500,00 €

Tab. 66: Divisionskalkulation – Fallstudie

4.1 Die Divisionskalkulation

Im Ergebnis resultieren folgende Kostensummen je Hauptkostenstelle:

- Essen auf Rädern   1.020.000,00 €
- Hausnotruf   587.500,00 €
- Pflege   3.530.000,00 €
- Verwaltung   862.500,00 €

Die Verwaltung erbringt keine eigenständige Leistung am Markt. Deswegen soll die Verwaltung mit einem festgelegten Schlüssel auf die anderen Kostenstellen umgerechnet werden.

Zwei Arten zur Verrechnung der Hauptkostenstellen stehen nun zur Diskussion (s. Tab. 67):

- Denkbar wäre eine Umlage „1" zu gleichen Teilen auf die drei anderen Hauptkostenstellen. D. h., die 862.500,00 € würden zu je einem Drittel (287.500,00 €) auf „Essen auf Rädern", „Hausnotruf" bzw. „Pflege" verteilt.
- Denkbar wäre auch eine Umlage „2" in Höhe der Gemeinkosten der jeweiligen Kostenstellen. Damit würden die Kosten der Verwaltung im Verhältnis 1.020.000,00 € zu 587.500,00 € zu 3.530.000,00 € verteilt, also gerundet ca. im Verhältnis 20 zu 11 zu 69.

Verwaltung verrechnen:		Hauptkostenstellen (Endkostenstellen)			
		Essen auf Rädern	Hausnotruf	Pflege	Verwaltung
zu 1/3	Ausgangssumme	1.020.000,00 €	587.500,00 €	3.530.000,00 €	862.500,00 €
	Umlage „1"	287.500,00 €	287.500,00 €	287.500,00 €	<-- <-- <-- <--
	Summe „1"	1.307.500,00 €	875.000,00 €	3.817.500,00 €	
	dividiert durch Leistungen	400.000	40.000	5.000.000	
	Stückgemeinkosten bei 33,33 % Umlage	3,27 €	21,88 €	0,76 €	
nach Gemeinkosten	Ausgangssumme	1.020.000,00 €	587.500,00 €	3.530.000,00 €	862.500,00 €
	Umsatzsumme = Umlage „2"	5.137.500,00 € 171.240,88 €	98.631,39 €	592.627,74 €	<-- <-- <-- <--
	Summe „2"	1.191.240,88 €	686.131,39 €	4.122.627,74 €	
	dividiert durch Leistungen	400.000	40.000	5.000.000	
	Stückgemeinkosten bei Umlage nach Gemeinkosten	2,98 €	17,15 €	0,82 €	
Verhältnis Gemeinkosten		pro Essen 0,20	Monatspauschale 0,11	Pflegeminute 0,69	

Tab. 67: Verwaltungsumlage – Fallstudie

Berechnet man die Stückgemeinkosten wie dargestellt, so ergeben sich alternative Werte entsprechend Umlage „1" bzw. „2". Dabei wird jeweils die Summe „1" (bzw. Summe „2") durch die Anzahl der Leistungen, also 400.000 Essen bzw. 40.000 Monatspauschalen im Hausnotruf bzw. 5.000.000 Pflegeminuten geteilt; so ergeben sich die entsprechenden Stückgemeinkosten.

Die Variante „2", also die Verrechnung entsprechend der Höhe der Gemeinkosten kann als „verursachungsgerechter" angenommen werden, da bei dem deutlich höheren Umsatz die Verwaltung auch deutlich mehr Aufwand hat (z. B. Qualitätsmanagement und Abrechnung), somit dort höhere Kosten produziert.

4.2 Die Äquivalenzziffernkalkulation

Die *Äquivalenzziffernkalkulation* wird im Rahmen des Kostenmanagements insbesondere dann genutzt, wenn verschiedene Leistungen/Produkte zwar nach dem gleichen Verfahren (der gleichen Methode), aber mit unterschiedlichen Kosten erbracht oder hergestellt werden. Dies kann beispielsweise bei Fachleistungsstunden im Rahmen der psychosozialen Beratung der Fall sein.

Beim ✠Kreuz des Nordens werden unterschiedliche Fachleistungsstunden im Rahmen der Betreuung und Beratung erbracht, die verschieden aufwendig sind. Je aufwendiger diese sind, umso höhere Kosten verursachen sie.

Die Höhe der unterschiedlichen Kostenverursachung wird mittels einer Kostenäquivalenz zum Ausdruck gebracht, d. h.: Die Kostenintensität der Produkte/Leistungen wird mittels Äquivalenzziffern ausgedrückt. Dabei kann ein Produkt/eine Leistung als „Ankerpunkt" mit einer Äquivalenzziffer von „1" angesetzt werden – dies muss aber nicht so sein. Entscheidend ist das Verhältnis der Äquivalenzziffern zueinander.

Mittels der Äquivalenzziffern rechnet man die Produkte auf ein Einheitsprodukt um. Anschließend werden dann die Stückkosten des Einheitsprodukts ermittelt. Die Stückkosten einer Sorte (Kostenträger) werden ermittelt, indem die Herstellkosten des Einheitsprodukts mit der Äquivalenzziffer multipliziert werden.

Folgende Schritte werden also vollzogen:

1. Zunächst werden mittels der Äquivalenzziffern die Mengen der einzelnen Kostenträger (Sorten) auf eine Einheitssorte umgerechnet. Die gibt es natürlich nicht, sie ist nicht real, sondern nur fiktiv, aber sie dient als Recheneinheit.
2. Die Einheitsmengen werden addiert.
3. Die gesamten Kosten werden durch die Summe der Einheitsmengen geteilt. Es ergibt sich damit eine Recheneinheit für die Stückkosten der Einheitsmenge.

4. Die Kosten der Einheitssorte werden mit den jeweiligen Äquivalenzziffern der Kostenträger multipliziert. Daraus resultieren die gesuchten Selbstkosten (Stückkosten) der einzelnen Kostenträger (Sorten).

In Tab. 68 ist ein *Beispiel* beim ✠Kreuz des Nordens aufgeführt:

Leistung	Äquivalenzziffer	Menge	Einheitsmenge	Stückkosten	Gesamtkosten
Fachleistungsstunde Typ 1	0,8	6.000	4.800	36,76 €	220.588,24 €
Fachleistungsstunde Typ 2	1,1	2.000	2.200	50,55 €	101.102,94 €
Fachleistungsstunde Typ 3	1,2	1.800	2.160	55,15 €	99.264,71 €
Fachleistungsstunde Typ 4	1,4	800	1.120	64,34 €	51.470,59 €
Fachleistungsstunde Typ 5	2	300	600	91,91 €	27.573,53 €
		Summe	10.880	Summe	500.000,00 €

Kosten gesamt	500.000,00 €
Einheitsmenge	10.880
Kosten je Einheitsstück	45,96 €

Tab. 68: Äquivalenzziffernkalkulation 1 – Fallstudie

- Fachleistungsstunde Typ 1 hat eine Kostenäquivalenz von 0,8. Da 6.000 Stunden geplant sind, ergibt sich mit 0,8 * 6.000 eine Einheitsmenge von 4.800.
- Fachleistungsstunde Typ 2 hat eine Kostenäquivalenz von 1,1. Da 2.000 Stunden geplant sind, ergibt sich mit 1,1 * 2.000 eine Einheitsmenge von 2.200.
- Fachleistungsstunde Typ 3 hat eine Kostenäquivalenz von 1,2. Da 1.800 Stunden geplant sind, ergibt sich mit 1,2 * 1800 eine Einheitsmenge von 2.160.
- Fachleistungsstunde Typ 4 hat eine Kostenäquivalenz von 1,4. Da 800 Stunden geplant sind, ergibt sich mit 1,4 * 800 eine Einheitsmenge von 1.120.
- Fachleistungsstunde Typ 5 hat eine Kostenäquivalenz von 2. Da 300 Stunden geplant sind, ergibt sich mit 2 * 300 eine Einheitsmenge von 600.
- Die Einheitsmengen werden addiert:
  4.800 + 2.200 + 2.160 + 1.120 + 600 = 10.880

4.2 Die Äquivalenzziffernkalkulation

- Die Gesamtkosten in Höhe von 500.000,00 € werden durch 10.880 (Summe der Einheitsmengen) geteilt und es ergeben sich Kosten je Einheitsstück von kaufmännisch gerundet 45,96 €.
- Nun werden die Stückkosten der Fachleistungsstunde Typ 1 ermittelt, indem die Äquivalenzziffer (0,8) mit den Kosten je Einheitsstück (45,96 €) multipliziert wird. Das Ergebnis beträgt 36,76 € (und zwar im Hintergrund von Excel ungerundet gerechnet; *bitte beachten*: wenn mit gerundet 45,96 € gerechnet wird, resultiert 35,77 €).
- So geht es mit Typ 2 bis 5 entsprechend der jeweiligen Äquivalenzziffern weiter.
- *Hinweis*: Beachten Sie, dass grundsätzlich beim Rechnen nur dann keine Rundungsfehler entstehen, wenn Sie immer mit 5 oder noch besser 6 Stellen hinter dem Komma – insbesondere auf dem Taschenrechner – rechnen. Hier in den im Buch gezeigten Beispielen arbeitet Excel im Hintergrund mit ca. 80 Stellen, gezeigt wird aber ein auf zwei Stellen gerundeter Betrag in der Tabelle.

In Tab. 69 wird nun noch verdeutlicht, dass nur die Kostenäquivalenzen zueinander relevant sind. Wenn bei allen oben verwendeten Äquivalenzziffern im gleichen Verhältnis auf 50 % gekürzt wird (z. B. 50 % von 0,8 bei Typ 1 = 0,4), ergibt sich dasselbe Ergebnis:

Leistung	Äquivalenzziffer	Menge	Einheitsmenge	Stückkosten	Gesamtkosten
Fachleistungsstunde Typ 1	0,4	6.000	2.400	36,76 €	220.588,24 €
Fachleistungsstunde Typ 2	0,55	2.000	1.100	50,55 €	101.102,94 €
Fachleistungsstunde Typ 3	0,6	1.800	1.080	55,15 €	99.264,71 €
Fachleistungsstunde Typ 4	0,7	800	560	64,34 €	51.470,59 €
Fachleistungsstunde Typ 5	1	300	300	91,91 €	27.573,53 €
		Summe	5.440	Summe	500.000,00 €

Kosten gesamt	500.000,00 €
Einheitsmenge	5.440
Kosten je Einheitsstück	91,91 €

Tab. 69: Äquivalenzziffernkalkulation 2 – Fallstudie

Wenn aber bei allen oben verwendeten Äquivalenzziffern 0,2 addiert wird und somit das Verhältnis untereinander gestört wird, so ergibt sich ein divergierendes Ergebnis (s. Tab. 70):

Leistung	Äquivalenzziffer	Menge	Einheitsmenge	Stückkosten	Gesamtkosten
Fachleistungsstunde Typ 1	1	6.000	6.000	38,28 €	229.709,04 €
Fachleistungsstunde Typ 2	1,3	2.000	2.600	49,77 €	99.540,58 €
Fachleistungsstunde Typ 3	1,4	1.800	2.520	53,60 €	96.477,79 €
Fachleistungsstunde Typ 4	1,6	800	1.280	61,26 €	49.004,59 €
Fachleistungsstunde Typ 5	2,2	300	660	84,23 €	25.267,99 €
		Summe	13.060	Summe	500.000,00 €

Kosten gesamt	500.000,00 €
Einheitsmenge	13.060
Kosten je Einheitsstück	38,28 €

Tab. 70: Äquivalenzziffernkalkulation 3 – Fallstudie

Die Äquivalenzziffernkalkulation leitet sich aus der Divisionskalkulation ab. Die Divisionskalkulation ist eine Äquivalenzziffernkalkulation, bei der alle Kostenträger die gleiche Äquivalenzziffer haben.

Wo liegt der große Vorteil dieses Vorgehens? Da Äquivalenzziffern genutzt werden, ist es nicht notwendig, die Kosten je Kostenträger (Sorte) differenziert zu erheben. Mit dieser Methode ist also eine enorme Arbeitsersparnis verbunden. Die Gesamtkosten (Herstellkosten) liegen im Rechnungswesen vor.

4.3 Die Zuschlagskalkulation

Bereits in der Kostenerfassung (Kostenartenrechnung) werden Einzelkosten und Gemeinkosten getrennt. Die Einzelkosten werden unmittelbar (direkt) auf die Kostenträger zugerechnet, die Gemeinkosten mittelbar (indirekt) über die Kostenstellen.

Die verursachungsgerechte Zurechnung der Einzelkosten stellt in der Regel kein (großes) Problem dar. Ein (größeres) Problem besteht eher in der verursachungsgerechten Zurechnung der Gemeinkosten, zumal der Anteil der Gemeinkosten an den Gesamtkosten in der Regel sehr hoch ist.

Ein Weg der Gemeinkostenverteilung ist die Nutzung von Zuschlägen. Das geschieht in der *Zuschlagskalkulation*.

Dazu werden die Gemeinkosten nach ihrer Herkunft getrennt. Zum Beispiel kann ein Bezug hergestellt werden, ob die Gemeinkosten zum Material oder zur Leistungserstellung „gehören". Oder es kann differenziert werden, ob sie bei Team 1 oder Team 2 anfallen.

Sodann können sie durch Zuschläge auf andere Kosten aufgeschlagen werden, in der Regel durch Aufschläge auf Einzelkosten.

So verkaufen etwa die Ehrenamtlichen beim ✠Kreuz des Nordens Brezeln in der Woche der Offenen Türe, um die Kasse der Freiwilligen etwas aufzubessern. Die Brezeln werden fertig gebacken in der Bäckerei zu 0,80 € eingekauft. Die Freiwilligen wollen 0,20 € Gewinn je Brezel machen, müssen aber auch die zu erwerbende Verkaufserlaubnis finanzieren (täglich 10,00 €; Gemeinkosten). Insgesamt sollen je Tag 100 Brezeln verkauft werden. Somit betragen die Einzelkosten 1,00 € und je Brezel müssen bei gleicher Verteilung 0,10 € für die Gemeinkosten verdient werden. Der Rechenweg:

$$\frac{\textit{Welche Kosten sollen verrechnet werden?}}{\textit{Worüber sollen die Kosten verrechnet werden?}} = \frac{10,00}{100} = 0,10 \text{ € } \textit{je Stück}$$

$$\frac{\textit{Welche Kosten sollen verrechnet werden?}}{\textit{Worüber sollen die Kosten verrechnet werden?}} = \frac{10,00 * 100\,\%}{100} = 10\,\%$$

Mit dieser Prozentzahl lässt sich noch kommoder rechnen.

Weiteres Beispiel: Eine andere Einheit des ✠Kreuz des Nordens betreibt bei den Festen einen kleinen Imbiss. Passende Selbstkosten – so ihre Erfahrung – kalkulieren sie in der Regel dann, wenn sie auf den Materialeinsatz wie z. B. Fleisch, Kartoffeln, Gemüse etc. noch pauschal 40 % für die Herstellung aufschlagen.

Es ergibt also Sinn und ist einfach, auf z. B. die Einzelkosten mittels prozentualen Zuschlägen etwa die Gemeinkosten aufzurechnen. Bestimmte Bezugsgrößen dienen dabei zur Verrechnung, z. B. die Materialeinzelkosten bei der Kostenstelle „Material" und die Lohneinzelkosten bei der Kostenstelle „Produktion bzw. Fertigung". Das dafür notwendige Handwerkszeug ist weder komplex noch umfangreich. Zunächst ist ein Kalkulationsschema notwendig.

Die Zuschlagskalkulation wird im industriellen Bereich nach folgendem Schema durchgeführt:

+ Fertigungsmaterial
+ Materialgemeinkostenzuschlag
= Materialkosten
+ Fertigungslöhne
+ Fertigungsgemeinkostenzuschlag
= Fertigungskosten
+ Sondereinzelkosten der Fertigung
= Herstellkosten
+ Verwaltungsgemeinkostenzuschlag
+ Vertriebsgemeinkostenzuschlag
+ Zuschlag für Forschung und Entwicklung
+ Sondereinzelkosten des Vertriebs
= Selbstkosten
+ kalkulatorischer Gewinnzuschlag (auf Selbstkosten)
= Selbstkostenpreis

Dieses Schema findet sich in den meisten Lehrbüchern wieder.

Die darin angegebenen Zuschläge folgen den Formeln:

$$Zuschlagssatz\ für\ Material = \frac{Summe\ Materialgemeinkosten}{Summe\ Materialeinzelkosten} * 100\ \%$$

$$Zuschlagssatz\ für\ Fertigung = \frac{Summe\ Fertigungsgemeinkosten}{Summe\ Fertigungseinzelkosten} * 100\ \%$$

$$Zuschlagssatz\ für\ Verwaltung\ etc. = \frac{Summe\ Verwaltungsgemeinkosten}{Summe\ Herstellkosten} * 100\ \%$$

$$Zuschlagssatz = \frac{Summe\ Gemeinkosten}{Summe\ Bezugsgröße} * 100\ \%$$

4.3 Die Zuschlagskalkulation

Für die Sozialwirtschaft eignet sich z. B. auch folgendes Schema, ausgehend von drei Hauptkostenstellen Team 1, Team 2 und Verwaltung:

+ Einzelkosten Team 1
+ Gemeinkostenzuschlag Team 1
+ Einzelkosten Team 2
+ Gemeinkostenzuschlag Team 2
= Herstellkosten
+ Verwaltungsgemeinkostenzuschlag
= Selbstkosten
+ Gewinnzuschlag
= Selbstkostenpreis

$$Zuschlagssatz\ für\ Team\ 1\ (GMK) = \frac{Summe\ Gemeinkosten\ Team\ 1}{Summe\ Einzelkosten\ Team\ 1} * 100\ \%$$

$$Zuschlagssatz\ für\ Team\ 2\ (GMK) = \frac{Summe\ Gemeinkosten\ Team\ 2}{Summe\ Einzelkosten\ Team\ 2} * 100\ \%$$

$$Zuschlagssatz\ für\ Verwaltung\ (GMK) = \frac{Summe\ Verwaltungsgemeinkosten}{Summe\ Herstellkosten} * 100\ \%$$

Herstellkosten = Einzelkosten Team 1 + Gemeinkostenzuschlag Team 1 + Einzelkosten Team 2 + Gemeinkostenzuschlag Team 2

Dieses Schema kann selbstverständlich beliebig verändert und erweitert werden.

Die Vorgehensweise und die Anwendung der Formeln wird im *folgenden Beispiel* deutlich:

Das ✠Kreuz des Nordens plant, ein eigenes innerbetriebliches Consulting aufzubauen, das in einer selbstständigen GmbH gegründet werden soll. Dazu sollen in dem mittlerweile schon sehr groß gewordenen Hilfswerk zehn Beraterinnen und Berater tätig werden. Allerdings sollen diese freiberuflich beschäftigt werden und ihre Leistungen zu Personentagen (= ein Beratungstag durch eine Beraterin/einen Berater) anbieten. Zusätzlich soll aber auch eine schlagkräftige Unterstützungsgruppe in der Zentrale aufgebaut werden.

Die freiberuflichen Beraterinnen und Berater sind als Einzelkosten zu kalkulieren. Der entsprechende Kostenträger ist ein Personentag Beratung. Die Unterstützungsgruppe (Back-Office) hingegen stellt Gemeinkosten dar. Beginnen wir bei Letzterer. Für die Planung der Periode ist in Tab. 71 und 72 ein BAB erstellt, der die Grundlagen der Primärkostenverteilung, der Sekundärkostenrechnung sowie deren Ergebnis darstellt.

Planung eines Monats		Hilfs. ko.stelle	Haupt.ko.stellen		
Kostenart	Summe	Allg. KSt.	Team 1	Team 2	GF
Personalkosten	600.000,00 €				
Sachkosten	100.000,00 €				
Sekundärkostenverrechnung					
Allg. KSt.			30,00 %	50,00 %	20,00 %
Primärkostenverteilung					
Personalkosten		1	2	4	1
Sachkosten		-	4	4	2

Tab. 71: Ausgangssituation BAB für Zuschlagskalkulation – Fallstudie

Planung eines Monats		Hilfs. ko.stelle	Haupt.ko.stellen		
Kostenart	Summe	Allg. KSt.	Team 1	Team 2	GF
Personalkosten	600.000,00 €	75.000,00 €	150.000,00 €	300.000,00 €	75.000,00 €
Sachkosten	100.000,00 €	0,00 €	40.000,00 €	40.000,00 €	20.000,00 €
	Summe	75.000,00 €	190.000,00 €	340.000,00 €	95.000,00 €
			22.500,00 €	37.500,00 €	15.000,00 €
			212.500,00 €	377.500,00 €	110.000,00 €
		Einzelkosten	250.000,00 €	250.000,00 €	
		Herstellkosten			1.090.000,00 €
		Zuschlagssatz	85,00 %	151,00 %	10,09 %

Gewinnerwartung in %   10 %

Tab. 72: Primär-/Sekundärkostenrechnung für Zuschlagskalkulation – Fallstudie

Für beispielsweise diesen Monat ist eine Planung der einzelnen Aufträge – wie in Tab. 73 dargestellt – durchgeführt:

4.3 Die Zuschlagskalkulation

Im Einsatz 10 Beratungspersonen		Team 1	Team 2
Einzelkosten zu Auftrag Nr.	1	20.000,00 €	1.000,00 €
Einzelkosten zu Auftrag Nr.	2	25.000,00 €	9.000,00 €
Einzelkosten zu Auftrag Nr.	3	1.000,00 €	1.000,00 €
Einzelkosten zu Auftrag Nr.	4	2.000,00 €	1.000,00 €
Einzelkosten zu Auftrag Nr.	5	80.000,00 €	70.000,00 €
Einzelkosten zu Auftrag Nr.	6	4.000,00 €	51.000,00 €
Einzelkosten zu Auftrag Nr.	7	1.000,00 €	0,00 €
Einzelkosten zu Auftrag Nr.	8	4.000,00 €	20.000,00 €
Einzelkosten zu Auftrag Nr.	9	6.000,00 €	30.000,00 €
Einzelkosten zu Auftrag Nr.	10	0,00 €	2.000,00 €
Einzelkosten zu Auftrag Nr.	11	4.000,00 €	2.000,00 €
Einzelkosten zu Auftrag Nr.	12	10.000,00 €	4.000,00 €
Einzelkosten zu Auftrag Nr.	13	7.000,00 €	0,00 €
Einzelkosten zu Auftrag Nr.	14	2.000,00 €	2.000,00 €
Einzelkosten zu Auftrag Nr.	15	2.000,00 €	40.000,00 €
Einzelkosten zu Auftrag Nr.	16	2.000,00 €	3.000,00 €
Einzelkosten zu Auftrag Nr.	17	0,00 €	4.000,00 €
Einzelkosten zu Auftrag Nr.	18	80.000,00 €	10.000,00 €
Einzelkosten		250.000,00 €	250.000,00 €

Tab. 73: Einzelkosten für Zuschlagskalkulation – Fallstudie

Diese Aufstellung ist wie folgt zu interpretieren: Die interne Consultinggruppe hat in der Periode 18 Aufträge geplant.

- *Beispielsweise* Auftrag 1: Ein Altenheim hat die internen Consultants beauftragt, über die Periode verteilt die Zufriedenheit der Heimbewohnerinnen und -bewohner sowie der Angehörigen zu ermitteln.
- Wie auch bei Auftrag 5 sind beide Teams beteiligt, der Auftrag 5 führt nur zu einem erheblich höheren Umsatz.
- Aber nicht immer sind beide Teams beteiligt, wie etwa bei Auftrag 10.

In jedem Fall werden die zu den Teams 1 und 2 assoziierten Beraterinnen und Berater von der Back-Office-Mannschaft unterstützt. In der Kalkulation werden entsprechende Gemeinkostenzuschläge berücksichtigt.

Die Selbstkosten der Aufträge werden im Rahmen des bereits beschriebenen Kalkulationsschemas berechnet. Als Gewinnzuschlag werden 10 % gewählt.

EK_Team1	GMK:Zu_1	EK_Team2	GMK:Zu_2	Herstellk.	GF_Zuschl.	Selbstkosten	Gewinn+	Selbstk.-Preis	Auftrag
20.000,00 €	17.000,00 €	1.000,00 €	1.510,00 €	39.510,00 €	3.987,25 €	43.497,25 €	4.349,72 €	47.846,97 €	1
25.000,00 €	21.250,00 €	9.000,00 €	13.590,00 €	68.840,00 €	6.947,16 €	75.787,16 €	7.578,72 €	83.365,87 €	2
1.000,00 €	850,00 €	1.000,00 €	1.510,00 €	4.360,00 €	440,00 €	4.800,00 €	480,00 €	5.280,00 €	3
2.000,00 €	1.700,00 €	1.000,00 €	1.510,00 €	6.210,00 €	626,70 €	6.836,70 €	683,67 €	7.520,37 €	4
80.000,00 €	68.000,00 €	70.000,00 €	105.700,00 €	323.700,00 €	32.666,97 €	356.366,97 €	35.636,70 €	392.003,67 €	5
4.000,00 €	3.400,00 €	51.000,00 €	77.010,00 €	135.410,00 €	13.665,23 €	149.075,23 €	14.907,52 €	163.982,75 €	6
1.000,00 €	850,00 €	0,00 €	0,00 €	1.850,00 €	186,70 €	2.036,70 €	203,67 €	2.240,37 €	7
4.000,00 €	3.400,00 €	20.000,00 €	30.200,00 €	57.600,00 €	5.812,84 €	63.412,84 €	6.341,28 €	69.754,13 €	8
6.000,00 €	5.100,00 €	30.000,00 €	45.300,00 €	86.400,00 €	8.719,27 €	95.119,27 €	9.511,93 €	104.631,19 €	9
0,00 €	0,00 €	2.000,00 €	3.020,00 €	5.020,00 €	506,61 €	5.526,61 €	552,66 €	6.079,27 €	10
4.000,00 €	3.400,00 €	2.000,00 €	3.020,00 €	12.420,00 €	1.253,39 €	13.673,39 €	1.367,34 €	15.040,73 €	11
10.000,00 €	8.500,00 €	4.000,00 €	6.040,00 €	28.540,00 €	2.880,18 €	31.420,18 €	3.142,02 €	34.562,20 €	12
7.000,00 €	5.950,00 €	0,00 €	0,00 €	12.950,00 €	1.306,88 €	14.256,88 €	1.425,69 €	15.682,57 €	13
2.000,00 €	1.700,00 €	2.000,00 €	3.020,00 €	8.720,00 €	880,00 €	9.600,00 €	960,00 €	10.560,00 €	14
2.000,00 €	1.700,00 €	40.000,00 €	60.400,00 €	104.100,00 €	10.505,50 €	114.605,50 €	11.460,55 €	126.066,06 €	15
2.000,00 €	1.700,00 €	3.000,00 €	4.530,00 €	11.230,00 €	1.133,30 €	12.363,30 €	1.236,33 €	13.599,63 €	16
0,00 €	0,00 €	4.000,00 €	6.040,00 €	10.040,00 €	1.013,21 €	11.053,21 €	1.105,32 €	12.158,53 €	17
80.000,00 €	68.000,00 €	10.000,00 €	15.100,00 €	173.100,00 €	17.468,81 €	190.568,81 €	19.056,88 €	209.625,69 €	18
250.000,00 €	212.500,00 €	250.000,00 €	377.500,00 €	1.090.000,00 €	110.000,00 €	1.200.000,00 €	120.000,00 €	1.320.000,00 €	SUM

in €

Summe

Tab. 74: Zuschlagskalkulation – Kalkulation der Aufträge – Fallstudie

Es kann konstatiert werden (s. Tab. 74):

- Auftrag 1: Zu den aus den Einzelkosten und Gemeinkostenzuschlägen der Teams resultierenden Herstellkosten (EK_Team 1 + GMK:Zu_1 + EK_Team 1 + GMK:Zu_1) in Höhe von 39.510,00 € wird ein Zuschlag für die Geschäftsführung (GF_Zuschl.) und ein Gewinnzuschlag (Gewinn+) addiert. Der resultierende Selbstkostenpreis (Selbstk.-Preis) beträgt 47.846,97 €.
- Beim Selbstkostenpreis handelt es sich jeweils um den Angebotspreis für die zu erbringende Leistung.
- In der Summe sind über die gesamten Planungen alle Einzelkosten und alle Zuschläge auf alle Aufträge verteilt.
- Insgesamt wird ein Gewinn von 120.000,00 € erzielt, dies entspricht auch in der Summe den 10 % der Selbstkosten.

Best Practice

Die Kalkulation ist das Herz jedes Kostenmanagements. Immerhin geht es darum zu ermitteln, in welcher Höhe Erträge erzielt werden müssen, damit am Ende auch alle Kosten gedeckt sind oder möglicherweise ein kleiner Gewinn geschrieben wird. Der Begriff der Selbstkosten ist nahezu magisch relevant. Die Mühe, die im Rahmen des Kostenmanagements aufgewendet wird, diese exakt zu bestimmen, ist gut investiert. Und auch Überschüsse müssen erwirtschaftet werden. Immerhin stellen sie oft die einzige Option dar, besondere Risiken finanziell abzusichern und auch neue Projekte zu finanzieren. Hier gilt es, dies unbedingt auch im Auge zu halten.

Tab. 75: Best Practice – Die Selbstkosten stets im Blick behalten!

Literatur

Coenenberg, A. G., Fischer, T. M., & Günther, T. (2016). *Kostenrechnung und Kostenanalyse*. 9. Aufl. Stuttgart: Schäffer-Poeschel.

Ernst, C., Schenk, G., & Schuster, P. (2017). *Kostenrechnung klipp und klar*. 2. Aufl. Berlin: Springer Gabler.

Folz, T., Grabowski, S., Mankel, B., & Odenthal, F.W. (2017). Kosten- und Leistungsrechnung. Wirtschaftlichkeitsrechnung. Studienbuch für den kommunalen und staatlichen Bachelorstudiengang mit praktischen Übungen und Lösungen. 4. Aufl. Witten: Bernhardt-Witten.

Griga, M. (2017). *Kosten- und Leistungsrechnung für Dummies*. 2. Aufl. Weinheim: Wiley-VCH.

Heister, W. (2008). *Rechnungswesen in Nonprofit-Organisationen*. Stuttgart: Schäffer-Poeschel.

Horsch, J. (2018). Kostenrechnung. Klassische und neue Methoden in der Unternehmenspraxis. 3. Aufl. Wiesbaden: Springer Fachmedien.

Hungenberg, H., & Kaufmann, L. (2001). *Kostenmanagement. Einführung in Schaubildform.* 2. Aufl. München, Wien: Oldenbourg.

Jórasz, W., & Baltzer, B. (2019). *Kosten- und Leistungsrechnung. Lehrbuch mit Aufgaben und Lösungen.* 6. Aufl. Stuttgart: Schäffer-Poeschel.

Kaspers, U. (2016). Wirtschaftliche Steuerung von Sozial- und Gesundheitsunternehmen. Gesellschaftsrecht, internes und externes Rechnungswesen, Controlling. 2. Aufl. Regensburg: Walhalla Digital.

Langenbeck, J., & Burgfeld-Schächer, B. (2017). *Kosten- und Leistungsrechnung: Grundlagen. Vollkostenrechnung. Teilkostenrechnung. Plankostenrechnung. Prozesskostenrechnung. Zielkostenrechnung. Kosten-Controlling.* 3. Aufl. Herne: NWB Verlag.

Nickenig, K. (2018). Grundkurs Kosten- und Leistungsrechnung. Schneller Einstieg in die unternehmerische Kalkulation. 2. Aufl. Wiesbaden: Springer Fachmedien.

Olfert, K. (2018). *Kostenrechnung.* 18. Aufl. Herne: Kiehl.

Olfert, K., & Rahn, H.-J. (2017). *Einführung in die Betriebswirtschaftslehre.* 12. Aufl. Herne: Kiehl.

Schmola, G. (2019). Jahresabschluss, Kostenrechnung und Finanzierung im Krankenhaus. Grundlagen und Zusammenhänge verstehen. Wiesbaden: Springer Fachmedien.

Schultz, V. (2017). Basiswissen Rechnungswesen. Buchführung, Bilanzierung, Kostenrechnung, Controlling. München: C.H. Beck.

Vahs, D., & Schäfer-Kunz, J. (2015). *Einführung in die Betriebswirtschaftslehre.* 7. Aufl. Stuttgart: Schäffer-Poeschel.

Kostenmanagement im Bereich der Prozesse 5

Summary

Das Kostenmanagement im Bereich der Prozesse und insbesondere die Prozesskostenrechnung als Teil desselben kann als eine sehr genaue Methode bezeichnet werden. Es handelt sich jedoch leider auch um eine eher aufwendige Methode des Kostenmanagements. Aufwendig kann sie sowohl in der Einrichtung als auch in der Pflege sein. Im Einzelfall sind nämlich detaillierte Analysen von Prozessen notwendig.

Ziele der Kompetenzentwicklung

Kenntnis der Methode der Prozesskostenrechnung als präziser Ansatz der Kostenverrechnung.
Fertigkeit, Prozesse in Hauptprozesse und Teilprozesse zu unterscheiden und zu modellieren.
Fertigkeit, Cost Driver zu erkennen.
Fertigkeit, Prozesskosten zu berechnen und kritisch zu bewerten.

Die von Robert S. Kaplan und R. Cooper entwickelte Prozesskostenrechnung (engl. Activity Based Costing (ABC); Kaplan & Cooper 1999) ist bisher in der Sozialwirtschaft noch nicht sehr verbreitet. Es gibt aber gute Gründe dafür, dies zu ändern.

5.1 Kosten senken und Kundinnen und Kunden in den Mittelpunkt stellen

Ein wichtiger Grundgedanke des Kostenmanagements im Bereich der Prozesse liegt darin, Geschäftsprozesse unter Beachtung der Perspektive des Marketings zu optimieren: Kosten senken und den Kunden bzw. die Kundin in den Mittelpunkt stellen. Mit Blick auf die Marketingorientierung wird sie unterstützt von der *Zielkostenrechnung*, die weiter unten erläutert wird.

Die Kunden- und Kundinnenzufriedenheit hängt wesentlich von der Qualität der Geschäftsprozesse ab. Ein *Geschäftsprozess* ist eine Bündelung und strukturierte Abfolge von Aufgaben mit einem Anfang und einem Ende sowie klar definierten Inputs und Outputs. Die Outputs sollen den Kundinnen und Kunden möglichst eine Problemlösung, also vor allem einen Nutzen bieten.

Die eigentliche Wertschöpfung im Unternehmen erfolgt nicht in Strukturen oder Abteilungen, sondern vielmehr in Leistungsprozessen. Dabei ist nur das Bild vom Wertschöpfungs-/Leistungsprozess erheblich, das der Kunde bzw. die Kundin im Kopf hat. Zusätzlich gilt: In Verwaltungsprozessen stecken oftmals große Kostensenkungspotenziale.

Die Optimierung von Geschäftsprozessen (zuverlässiger, schneller, kostengünstiger) kann viele Vorteile für die Organisation bringen. Sie führt zu klaren Organisationsstrukturen, jedoch ohne dass ein „Behördendenken" entsteht. Sie führt zur Ausrichtung auf die Kernprozesse und sichert somit langfristige Wettbewerbsvorteile. Häufig geht sie auch mit der Einbeziehung externer Erfahrung (von z. B. Unternehmensberaterinnen und -beratern) einher.

Bereits die grafische Darstellung von Geschäftsprozessen kann hilfreich sein:

- Es entsteht bei den Betroffenen ein besseres Verständnis in Bezug auf die Prozesse.
- Die unterschiedlichen Ziele, Sichtweisen und Interessen in Bezug auf die Prozesse werden deutlich und können besprochen werden.
- Im Optimalfall können Schwachstellen erkannt werden.
- Die Teamarbeit bei der Prozessvisualisierung fördert die Zusammenarbeit der Mitarbeitenden.

Somit stehen die Aspekte „Kosten senken" und „den Kunden bzw. die Kundin in den Mittelpunkt stellen" nicht im Widerspruch zueinander. Und dies gilt nicht nur in Bezug auf externe, sondern auch auf interne Kundinnen und Kunden.

Wesentliche *Geschäftsprozesse für externe Kundinnen und Kunden* sind: Kundenakquisition, Auftragsannahme, Leistungserbringung (z. B. Hausnotruf einrichten), Kunden- und Kundinnenbetreuung (Mitgliederbetreuung), Fakturierung/Mahnwesen, Beschwerdemanagement, Reklamationsabwicklung, Marktforschung, Produktentwicklung.

Wesentliche *Geschäftsprozesse für interne Kundinnen und Kunden* (Mitarbeitende) sind: Einstellung neuer Mitarbeitender, Einrichten eines neuen EDV-Platzes für Mitarbeitende, Der erste Tag im neuen Job, Urlaubsantrag, Gehaltszahlung, Berichtswesen, Planung, Postverteilung.

Ein systematisches Vorgehen ist diesbezüglich wie folgt vorzusehen:

- Ziele festlegen
- Situationsanalyse/Prozesserhebung
  - Aufnahme der Istprozesse
  - Festlegung der Kernprozesse
  - Benchmarking
- Prozessdarstellung
- Neugestaltung der Prozesse/Prozessredesign
- Umsetzungsplanung
- Umsetzung
- Kontrolle

Eine wichtige Handlungsmaxime ist dabei: Warum das Rad immer neu erfinden? Vielmehr sollten *Benchmarks* genutzt werden, also im Rahmen von Benchmarking das eigene Unternehmen mit den Besten der Branche verglichen werden. Hierbei sind generell zu unterscheiden:

- *Benchmarking der Chancen*: Messung der Leistungen der eigenen Organisation und der Konkurrenten, Festlegung von Zielen.
- *Benchmarking der Prozesse*: Analyse der Prozesse, Vergleich mit den Besten der Branche, Neugestaltung der Prozesse.

Innovative Unternehmen und Dienstleister stärken so bei ihren Mitarbeitenden das Verständnis für den gesamten Wertschöpfungsprozess, der integrativ über das eigene Unternehmen hinaus betrachtet werden kann.

5.2 Die Prozesskostenrechnung

Im Rahmen des Kostenmanagements im Bereich der Prozesse wird die *Prozesskostenrechnung* eingesetzt.

Die Wurzeln für die Entwicklung der Prozesskostenrechnung liegen darin, dass der Anteil der Gemeinkosten gegenüber dem Anteil der Einzelkosten stark gestiegen ist. Dadurch wird insbesondere die Genauigkeit der Zuschlagskalkulation zunehmend schlechter. Es kann dadurch sogar zu erheblichen betriebswirtschaftlichen Fehlentscheidungen kommen.

Ein Beispiel: Die Buchhaltung ermittelt, dass eine Fachleistungsstunde Selbstkosten in Höhe von 41,00 € verursacht. Der Wettbewerb ermittelt nur 38,00 €. Aufgrund der ermittelten Selbstkosten und unter Berücksichtigung eines angemessenen Gewinnzuschlags wird die Stunde für 44,90 € angeboten. Der Wettbewerb bietet für 41,80 € an. Die Folge: Die erhoffte Nachfrage bleibt aus, die Wettbewerber fahren jedoch eng an der Kapazitätsauslastung. Um dies noch einmal zu präzisieren: Die Fehleinschätzung der Kosten ist möglicherweise nur eingetreten, weil die Rechenmethode zur Ermittlung der Selbstkosten in Höhe von 41,00 € unzweckmäßig ist oder ausgeführt wurde. Die ermittelten Selbstkosten sind möglicherweise lediglich aufgrund der angewandten Methode so hoch ausgefallen.

Ein wichtiger Hinweis dazu: Jedem und jeder, der oder die Kostenmanagement betreibt, sollte klar sein, dass es selten ein „richtig oder falsch" gibt. Eher kann man sagen, dass ein Kostenmanagement *zweckmäßig* oder *unzweckmäßig* betrieben wird.

Aber es ist immer besonders bitter, wenn möglicherweise die zugrunde gelegten höheren Selbstkosten eine Folge des Kostenrechnungssystems sind und nicht der faktischen Gegebenheiten. Auf den Punkt gebracht: Es könnte allein daran liegen, dass Sie eine Zuschlagskalkulation angewandt haben, der Wettbewerber aber eine Prozesskalkulation durchgeführt hat.

Prozesse sind wiederkehrende, repetitive Tätigkeiten, die im Unternehmen anfallen. Beispiele für Prozesse sind in Tab. 76 aufgelistet.

✠Kreuz des Nordens
– Fallstudie –
Prozesse (beispielhaft)
- Eine Bestellung einer Mittagsmahlzeit (Essen auf Rädern) telefonisch entgegennehmen
- Eine bestimmte Pflege durchführen
- Einen Krankentransport vorbereiten
- Einen Quadratmeter Wohnung im Rahmen der hauswirtschaftlichen Dienste putzen
- Einen Dienst (Hausnotruf) für einen Kunden bzw. eine Kundin anlegen
- Eine Leistungsabrechnung für Selbstzahler durchführen

Tab. 76: Fallstudie – Beispiele für Prozesse

5.2 Die Prozesskostenrechnung

Zu jedem Prozess lässt sich eine relevante *Prozessgröße* bestimmen. In Tab. 77 sind solche Größen beispielhaft für die in Tab. 76 dargestellten Prozesse aufgeschrieben:

✠Kreuz des Nordens Fallstudie Prozesse (beispielhaft)	Prozessgröße „Cost Driver"
• Eine Bestellung einer Mittagsmahlzeit (Essen auf Rädern) telefonisch entgegennehmen	Anzahl Anrufe
• Eine bestimmte Pflege durchführen	Pflegedauer
• Ein Krankentransport vorbereiten	Anzahl
• Einen Quadratmeter Wohnung im Rahmen der hauswirtschaftlichen Dienst putzen	Quadratmeter
• Einen Dienst Hausnotruf für einen Kunden anlegen	Anzahl
• Leistungsabrechnung für Selbstzahler durchführen	Anzahl
Hinweis: Im Prozesskostenmanagement hat sich hier der Begriff der „Cost Driver" durchgesetzt. Darunter wird der Faktor verstanden, der die Höhe der Kosten beeinflusst.	

Tab. 77: Fallstudie Kostentreiber beispielhaft

Prozesse dieser Art werden häufig als „Hauptprozesse" bezeichnet, die sich selbst wieder in „Teilprozesse" differenzieren lassen.

Beispielsweise der Hauptprozess „Abrechnung für Selbstzahler durchführen" lässt sich in die folgenden Teilprozesse (s. Tab. 78) aufteilen:

✠Kreuz des Nordens Fallstudie Teilprozesse eines Hauptprozesses (beispielhaft)
• Eingabe der Abwesenheitszeiten
• Durchführung einer Probeabrechnung
• Überprüfung/Plausibilisierung der Probeabrechnung
• Ggf. Korrektur der Daten
• Freigabe der Abrechnung
• Fakturierung der Rechnung
• Versand der Rechnung

Tab. 78: Fallstudie Teilprozesse beispielhaft

Der Anteil der Gemeinkosten ist erfahrungsgemäß bei vielen in sozialwirtschaftlichen Unternehmen ablaufenden Prozessen sehr hoch. Es stellt sich die Frage, wodurch die Höhe der Gemeinkosten bei einem solchen Prozess beeinflusst wird.

Die Höhe der Gemeinkosten bei einem Hauptprozess „Abrechnung für Selbstzahler durchführen" ist nicht abhängig vom Wert der abgerechneten Leistungen, sondern höchstens von der Anzahl der Leistungspositionen, in der Regel aber einfach von der Anzahl der Leistungsabrechnungen, die durchgeführt werden.

Unterstellt man Letzteres, so ist der Kostentreiber also die Anzahl der durchgeführten Leistungsabrechnungen.

Ziel des Vorgehens ist es nun, möglichst viele Kosten über diese Kostentreiber als Prozesskosten zu verrechnen. Das gelingt aber nicht bei 100 % der Kosten, weil nicht alle von Kostentreibern abhängig sind.

Aus diesem Grund wird die Prozesskostenrechnung in Stufen durchgeführt:

- Der erste Schritt besteht in der *Trennung der Kosten* in diejenige Kosten, die mittels Prozesskosten verrechnet werden und diejenige Kosten, die *nicht* mittels Prozesskosten verrechnet werden können. Erstere nennt man *leistungsmengeninduziert* (häufig mit *lmi* abgekürzt), Letztere *leistungsmengenneutral* (*lmn*). Leistungsmengenneutrale Kosten sind solche Kosten, bei denen eine Verrechnung nicht möglich oder nicht zweckmäßig ist. Nicht zweckmäßig kann z. B. unwirtschaftlich bedeuten oder zu komplex.
- Bei den leistungsmengeninduzierten Kosten werden dann in einem zweiten Schritt die Prozesskostensätze berechnet.

Dazu wird die folgende Formel genutzt:

$$Prozesskostensatz = \frac{Prozesskosten}{Prozessmenge} = \frac{Kosten\ des\ Prozesses}{Menge\ der\ Prozessdurchführung}$$

- Die leistungsmengenneutralen Kosten, also die übrigen Kosten, werden in einem dritten Schritt umgelegt. Das geschieht in der Form von Zuschlägen. Ein Zuschlag rechnet sich:

$$Zuschlagssatz = \frac{Leistungsmengenneutrale\ Kosten * 100\ \%}{Summe\ leistungsmengeninduzierte\ Kosten}$$

Und so (s. Tab. 79 und 80) könnte es in der Praxis aussehen:

5.2 Die Prozesskostenrechnung

✠Kreuz des Nordens
Fallstudie
Prozesskostenrechnung (beispielhaft)

Das ✠Kreuz des Nordens bietet die Dienstleistung Hausnotruf an. Ziel der Dienstleistung ist es, dass insbesondere ältere Menschen sicher und unabhängig daheim und unterwegs leben können. Dazu werden verschiedene technische Varianten wie z. B. ein Notrufumhänger bzw. ein Armband angeboten. Diese technischen Elemente dienen dazu, dass die Menschen im Bedarfsfall Hilfe finden können. Ggf. werden sie mobil mit hilfeleistenden Ansprechpartnerinnen und -partnern verbunden bzw. können auf Wunsch im Notfall sogar geortet werden.

Die Prozesskosten für drei Teilprozesse wurden ermittelt:
- Technischer Support (Einrichtung, Problembeseitigung, Erneuerung, Abbau)
- Hilfe leisten
- Tägliche Kontaktaufnahme

Tab. 79: Beispiel Prozesskostenrechnung 1 – Fallstudie

Teilprozess	Prozesscharakter	Anteil an Kosten	Kostentreiber	Prozessmenge
Support	lmi	22 %	Vorfall	10.000
Hilfe	lmi	12 %	Vorfall	5.000
Kontakt	lmi	51 %	Kontakt	60.000
Führen/Leiten	lmn	15 %	entfällt	
Gesamtkosten	800.000,00 €			

Teilprozess	Kosten	lmi	lmn	Prozesskosten	Gesamt
Support	176.000,00 €	17,60 €	3,11 €	20,71 €	207.058,82 €
Hilfe	96.000,00 €	19,20 €	3,39 €	22,59 €	112.941,18 €
Kontakt	408.000,00 €	6,80 €	1,20 €	8,00 €	480.000,00 €
Führen/Leiten	120.000,00 €				800.000,00 €
„Zuschlagssatz lmn"	17,65 %				

Tab. 80: Beispiel Prozesskostenrechnung 2 – Fallstudie

Die kurz als Support/Hilfe/Kontakt bezeichneten Teilprozesse sind leistungsmengeninduziert, entweder durch den Vorfall (das Geschehnis) oder den regelmäßigen, täglichen Kontakt.

Die Führung und Leitung ist leistungsmengenneutral, sie wird durch Zuschlag auf die leistungsmengeninduzierten Kosten addiert.
Der Zuschlagssatz für die leistungsmengenneutralen Kosten ermittelt sich wie folgt:

$$Zuschlagssatz\ lmn = \frac{120.000,00 * 100\ \%}{176.000,00 + 96.000,00 + 408.000,00} = 17.65\ \%$$

Der Zuschlag beträgt damit

- bei dem Support:
  17,60 * 17,65 % = 3,11 €

- bei der Hilfe:
  19,20 * 17,65 % = 3,39 €

- bei dem Kontakt:
  6,80 * 17,65 % = 1,20 €

Die wesentliche Problematik bei der Durchführung der Prozesskostenrechnung liegt in der Erfassung und Modellierung der Prozesse, der einzelnen Prozessschritte (synonym Prozesselemente, Prozessteile) und der ggf. sehr aufwendigen Zurechnung der Kosten auf diese einzelnen Elemente. Teilweise müssen umfangreiche Aufzeichnungen vorgenommen werden, um herauszufinden, wie hoch die Prozesskosten für einzelne Elemente sind. Einführung und Pflege können also sehr kostenintensiv sein. Auch ist es nicht immer leicht, die Prozesse trennscharf zu differenzieren.
Dennoch überwiegen die Vorteile der Methode:

- Die Gemeinkosten werden nach der Inanspruchnahme betrieblicher Ressourcen verteilt. Die Verteilung erfolgt nicht über wertorientierte Zuschlagssätze, die ja bei der Zuschlagskalkulation verwendet werden. Relevant ist ausschließlich die Prozessmenge, also die Anzahl der Prozessdurchläufe.
- Die Prozesskostenrechnung berücksichtigt, dass Prozesse, die komplexer sind, auch einen höheren Anteil an den Gemeinkosten verursachen. Damit wird verhindert, dass Leistungen, die in der Erbringung komplexer sind und Leistungen, die weniger komplex sind, den gleichen Zuschlag erhalten. Vielmehr erhalten Leistungen, die in der Erbringung komplexer sind, einen höheren Zuschlag.

Das bedeutet aber auch, dass Leistungen, die weniger komplex sind, günstiger angeboten werden können.
- Bei der Prozesskostenrechnung wird nicht pro Stück ein gleicher/konstanter Satz verrechnet, sondern der Prozesskostensatz verringert sich, wenn die Prozessmenge steigt.

Best Practice
Prozesskostenrechnung – das ist Best Practice vom Feinsten. Ohne Frage: Champions League! Die Kosten einzelner Prozesse planen und deren Entwicklung kontrollieren zu können. Die Kosten damit auch verursachungsgerecht erfassen zu können. Und bei Entgeltverhandlungen präzise argumentieren zu können und zu prüfen, ob ein Preis-/Leistungsverhältnis angemessen ist. Das Problem nur: In der Regel wird eine Prozesskostenrechnung sehr aufwendig betrieben. Aber das muss nicht sein. Z. B. kann man sich auf die wesentlichen und kostenintensiven Prozesse beschränken oder auf die, die besonders gut beeinflussbar erscheinen. Hier gilt: Probieren geht über Studieren! Kleine Pilotprojekte initiieren. Nur Mut!

Tab. 81: Best Practice – Informationen über die Prozesse und deren Kosten sind Gold wert

Literatur

Brandl, P., & Becher, B. (2019). *Prozessmanagement. Kosten senken – Qualität erhöhen – Spielräume schaffen in Sozial- und Gesundheitsdiensten.* Wiesbaden: Springer Fachmedien.

Coenenberg, A. G., Fischer, T. M., & Günther, T. (2016). *Kostenrechnung und Kostenanalyse.* 9. Aufl. Stuttgart: Schäffer-Poeschel.

Ernst, C., Schenk, G., & Schuster, P. (2017). *Kostenrechnung klipp und klar.* 2. Aufl. Berlin: Springer Gabler.

Heister, W. (2008). *Rechnungswesen in Nonprofit-Organisationen.* Stuttgart: Schäffer-Poeschel.

Horsch, J. (2018). Kostenrechnung. Klassische und neue Methoden in der Unternehmenspraxis. 3. Aufl. Wiesbaden: Springer Fachmedien.

Jórasz, W., & Baltzer, B. (2019). *Kosten- und Leistungsrechnung. Lehrbuch mit Aufgaben und Lösungen.* 6. Aufl. Stuttgart: Schäffer-Poeschel.

Kaplan, R. S., & Cooper, R. (1999). *Prozesskostenrechnung als Managementinstrument.* Frankfurt am Main, New York: Campus.

Kaspers, U. (2016). Wirtschaftliche Steuerung von Sozial- und Gesundheitsunternehmen. Gesellschaftsrecht, internes und externes Rechnungswesen, Controlling. 2. Aufl. Regensburg: Walhalla Digital.

Langenbeck, J., & Burgfeld-Schächer, B. (2017). *Kosten- und Leistungsrechnung: Grundlagen. Vollkostenrechnung. Teilkostenrechnung. Plankostenrechnung. Prozesskostenrechnung. Zielkostenrechnung. Kosten-Controlling.* 3. Aufl. Herne: NWB Verlag.

Olfert, K. (2018). *Kostenrechnung.* 18. Aufl. Herne: Kiehl.

Sprenger-Menzel, M. Th. P., & Brockhaus, C. P. (2018). Grundlagen des Controllings in Verwaltungs-, Wirtschafts- und Dienstleistungsbetrieben. Einführung in Theorie und Praxis des Controllings für das Studium in Bachelor- und Master-Studiengängen. 5. Aufl. Witten: Bernhardt-Witten.

Vahs, D., & Schäfer-Kunz, J. (2015). *Einführung in die Betriebswirtschaftslehre.* 7. Aufl. Stuttgart: Schäffer-Poeschel.

Weber, J., & Weißenberger, B. E. (2015). *Einführung in das Rechnungswesen. Bilanzierung und Kostenrechnung.* 9. Aufl. Stuttgart: Schäffer-Poeschel.

Die Betriebsergebnisrechnung als Teil des Kostenmanagements

6

> **Summary**
> *Im Rahmen der Betriebsergebnisrechnung wird das operative Ergebnis des Unternehmens ermittelt. Zugleich werden mittels der Betriebsergebnisrechnung die Quellen des Erfolgs und Gründe für Misserfolge deutlich.*

Ziele der Kompetenzentwicklung

Kenntnis des Ziels der Betriebsergebnisrechnung.
Fertigkeit, das Betriebsergebnis zu ermitteln.
Fertigkeit, das Betriebsergebnis zu kommentieren.

Die Betriebsergebnisrechnung ist das Pendant zur Gewinn- und Verlustrechnung in der Kosten- und Leistungsrechnung. Der Blick ist nicht nur auf die Stückkosten zu richten, sondern auf das Ergebnis im Ganzen.

6.1 Aufbau der Betriebsergebnisrechnung

Die Betriebsergebnisrechnung wird – analog zur GuV-Rechnung – häufig wie folgt berechnet:

Leistungen (Umsatz)
- Personalkosten
- Materialkosten
- Abschreibungskosten
- Sonstige Sachkosten
- Kalkulatorische Kosten
= Betriebsergebnis

Es entsteht also ein Betriebsgewinn oder Betriebsverlust.

Neben dem Betriebsergebnis sollte in jedem Fall auch immer der Cash Flow betrachtet werden. Er ist wie folgt in der einfachsten Form definiert:

Cash Flow + Jahresüberschuss = Abschreibungen

Die Abschreibungen werden auf den Jahresüberschuss (bzw. Jahresfehlbetrag; hier wird aus Gründen der Vereinfachung nachfolgend nur vom Jahresüberschuss gesprochen) addiert, da

- sie bei der Ermittlung des Jahresüberschusses abgezogen werden,
- aber nicht liquiditätswirksam sind.

Diese Kennzahl (Cash Flow) gibt Auskunft über die Möglichkeiten der Innenfinanzierung. Insofern kann ein Betrieb ein negatives Betriebsergebnis erwirtschaften, aber dennoch über eine gute Möglichkeit zur Innenfinanzierung verfügen. Das wäre insgesamt nicht zu verurteilen.

Best Practice
Gewinn oder Verlust, das ist die besonders häufig gestellte Frage nicht nur in Gremien und nicht nur zum Ende des Geschäftsjahrs. Selbstverständlich ist das Ergebnis der Geschäftstätigkeit eine wichtige Kennzahl. Aber sie ist nicht allein aussagekräftig. Wichtig ist die Power, die in einem Unternehmen steckt. Betrachtet man diese gleichwertig, so muss auf jeden Fall auch der Cash Flow verfolgt werden. Diese Kennzahl gibt Auskunft darüber, wie die Finanzkraft des Unternehmens ist. Hier gilt: Kostenmanagement ist sehr wichtig, aber Kostenmanagement ist nicht ALLES.

Tab. 82: Best Practice – Auch auf den Cash Flow schauen

6.2 Ergebniscontrolling

Im Rahmen des Kostenmanagements wird ein präzises *Ergebniscontrolling* empfohlen. Dabei ist insbesondere darauf zu achten, dass die Selbstkosten aller Leistungsbestandteile voll gedeckt, mit anderen Worten amortisiert bzw. ausgeglichen/bezahlt sind.

Das ist vielfach nicht einfach umzusetzen. Die Leistungen/Leistungsbestandteile im Bereich einer KiTa sind beispielsweise sehr vielfältig und nicht weniger kostenintensiv. Es geht um

- Bildung,
- Erziehung und
- Betreuung

der Kinder.

Bezüglich der Leistungen/Leistungsbestandteile ist ein hohes Qualitätsniveau in diesem Bereich von besonderer Bedeutung. Es besteht nahezu Einigkeit darüber, dass es entscheidend ist, insbesondere in den ersten Lebensjahren eine Bildung, Erziehung und Betreuung auf höchstem Qualitätsniveau zu gewährleisten. Es ist ein „Gutes Soll", aus fachwissenschaftlichen Erkenntnissen zur Bildung, Erziehung und Betreuung der Kinder zu entwickeln und in den Selbstkosten zu kalkulieren bzw. mit dem entsprechenden Entgelt abzudecken.

Eine wichtige Rolle spielt die Gruppengröße, -zusammensetzung und -struktur. Ausschlaggebend sind auch die Qualifikation und Qualifizierung des pädagogischen Personals sowie pädagogisch angemessene Fachkraft-Kind-Relationen. Zu beachten sind insbesondere die Zeitkontingente für direkte pädagogische Arbeit, aber auch die für die mittelbare pädagogische Arbeit. Eine angemessene Bildung, Erziehung und Betreuung kann nur erreicht werden, wenn die Zeitkontingente für Ausfallzeiten des pädagogischen Personals berücksichtigt sind und entsprechend ausgeglichen werden können. Auch diese Aspekte müssen seitens der Entgeltzahler finanziert werden.

Der Personaleinsatz spielt nicht nur quantitativ eine wichtige Rolle, sondern qualitative Aspekte wie eine präzise Darstellung des Aufgabenprofils der Leitung, der Qualifikation und Qualifizierung aller pädagogischen Fachkräfte sowie der Fachberatung sind ebenso bedeutend. Gerade die Fachberatung stellt eine erhebliche Unterstützung der Kindertageseinrichtungen dar. Sie ist leider bisher nicht ausreichend konkret im Gesetz verankert, deshalb auch häufig unzulänglich in den Selbstkosten kalkuliert und in der Folge nicht vollständig durch Entgelte amortisiert.

Auch die Verfügbarkeit geeigneter Innen- und Außenräume, deren Gestaltung und Ausstattung sind von zentraler Bedeutung für die kindlichen Entwicklungs- und Bildungsprozesse. Die Anforderungen und gültigen Standards sowohl für den Neubau als auch den Umbau einer Kindertageseinrichtung sind in den letzten Jahren deutlich gestiegen. Hinzu kommt eine deutliche Steigerung der Bauplanungskosten und des Baupreisindexes. Ein Ausgleich der steigenden Lasten ist nicht oder höchstens in begrenzten Sonderprogrammen zu erkennen.

Mit anderen Worten: Die Träger der Kindertageseinrichtungen bieten Leistungen zur qualitativ hochwertigen Bildung, Erziehung und Betreuung von Kindern an. Die dabei entstehenden Kosten sind zu kalkulieren und in vollem Umfang von den Leistungszahlern (Eltern und öffentliche Hand) zu entgelten. Ein Trägeranteil ist bei der so vorliegenden Art der Geschäftsbeziehung ausgeschlossen bzw. als freiwillig anzusehen.

Die Kosten, die zur Erfüllung der oben genannten Qualitätsstandards bei den Trägern anfallen, sind (vollständig) anzuerkennen und zu tragen. Dazu haben die Leistungsanbietenden ihre angemessenen Selbstkosten zu kalkulieren. Eine Deckung der Kosten geschieht durch Elternbeiträge und Zahlungen der öffentlichen Hand. Dabei ist aus betriebswirtschaftlicher Sicht zu beachten, dass unterschiedliche Leistungen differenziert werden sollten, etwa Bereitstellung von KiTa-Plätzen, pädagogische Leistungen für Kinder (Bildung, Erziehung, Betreuung), Betrieb von Infrastrukturen, Leitung/Verwaltung, hauswirtschaftliche Tätigkeiten etc. Alle hierfür anfallenden Kosten sind Teil der jeweiligen Selbstkosten und somit zu entgelten.

Weitere z. B. das Management betreffende Aspekte wirken sich auf die notwendigen finanziellen Mittel aus: Eine nach betriebswirtschaftlichen Aspekten als sinnvoll zu erachtende Leitungsspanne bei Führungskräften (Führung der Leitungskräfte) und Fachberatungen ist zu berücksichtigen ebenso wie Höhergruppierungen, Stufenaufstiege und tarifliche Personalkostensteigerungen.

Instandhaltungskosten sind in voller Höhe zu berücksichtigen. Es ist zu klären, wie Investitionen finanziert werden. Mietkosten sind in voller Höhe mit einzubeziehen. Dies gilt ggf. auch für kalkulatorische Mietkosten. Auch weitere kalkulatorische Kosten sind bei angemessener betriebswirtschaftlicher Relevanz zu berücksichtigen.

Literatur

Coenenberg, A. G., Fischer, T. M., & Günther, T. (2016). *Kostenrechnung und Kostenanalyse*. 9. Aufl. Stuttgart: Schäffer-Poeschel.

Ernst, C., Schenk, G., & Schuster, P. (2017). *Kostenrechnung klipp und klar*. 2. Aufl. Berlin: Springer Gabler.

Heister, W. (2008). *Rechnungswesen in Nonprofit-Organisationen*. Stuttgart: Schäffer-Poeschel.

Horsch, J. (2018). Kostenrechnung. Klassische und neue Methoden in der Unternehmenspraxis. 3. Aufl. Wiesbaden: Springer Fachmedien.

Jórasz, W., & Baltzer, B. (2019). *Kosten- und Leistungsrechnung. Lehrbuch mit Aufgaben und Lösungen*. 6. Aufl. Stuttgart: Schäffer-Poeschel.

Nickenig, K. (2018). Grundkurs Kosten- und Leistungsrechnung. Schneller Einstieg in die unternehmerische Kalkulation. 2. Aufl. Wiesbaden: Springer Fachmedien.

Olfert, K. (2018). *Kostenrechnung*. 18. Aufl. Herne: Kiehl.

Schultz, V. (2017). Basiswissen Rechnungswesen. Buchführung, Bilanzierung, Kostenrechnung, Controlling. München: C.H. Beck.

Die Deckungsbeitragsrechnung als Teilkostenrechnung 7

Summary

Die Deckungsbeitragsrechnung als eine Form der Teilkostenrechnung hält zunehmend Einzug auch in die Steuerung von sozialwirtschaftlichen Unternehmen. Der besondere Vorteil liegt darin, dass auf eine Schlüsselung der Fixkosten komplett verzichtet werden kann. Damit ist ein entscheidender Schwachpunkt der Vollkostenrechnung ausgeräumt. Der (teilweise) Umschwung auf diese Form des Kostenmanagements kann sehr empfohlen werden. Insgesamt bietet der Überblick über die dargestellten Aspekte der Teilkostenrechnung zahlreiche interessante (neue) Impulse für die Wirtschaftlichkeitsrechnung, das Kostenmanagement und das Controlling.

Ziele der Kompetenzentwicklung

Kenntnis über die Unterschiede von Voll- und Teilkostenrechnung.
Fertigkeit, in der Philosophie der Deckungsbeitragsrechnung als Teilkostenrechnung denken, entscheiden und argumentieren zu können.
Fertigkeit, den einfachen Deckungsbeitrag, das Betriebsergebnis mittels Deckungsbeitragsrechnung, die Gewinnschwelle (Break-Even-Point), den Sicherungsgrad und den Kapitaldeckungskoeffizienten berechnen zu können.
Kenntnis von anderen Systemen und Aspekten im Bereich der Teilkostenrechnung sowie deren Anwendungsmöglichkeiten.

So geschehen beim ✠Kreuz des Nordens: Im Fahrdienst (individual) für Menschen mit Behinderung liegen Istzahlen vor. Der Preis pro Kilometer beträgt 2,50 €. Pro Periode beträgt die Kilometerleistung 30.000 km. Daraus ergibt sich ein Erlös in Höhe von 75.000,00 €.

Folgende Kosten sind angefallen:

- 12.000,00 € für Kraftstoff, Schmiermittel, Reifen (0,40 €/km),
- 5.000,00 € für Versicherung und Steuer,
- 8.000,00 € für Abschreibungen und
- 11.000,00 € für die Geschäftsführung.

Das sind in der Summe 36.000,00 € Kosten. Je km ergeben sich Kosten in der Höhe von 1,20 €. Es resultiert ein Gewinn vor Steuern in Höhe von 39.000,00 €.

Ein Reisebüro fragt an, ob für einen Ausflug – 50 km – ausnahmsweise ein Preis pro Kilometer in Höhe von 1,00 € in Ordnung wäre, da sie mehr nicht finanzieren könnten.

In einer Besprechung ist man geteilter Meinung. Manche würden den Auftrag annehmen, andere nicht, weil sie einen Verlust je Kilometer von

Leistungen − Kosten = 1,00 € − 1,20 € = −0,20 €

befürchten.

Wer trifft die zweckmäßige Entscheidung? Soviel kann schon verraten werden: Die Teilkostenrechnerinnen und -rechner, also diejenigen, die mit dem Deckungsbeitrag argumentieren. Das soll später näher erläutert werden. Blicken wir zunächst in die Theorie.

Grundsätzlich unterscheidet man im Kostenmanagement die Voll- und Teilkostenrechnung:

- Bei der *Vollkostenrechnung* werden sämtliche Kosten auf die Leistungen und Produkte verrechnet,
- bei der *Teilkostenrechnung* wird nur jeweils ein bestimmter Teil aller Kosten, z. B. nur die variablen Kosten, verrechnet.

Folgende Systeme der Teilkostenrechnung werden häufig angewendet:

- *Einstufige Deckungsbeitragsrechnung*
- *Mehrstufige Deckungsbeitragsrechnung*
- *Relative Deckungsbeitragsrechnung*

- *Grenzplankostenrechnung*
- *Relative Einzelkostenrechnung*

Sowohl zur Vollkosten- als auch zur Teilkostenrechnung gibt es (akademische) Vertreterinnen und Vertreter, die die jeweilige Methode befürworten und die andere eher kritisch sehen. Man kann sogar von ganzen Schulen sprechen. Das Autor/innenteam befürworten die Teilkostenrechnung.

Der überwiegende Vorteil der Teilkostenrechnung liegt in der Vermeidung einer nicht verursachungsgerechten bzw. manchmal sogar tendenziell willkürlichen Schlüsselung von Gemeinkosten bzw. Fixkosten. Die größte Schwierigkeit besteht darin, die Kosten sachgerecht zu „teilen" (Kostenspaltung, Kostenauflösung). In Tab. 83 sind wesentliche Vorteile und Schwierigkeiten tabellarisch dargestellt.

Teilkostenrechnung	
Vorteile (z. B.)	Schwierigkeiten (z. B.)
Die fixen Kosten, Gemeinkosten werden nicht geschlüsselt	Kostenauflösung bzw. Kostenspaltung, d.h.: Die Kosten können sachgerecht als variable Kosten oder fixe Kosten zugeordnet werden
Preisdifferenzierung ist gut möglich	Gefahr, das Preisdifferenzierungen bei hoher Markttransparenz Kundinnen und Kunden verärgern
Die Gewinnschwelle kann leicht ermittelt werden	Preissetzung häufig an der Preisuntergrenze, um Geschäfte zu realisieren (z. B. Fachleistungsstunde) -> ruinöse Situationen
Die Gewinnstruktur eines Betriebs wird schnell und übersichtlich deutlich	Ein Gewinn je Stück kann nicht ermittelt werden

Tab. 83: Vorteile und Schwierigkeiten der Teilkostenrechnung

7.1 Der einfache Deckungsbeitrag (Direct Costing)

Die erste Methode der Teilkostenrechnung ist die *einfache Deckungsbeitragsrechnung* (Direct Costing). Sie dient der Optimierung des Leistungsprogramms und der Leistungserbringung bei freien Kapazitäten.

Im Rahmen der Methode sind der Stückdeckungsbeitrag und der Gesamtdeckungsbeitrag zu unterscheiden.

Der *Stückdeckungsbeitrag* errechnet sich, indem vom Preis die variablen Stückkosten abgezogen werden.

$db = p - k_v$

Der *Gesamtdeckungsbeitrag* errechnet sich, indem vom Umsatz die gesamten variablen Kosten abgezogen werden. Bzw.: Der Stückdeckungsbeitrag kann – wie dargestellt – multipliziert mit der entsprechenden Menge über alle Leistungen zu einem Gesamtdeckungsbeitrag zusammengefasst werden.

$DB = U - K_v = p * x - k_v * x = db * x$

Es handelt sich hier um eine einstufige Berechnung des Deckungsbeitrags. Von den Leistungen werden die variablen Kosten abgezogen, sodass je Produkt/Dienstleistung ein Deckungsbeitrag ermittelt wird.

Das *Betriebsergebnis* (BE) bzw. der Periodenerfolg ergibt sich abgeleitet aus

$BE = U - K_v - K_F$

als Summe der Deckungsbeiträge abzüglich der fixen Kosten:

$BE = DB_1 + DB_2 + DB_3 + \ldots + DB_n - K_F$

(wobei 1, 2, 3, ... n die Leistungen und Produkte des Unternehmens sind).

Zurück zur kleinen Fallstudie aus dem Fahrdienst für Menschen mit Behinderung. Die zweckmäßige Entscheidung treffen die Befürworterinnen und Befürworter, also diejenigen, die die Leistungsanfrage erfüllen wollen.

Sie unterscheiden *mengenabhängige* variable Kosten und *mengenunabhängige* fixe Kosten. Die fixen Kosten sind sozusagen die unangenehmen Kosten. Sie schlagen, bildlich gesprochen, ein Loch in das Budget (stellen Sie sich bitte ein Loch im Volumen von 500 Eineurömünzen vor).

Deckung der Fixkosten (z. B. 500,00 €) durch db (10,00 €)	
Ursache	Wirkung
1 = Durch die Fixkosten entsteht ein (großer) Fehlbetrag (ein Loch).	Z.B. Loch = -500,00 €
2 = Einzelne Deckungsbeiträge füllen das Loch.	Z.B. 5 * 10,00 € = 50,00 € => Loch = – 450,00 €
3 = Die Fixkosten sind durch die Deckungsbeiträge komplett gedeckt.	Z.B. 50 * 10,00 € = 500,00 € => Loch = – 0,00 €
4 = Der nächste Deckungsbeitrag und jeder folgende kann abgeschöpft werden.	Z.B. 51 * 10,00 € = 510,00 € => Hügel = + 10,00 €

Tab. 84: Grafik zum Deckungsbeitrag

7.1 Der einfache Deckungsbeitrag (Direct Costing)

Das „Loch" muss durch Deckungsbeiträge gestopft werden (s. Tab. 84). Deshalb gehen die Befürworterinnen und Befürworter gedanklich wie folgt vor: Sie ziehen von dem vom Reisebüro vorgeschlagenen Kilometerpreis (1,00 €) die variablen Kosten (0,40 €) ab, so bleibt ein Rest (0,60 €) zur Deckung der Fixkosten. Der Stückdeckungsbeitrag (db) beträgt hier also 0,60 €.

Beim ✠Kreuz des Nordens in Elmsglück arbeitet auch die Sparte „Essen auf Rädern" bereits mit der Deckungsbeitragsrechnung. Für ein *Beispiel* aus einer Geschäftsstelle hier zunächst die Rahmenbedingungen:

- Preis einer Mahlzeit: 3,60 €.
- Einkauf eines tiefgekühlten Fertigmenüs bei einem spezialisierten Großunternehmen für 2,00 € pro Stück. Erhitzen des Fertigmenüs und Transport unter Warmhaltung zum Kunden/zur Kundin.
- Verkauf von 50.000 Essen.
- Personalkosten: 40.000,00 € jährlich.
- Kfz-Kosten: 5.000,00 € jährlich.
- Sonstige Fixkosten: 7.000,00 € jährlich.

Der Stückdeckungsbeitrag db beträgt:
$db = 3{,}60 - 2{,}00 = 1{,}60$ €

Der Gesamtdeckungsbeitrag DB beträgt:
$DB = 50.000 * 1{,}60 = 80.000{,}00$ €

Das Betriebsergebnis ist also positiv.
$BE = 80.000{,}00 - 52.000{,}00 = 28.000{,}00$ €

Das kann nur noch besser werden. Tatsächlich ist der regionale Markt im Bereich „Essen auf Rädern" noch nicht gesättigt, so die Expertise einer der Geschäftsführung vorliegenden Studie.

Die Leistung „Essen auf Rädern" soll nun ausgeweitet werden. Die Idee: Auslieferung von Getränken zur Mittagsmahlzeit, z. B. eine kleine Flasche Saft und eine Flasche Wasser für 1,50 €. Motto: „Flüssig für Fitness".

Vorgesehen sind folgende Rahmenbedingungen:
$k_v = 1{,}00$ € pro Getränkelieferung (Einkaufspreis)
$K_F = 50{,}00$ € (z. B. Zusatzhonorar Fahrer)
$p = 1{,}50$ € (Verkaufspreis)

$db = p - k_v = 1{,}50 - 1{,}00 = 0{,}50\ €$

Insgesamt können an DB für die Zusatzleistung erwirtschaftet werden bei:
1 Stück   0,50 €
10 Stück   5,00 €
50 Stück   25,00 €
100 Stück   50,00 €

Das ggf. schon bestehende Betriebsergebnis wird ab 101 Stück um den entsprechenden Betrag gesteigert. Bei 100 Stück bleibt das Betriebsergebnis unverändert, bei 99 Stück oder weniger wird es gemindert.

7.2 Der relative Deckungsbeitrag

Die absolute Deckungsbeitragsrechnung kann nur eingesetzt werden, wenn kein Engpass besteht. Ein Engpass ist eine Situation, in der mindestens eine Ressource knapp ist (s. Tab. 85).

Bereich	Engpass Engpass (beispielhaft)
Werkstatt für Menschen mit Behinderung	Ein Automat/eine Maschine, der/die bei Verpackungsdienstleistungen genutzt wird, jedoch nur eine maximale Leistung von 100 Verpackungen pro Stunde leisten kann.
Psychosoziale Beratung	Eine spezialisierte Beraterin oder ein spezialisierter Berater kann nur eine begrenzte Anzahl von Fachleistungsstunden erbringen, da keine anderen Beraterinnen und Berater verfügbar sind.
Fuhrpark	Für „Essen auf Rädern" und „die ambulante Pflege" steht nur ein begrenzter Fahrzeugpool zur Verfügung. Eine Ausweitung des Fahrzeugpools ist nicht wirtschaftlich.

Tab. 85: Beispiele für Engpasssituationen in der Sozialwirtschaft

Sobald ein Engpass besteht, ist der *relative Deckungsbeitrag* als Entscheidungsgrundlage heranzuziehen.

Dabei gilt folgende Regel: Im Engpass sollen insbesondere die Leistungen pro Zeiteinheit bevorzugt erbracht werden, die die höchsten Deckungsbeiträge generieren. Dadurch wird das Leistungsprogramm (Produktprogramm) optimiert.

7.2 Der relative Deckungsbeitrag

Der relative Deckungsbeitrag je Stück ist wie folgt zu berechnen:

$$\text{Relativer Deckungsbeitrag} = db_{rel} = \frac{\text{Stückdeckungsbeitrag}}{\text{Inanspruchnahme des Engpasses}}$$

Beispiel: Aus Kapazitätsgründen (es ist nur noch ein Tagungsraum verfügbar) kann entweder ein Weiterbildungskurs „Elementar" oder ein Weiterbildungskurs „Grundlagen" durchgeführt werden. Beide Kurse haben einen Bezug zu unterschiedlichen Fachabteilungen. Es besteht aber intern Einigkeit darüber, dass beide aus ideellen Gründen als gleichwertig zu bezeichnen sind. Bei gleicher Teilnehmendenzahl ist davon auszugehen, dass der Weiterbildungskurs „Elementar" je Teilnehmendem einen relativen db von 120,00 € erwirtschaftet, der Weiterbildungskurs „Grundlagen" jedoch nur einen relativen db in Höhe von 50,00 €. Damit ist es klar: Der Weiterbildungskurs „Elementar" ist wirtschaftlich interessanter.

Das ✠Kreuz des Nordens in Elmsglück betreibt auch eine Werkstatt für Menschen mit Behinderung und bietet dort vier unterschiedliche Leistungen an: Verpacken, Sortieren, Montieren und Abfüllen. Alle Leistungen werden durch eine speziell entwickelte Maschine unterstützt. Diese steht in der zu planenden Periode mit insgesamt 250 Stunden als Zeiteinheiten zur Verfügung. Folgende Daten (s. Tab. 86) liegen vor:

Fixe Kosten	9.000,00 €
Engpasskapazität (Stunden)	250,00
Engpasskapazität (Minuten)	15.000,00

Leistungen	V = Verpacken	S = Sortieren	M = Montieren	A = Abfüllen
Maximale Anzahl Leistungen	4000	3000	2000	1000
Maschinenzeit Min/Leistung	4,00	5,00	2,00	1,00
Verkaufspreis je Leistung	2,00 €	3,00 €	4,00 €	5,00 €
Variable Kosten je Leistung	3,00 €	1,00 €	1,00 €	2,00 €

Tab. 86: Relativer Deckungsbeitrag 1 – Fallstudie

Die Fixkosten der Periode betragen 9.000,00 €.
Zu klären wäre im Rahmen der Steuerung u. a.:

- Sind dringliche Entscheidungen zu treffen?
- Welche der Leistungen erbringen den höchsten Deckungsbeitrag?
- Wie hoch ist das Betriebsergebnis?

Fixe Kosten	9.000,00 €
Engpasskapazität (Stunden)	250,00
Engpasskapazität (Minuten)	15.000,00

Leistungen	V = Verpacken	S = Sortieren	M = Montieren	A = Abfüllen
Maximale Anzahl Leistungen	4000	3000	2000	1000
Maschinenzeit Min/Leistung	4,00	5,00	2,00	1,00
Verkaufspreis je Leistung	2,00 €	3,00 €	4,00 €	5,00 €
Variable Kosten je Leistung	3,00 €	1,00 €	1,00 €	2,00 €
Deckungsbeitrag gesamt (DB)	-4.000,00 €	6.000,00 €	6.000,00 €	3.000,00 €
Deckungsbeitrag je Stück (db)	-1,00 €	2,00 €	3,00 €	3,00 €
Relativer Deckungsbeitrag je Zeiteinheit	-0,25 €	0,40 €	1,50 €	3,00 €
Rang	Negativer db => Leistung nicht erbringen	3	2	1
Engpasskapazität (Minuten)		10.000,00	4.000,00	1.000,00
Engpasskapazität (Stunden)		166,67	66,67	16,67
Tatsächliche Produktionsmenge		2.000	2.000	1.000

Umsatz		6.000,00 €	8.000,00 €	5.000,00 €
Variable Kosten		2.000,00 €	2.000,00 €	2.000,00 €
DB		4.000,00 €	6.000,00 €	3.000,00 €
Fixkosten		9.000,00 €		
BE		4.000,00 €		

Tab. 87: Relativer Deckungsbeitrag 2 – Fallstudie

7.2 Der relative Deckungsbeitrag

Tab. 87 zeigt:

- Der Bereich „V = Verpacken" hat einen negativen Deckungsbeitrag zu verzeichnen. Dieser Bereich sollte eingestellt werden. Diese dringliche Entscheidung ist zu treffen.
- Der Bereich „A = Abfüllen" liegt im Ranking vor dem Bereich „M = Montieren" und vor dem Bereich „S = Sortieren".
- Die Gesamtkapazität wird ausgenutzt.
- Nicht alle Aufträge können bedient werden.
- Insgesamt wird ein positives Betriebsergebnis realisiert und zwar in Höhe von 4.000,00 €.

Der Werkstatt wird nun ein weiterer Auftrag angeboten (s. Tab. 88). Es sollen im Bereich „E = Etikettieren" spezielle Etikettierungsaufträge erledigt werden, bei denen unter Verwendung bestimmter Verfahren elektronisch lesbare Etiketten erstellt werden. Aus diesem Grund beträgt der Verkaufspreis 52,00 €. Es entstehen variable Kosten in Höhe von 34,00 €. Die Engpasskapazität wird mit 4,5 Minuten je Leistung belastet.

Nach intensiver Diskussion wird dieser Auftrag angenommen. Das Betriebsergebnis konnte gesteigert werden. Die Kapazität musste allerdings bei „S = Sortieren" verringert und kostenneutral an eine andere Kooperationswerkstatt abgegeben werden.

Fixe Kosten	9.000,00 €	
Engpasskapazität (Stunden)	250,00	
Engpasskapazität (Minuten)	15.000,00	

Leistungen	V= Verpacken	S= Sortieren	M= Montieren	A= Abfüllen	E = Etikettieren
Maximale Anzahl Leistungen	4.000	1.460	2.000	1.000	600
Maschinenzeit Min/ Leistung	4,00	5,00	2,00	1,00	4,50
Verkaufspreis je Leistung	2,00 €	3,00 €	4,00 €	5,00 €	52,00 €
Variable Kosten je Leistung	3,00 €	1,00 €	1,00 €	2,00 €	34,00 €
Deckungsbeitrag gesamt (DB)	-4.000,00 €	2.920,00 €	6.000,00 €	3.000,00 €	10.800,00 €
Deckungsbeitrag je Stück (db)	-1,00 €	2,00 €	3,00 €	3,00 €	18,00 €
Relativer Deckungsbeitrag je Zeiteinheit	-0,25 €	0,40 €	1,50 €	3,00 €	4,00 €
Rang	Negativer db => Leistung nicht erbringen	3	2	1	TOP
Engpasskapazität (Minuten)		7.300,00	4.000,00	1.000,00	2.700,00
Engpasskapazität (Stunden)		121,67	66,67	16,67	45,00
Tatsächliche Produktionsmenge		1.460	2.000	1.000	600
Umsatz		4.380,00 €	8.000,00 €	5.000,00 €	31.200,00 €
Variable Kosten		1.460,00 €	2.000,00 €	2.000,00 €	20.400,00 €
DB		2.920,00 €	6.000,00 €	3.000,00 €	10.800,00 €
Fixkosten		9.000,00 €			
BE		13.720,00 €			

Tab. 88: Relativer Deckungsbeitrag 3 – Fallstudie

7.3 Die Gewinnschwelle/der Break-Even-Point

Ist der Deckungsbeitrag absolut oder relativ ermittelt, so stellt sich für die Steuerung über das Kostenmanagement die Frage, bei welcher Menge die Deckung der Fixkosten erreicht ist.

7.3 Die Gewinnschwelle/der Break-Even-Point

Dieser Fragestellung geht die *Break-Even-Analyse* (Gewinnschwellenanalyse) nach. Im Rahmen dieser Analyse bestimmt man den Break-Even-Point (Gewinnschwelle, Kostendeckungspunkt). Der Break-Even-Point bezeichnet jene Beschäftigung bzw. Ausbringungsmenge, bei der ein Unternehmen keinen Verlust mehr schreibt und stattdessen Gewinne melden kann.

Für den Break-Even-Point gilt die folgende mathematische Bedingung:

$$0 = Gewinn = U - Kosten = U - K_V - K_F = p*x - k_v*x - K_F = (p - k_v)*x - K_F$$

$$= db * x - K_F \text{ durch Addition von } +K_F \text{ auf beiden Seiten ergibt sich:}$$

$K_F = db * x$ und damit durch Division durch db auf beiden Seiten:

$$x = \frac{K_F}{db} = \frac{K_F}{p - k_v}$$

= Gewinnschwelle (Break-Even-Point)

Angewendet auf die Aktion „Flüssig für Fitness", also eine Flasche Saft und eine Flasche Wasser für 1,50 €, bedeutet dies:

k_v = 1,00 € pro Getränkelieferung (Einkaufspreis)
K_F = 50,00 € (z. B. Zusatzhonorar Fahrer)
p = 1,50 € (Verkaufspreis)

$$x = \frac{50,00}{1,50 - 1,00} = \frac{50,00}{0,50} = 100 \; Lieferungen$$

Bei 100 Lieferungen ist der Gewinn genau = 0,00 €.
Die Gewinnschwelle ist somit erreicht.

Wenn die errechnete Gewinnschwelle eine oder mehrere Nachkommastellen beinhaltet, ist Folgendes besonders zu beachten: Der Break-Even-Point muss *immer* aufgerundet werden. Es können z. B. keine 112,33 Essen verkauft bzw. ausgeliefert werden, sondern es müssen 113 Essen sein, um einen Gewinn zu schreiben.

Tabellarisch kann die Break-Even-Berechnung wie in Tab. 89 dargestellt werden.

Break-Even-Berechnung

1,50 € Preis
1,00 € Variable Stückkosten
50,00 € Fixkosten

Getränke	Umsatz	Gesamtkosten	Betriebsergebnis	Fixkosten	DB
5	7,50 €	55,00 €	-47,50 €	50,00 €	2,50 €
10	15,00 €	60,00 €	-45,00 €	50,00 €	5,00 €
50	75,00 €	100,00 €	-25,00 €	50,00 €	25,00 €
75	112,50 €	125,00 €	-12,50 €	50,00 €	37,50 €
100	150,00 €	150,00 €	0,00 €	50,00 €	50,00 €
125	187,50 €	175,00 €	12,50 €	50,00 €	62,50 €
150	225,00 €	200,00 €	25,00 €	50,00 €	75,00 €

	Berechnung	100,00
	Break Even	**100**

Tab. 89: Break-Even-Rechnung – Fallstudie

Gedanklich, rechnerisch und grafisch kann der Break-Even-Point in zwei unterschiedlichen Weisen (s. Tab. 90 und 91) mit identischem Ergebnis dargestellt werden.

(a) Der Break-Even-Point ist der Schnittpunkt des Umsatzes mit den Gesamtkosten:

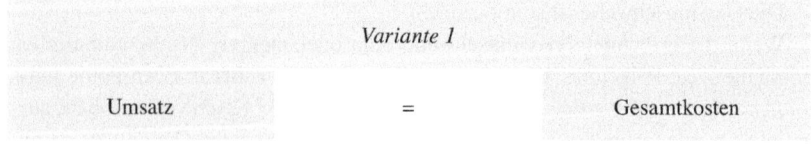

Variante 1

Umsatz = Gesamtkosten

Tab. 90: Break-Even-Point – Grafik Umsatz und Gesamtkosten – Fallstudie

7.3 Die Gewinnschwelle/der Break-Even-Point

(b) Der Break-Even-Point ist der Schnittpunkt des Gesamtdeckungsbeitrags (DB) mit den fixen Kosten:

Tab. 91: Break-Even-Point – Grafik DB und Fixe Kosten – Fallstudie

Nochmals: Selbstverständlich resultiert aus beiden Vorgehensweisen derselbe Break-Even-Point.

Beim ✠Kreuz des Nordens ist in einer lokalen Geschäftsstelle eine Entscheidung zu treffen. Zukünftig soll im Rahmen des über die Landesgrenze hinausgehenden Mittagstischs „meals on wheels" auch hier ein Nachtisch angeboten werden. Der Preis pro Nachtisch beträgt 1,20 €. Die variablen Kosten betragen 0,70 € pro Nachtisch (Materialien, Herstellung etc.). Die jährlichen Fixkosten betragen 8.000,00 €.

Folgende Fragen stehen im Raum, jeweils von der Ausgangslage gedacht:

- Wie viele Nachtische müssen abgesetzt werden, damit kein Verlust gemacht wird?
- Wie viele Nachtische müssen abgesetzt werden, um 12.000,00 € Gewinn zu erzielen?
- Bei welchem Absatz wird ein Gewinn von 25 % vom Umsatz erzielt?
- Der Kaufpreis für eine zweite Tiefkühleinheit beträgt 1.200,00 €. Bei welchem zusätzlichen Absatz lohnt sich die Investition?

Die Fragen werden durch die Arbeitsgruppe effektiv und effizient beantwortet:

$$Menge = \frac{K_F}{p - k_v} = \frac{8.000,00}{1,20 - 0,70} = \frac{8.000,00}{0,50} = 16.000 \, Essen$$

Es müssen also 16.000 Essen abgesetzt werden, um die Gewinnschwelle zu erreichen und keinen Verlust zu erzielen.

Bei der Gewinnabsicht in Höhe von 12.000,00 € gilt:

$$Menge = \frac{G + K_F}{p - k_v} = \frac{12.000,00 + 8.000,00}{1,20 - 0,70} = \frac{20.000,00}{0,50} = 40.000 \, Essen$$

Es müssen also 40.000 Essen abgesetzt werden, um einen Gewinn in Höhe von 12.000,00 € zu erzielen.

Komplexer ist es zu ermitteln, wann ein Gewinn in Höhe von 25 % des Umsatzes erzielt wird.

Dazu ist die oben genutzte Formel
$$0 = Gewinn = U - Kosten = U - K_V - K_F = p*x - k_v*x - K_F = (p - k_v)*x - K_F$$

umzuformulieren auf

$$0{,}25 * U = U - K_V - K_F$$

$$0{,}25 * p * x = p * x - k_v * x - K_F$$

$$0{,}25 * p * x = (p - k_v) * x - K_F$$

$$0 = (p - 0{,}25 * p - k_v) * x - K_F$$

$$K_F = (p - 0{,}25 * p - k_v) * x$$

und nach weiterer Umstellung

$$Menge\ x = \frac{K_F}{p - 0{,}25 * p - k_v} = \frac{8.000{,}00}{1{,}20 - 0{,}25 * 1{,}20 - 0{,}70} = 40.000\ Essen$$

Es müssen also 40.000,00 Essen abgesetzt werden, um einen Gewinn in Höhe von 25 % zu erzielen.

Für die zweite Tiefkühleinheit muss eine Anzahl von 2.400 Essen erreicht werden:

$$Menge = \frac{1.200{,}00}{0{,}50} = 2.400\ Essen$$

Best Practice

Die Deckungsbeitragsrechnung ist für viele der geheime Favorit im Kostenmanagement. Vollkommen berechtigt! Sie ist unbestechlich und lässt es nicht zu, dass man mittels Schlüssel für Fixkosten etc. sich etwas gesund rechnet oder sich etwas vorlügt. Sie zeigt klar und eindeutig, worum es geht und wo die Schwächen liegen. Sie gibt klare Antworten: „Do it" oder „Let it be". Hier gilt: Diese Methodik als Kleinod des Kostenmanagements sollte unbedingt häufiger genutzt werden. Wiederum: Probieren geht über Studieren.

Tab. 92: Teilkostenrechnung – Deckungsbeitragsrechnung – ein interessanter Weg!

7.4 Die stufenweise Fixkostendeckungsrechnung

Mittels der *stufenweisen Fixkostendeckungsrechnung* wird eine etappenweise Deckung der Fixkosten dargestellt. Die Methode stellt somit eine wichtige Erweiterung des „Direct Costings" dar. Sie ermöglicht eine Überprüfung z. B. unterschiedlicher Bereiche der Organisation auf deren Wirtschaftlichkeit.

Die Vorgehensweise ist wie folgt: Die Fixkosten werden nach Möglichkeit einzelnen Stufen zugeordnet. Hier liegt der wesentliche Unterschied: *Zugeordnet, nicht verrechnet oder verteilt.*

Beispiel: Der Geschäftsführer des ✠Kreuz des Nordens in Elmsglück ist neben den Sparten „Essen auf Rädern" und „Fahrdienst für Menschen mit Behinderung" für weitere Sparten zuständig. Will man seine Kosten auf „Essen auf Rädern" etc. aufteilen, so ist eine Schlüsselung der Kosten notwendig. Es müssen Anteile angegeben werden, wie die eigenen Kosten auf die einzelnen Abteilungen und Sparten aufgeteilt werden, z. B. jeweils zu bestimmten Prozentanteilen oder generell nach dem Umsatz.

Auf zweiter Führungsebene befinden sich die Abteilungen:

- Abteilung Soziale Dienste und
- Abteilung Pflege.

Letztere ist noch nicht vollständig eingerichtet, aber die erste Sparte „Kurse" existiert bereits. Die „Ambulante Pflege" soll folgen.

Es wird einen Abteilungsleiter geben:

- Der Abteilungsleiter kann aber auch auf die einzelnen Sparten nur geschlüsselt werden; er kann nicht zugerechnet werden.
- Aber der Abteilungsleiter kann der Abteilung zugerechnet werden. Er ist nur für die Abteilung Pflege tätig.

Auf dritter Führungsebene befinden sich Mitarbeitende der Sparten:

- Arbeitet beispielsweise ein Mitarbeiter oder eine Mitarbeiterin nur für eine Sparte, so kann er oder sie genau dieser zugeordnet werden.
- Wenn er oder sie aber für mehrere Sparten einer einzigen Abteilung arbeitet, so kann er oder sie eindeutig den entsprechenden Abteilungsfixkosten zugeordnet werden.
- Arbeit er oder sie aber nicht nur in zwei Sparten einer Abteilung, sondern in zwei Sparten *abteilungsübergreifend*, also zweier Abteilungen, so können seine

bzw. ihre Fixkosten höchstens auf der nächsthöheren Stufe berücksichtigt werden; dabei handelt es sich dann um die Unternehmensfixkosten.

Somit können die Fixkosten ganz unterschiedlicher Ebenen differenziert werden, z. B. als Fixkosten ...

- ... einzelner Leistungen,
- ... einzelner Sparten (Leistungssparten, Leistungsgruppen),
- ... einzelner Kostenstellen oder Budgets,
- ... einzelner Bereiche,
- ... einzelner Abteilungen,
- ... einzelner Betriebe,
- ... einzelner Unternehmsteile,
- ... des Konzerns.

Die Fixkosten werden also nicht wie beim einfachen „Direct Costing" als undifferenzierter Block behandelt. Die Fixkosten werden aber auch keinesfalls mit Bezugsgrößen oder Schlüsseln aufgeteilt.

Nachfolgend sei dies weiterhin an dem *aktuellen Beispiel* verdeutlicht:

- Abteilung „Soziale Dienste" mit „Essen auf Rädern" und „Hausnotruf",
- Abteilung „Pflege" mit derzeit „Kurse".

7.4 Die stufenweise Fixkostendeckungsrechnung

In *Beispiel 1* (s. Tab. 93): Alle Sparten werfen einen positiven Deckungsbeitrag ab und nach Abzug der Spartenfixkosten, der Abteilungsfixkosten sowie der Unternehmensfixkosten resultiert ein positives Betriebsergebnis.

Bsp. 1: Positiver DB bei Abteilungen I Positives Betriebsergebnis			
Abteilung:	Soziale Dienste		Pflege
Leistung (Sparte):	EAR	Hausnotruf	Kurse
Umsatz	200.000,00 €	180.000,00 €	24.000,00 €
Variable Kosten	80.000,00 €	70.000,00 €	12.000,00 €
Deckunsbeitrag I	120.000,00 €	110.000,00 €	12.000,00 €
Spartenfixkosten	30.000,00 €	18.000,00 €	2.500,00 €
Deckungsbeitrag II	90.000,00 €	92.000,00 €	9.500,00 €
Abteilungsfixkosten	50.000,00 €		0,00 €
Deckungsbeitrag III	132.000,00 €		9.500,00 €
Unternehmens-fixkosten	27.000,00 €		
Betriebs-ergebnis	114.500,00 €		

Tab. 93: Stufenweise Fixkostendeckungsrechnung Variante 1 – Fallstudie

Beispiel 2 (s. Tab. 94): Obwohl Sparten und Abteilungen einen positiven Deckungsbeitrag aufweisen, führen sehr hohe Unternehmensfixkosten zu einem negativen Betriebsergebnis:

Bsp. 2: Positiver DB bei Abteilungen I Negatives Betriebsergebnis			
Abteilung:	Soziale Dienste		Pflege
Leistung (Sparte):	EAR	Hausnotruf	Kurse
Umsatz	200.000,00 €	180.000,00 €	24.000,00 €
Variable Kosten	80.000,00 €	70.000,00 €	12.000,00 €
Deckunsbeitrag I	120.000,00 €	110.000,00 €	12.000,00 €
Spartenfixkosten	30.000,00 €	18.000,00 €	2.500,00 €
Deckungsbeitrag II	90.000,00 €	92.000,00 €	9.500,00 €
Abteilungsfixkosten	50.000,00 €		0,00 €
Deckungsbeitrag III	132.000,00 €		9.500,00 €
Unternehmens-fixkosten	247.000,00 €		
Betriebs-ergebnis	-105.500,00 €		

Tab. 94: Stufenweise Fixkostendeckungsrechnung Variante 2 – Fallstudie

In *Beispiel 3* (s. Tab. 95) führen hohe Spartenfixkosten zu einem negativen Deckungsbeitrag II bei der Abteilung „Pflege". Das Betriebsergebnis ist allerdings noch positiv.

Bsp. 3: Negativer DB bei Abteilung „Pflege" I Positives BE			
Abteilung:	Soziale Dienste		Pflege
Leistung (Sparte):	EAR	Hausnotruf	Kurse
Umsatz	200.000,00 €	180.000,00 €	24.000,00 €
Variable Kosten	80.000,00 €	70.000,00 €	12.000,00 €
Deckunsbeitrag I	120.000,00 €	110.000,00 €	12.000,00 €
Spartenfixkosten	30.000,00 €	18.000,00 €	13.500,00 €
Deckungsbeitrag II	90.000,00 €	92.000,00 €	-1.500,00 €
Abteilungsfixkosten	50.000,00 €		0,00 €
Deckungsbeitrag III	132.000,00 €		-1.500,00 €
Unternehmensfixkosten	27.000,00 €		
Betriebsergebnis	103.500,00 €		

Tab. 95: Stufenweise Fixkostendeckungsrechnung Variante 3 – Fallstudie

Beispiel 4 (s. Tab. 96): Hier führen zusätzlich zu den hohen Spartenfixkosten bei der Pflege hohe Unternehmensfixkosten zu einem negativen Betriebsergebnis.

Bsp. 4: Negativer DB bei Abteilung „Pflege" I Negatives BE			
Abteilung:	Soziale Dienste		Pflege
Leistung (Sparte):	EAR	Hausnotruf	Kurse
Umsatz	200.000,00 €	180.000,00 €	24.000,00 €
Variable Kosten	80.000,00 €	70.000,00 €	12.000,00 €
Deckunsbeitrag I	120.000,00 €	110.000,00 €	12.000,00 €
Spartenfixkosten	30.000,00 €	18.000,00 €	14.700,00 €
Deckungsbeitrag II	90.000,00 €	92.000,00 €	-2.700,00 €
Abteilungsfixkosten	50.000,00 €		0,00 €
Deckungsbeitrag III	132.000,00 €		-2.700,00 €
Unternehmensfixkosten	131.000,00 €		
Betriebsergebnis	-1.700,00 €		

Tab. 96: Stufenweise Fixkostendeckungsrechnung Variante 4 – Fallstudie

7.4 Die stufenweise Fixkostendeckungsrechnung

Alle in der Übersicht (s. Tab. 97):

Bsp. 1: Positiver DB bei Abteilungen | Positives Betriebsergebnis

Abteilung:	Soziale Dienste		Pflege	
Leistung (Sparte):	EAR	Hausnotruf	Kurse	
Umsatz	200.000,00 €	180.000,00 €	24.000,00 €	
Variable Kosten	80.000,00 €	70.000,00 €	12.000,00 €	
Deckungsbeitrag I	120.000,00 €	110.000,00 €	12.000,00 €	
Spartenfixkosten	30.000,00 €	18.000,00 €	2.500,00 €	
Deckungsbeitrag II	90.000,00 €	92.000,00 €	9.500,00 €	
Abteilungsfixkosten	50.000,00 €		0,00 €	
Deckungsbeitrag III	132.000,00 €		9.500,00 €	
Unternehmens-fixkosten	27.000,00 €			
Betriebs-ergebnis	114.500,00 €			

Bsp. 2: Positiver DB bei Abteilungen | Negatives Betriebsergebnis

Abteilung:	Soziale Dienste		Pflege	
Leistung (Sparte):	EAR	Hausnotruf	Kurse	
Umsatz	200.000,00 €	180.000,00 €	24.000,00 €	
Variable Kosten	80.000,00 €	70.000,00 €	12.000,00 €	
Deckungsbeitrag I	120.000,00 €	110.000,00 €	12.000,00 €	
Spartenfixkosten	30.000,00 €	18.000,00 €	2.500,00 €	
Deckungsbeitrag II	90.000,00 €	92.000,00 €	9.500,00 €	
Abteilungsfixkosten	50.000,00 €		0,00 €	
Deckungsbeitrag III	132.000,00 €		9.500,00 €	
Unternehmens-fixkosten	247.000,00 €			
Betriebs-ergebnis	-105.500,00 €			

Bsp. 3: Negativer DB bei Abteilung „Pflege" | Positives BE

Abteilung:	Soziale Dienste		Pflege	
Leistung (Sparte):	EAR	Hausnotruf	Kurse	
Umsatz	200.000,00 €	180.000,00 €	24.000,00 €	
Variable Kosten	80.000,00 €	70.000,00 €	12.000,00 €	
Deckungsbeitrag I	120.000,00 €	110.000,00 €	12.000,00 €	
Spartenfixkosten	30.000,00 €	18.000,00 €	13.500,00 €	
Deckungsbeitrag II	90.000,00 €	92.000,00 €	-1.500,00 €	
Abteilungsfixkosten	50.000,00 €		0,00 €	
Deckungsbeitrag III	132.000,00 €		-1.500,00 €	
Unternehmens-fixkosten	27.000,00 €			
Betriebs-ergebnis	103.500,00 €			

Bsp. 4: Negativer DB bei Abteilung „Pflege" | Negatives BE

Abteilung:	Soziale Dienste		Pflege	
Leistung (Sparte):	EAR	Hausnotruf	Kurse	
Umsatz	200.000,00 €	180.000,00 €	24.000,00 €	
Variable Kosten	80.000,00 €	70.000,00 €	12.000,00 €	
Deckungsbeitrag I	120.000,00 €	110.000,00 €	12.000,00 €	
Spartenfixkosten	30.000,00 €	18.000,00 €	14.700,00 €	
Deckungsbeitrag II	90.000,00 €	92.000,00 €	-2.700,00 €	
Abteilungsfixkosten	50.000,00 €		0,00 €	
Deckungsbeitrag III	132.000,00 €		-2.700,00 €	
Unternehmens-fixkosten	131.000,00 €			
Betriebs-ergebnis	-1.700,00 €			

Tab. 97: Stufenweise Fixkostendeckungsrechnung – Übersicht aller Varianten – Fallstudie

7.5 Grenzen für Entgelte (Preisgrenzen)

Eine weitere wichtige Überlegung stellt die Festlegung von Entgelt- bzw. Preisgrenzen dar. Dabei geht es in der Regel weniger um die Obergrenze, sondern mehr um die kurz- und langfristige Untergrenze:

- Die *kurzfristige Preisuntergrenze* liegt bei k_v, den variablen Kosten. Kurzfristig, über eine kurze Zeit bzw. bei einem begrenzten Kundinnen-/Kundenkreis ist es möglich, Leistungen zu einem Preis in Höhe der variablen Kosten oder „knapp" darüber anzubieten.
- Die *langfristige Preisuntergrenze* liegt bei den vollen Selbstkosten. Langfristig ist es notwendig, die Leistungen mindestens zu einem Preis in Höhe der Selbstkosten anzubieten, um die Fixkosten zu decken bzw. die Gemeinkosten zu verdienen.
- Selbstverständlich ist es möglich, bei einigen Aufträgen den Preis höher und bei anderen Aufträgen niedriger anzusetzen, also sozusagen eine Mischfinanzierung zu betreiben.

Jeder weitere Euro, der über den Selbstkosten liegt, ist als Gewinnzuschlag anzusehen. D. h. aber nicht automatisch, dass auch in der Summe ein Gewinn erreicht wird, sondern:

- Wenn je Stück grundsätzlich ein Preis genau in Höhe der k_v vereinbart wäre, so wäre der Umsatz genau gleich den K_v, also den gesamten variablen Kosten. Dann wären die Fixkosten nicht gedeckt, der Deckungsbeitrag wäre null und somit würde ein Verlust in Höhe der K_F realisiert.
- Wenn je Stück grundsätzlich ein Preis genau in Höhe der k_G (gesamte Stückkosten) vereinbart wäre, so wäre der Umsatz genau gleich den K_G, also den gesamten Kosten. Dann wären die Fixkosten komplett gedeckt, der Deckungsbeitrag wäre gleich den K_F und somit wäre weder ein Verlust noch ein Gewinn erwirtschaftet.

Fazit: Jeder Euro, der über die k_v hinaus verdient wird, dient zur Deckung der Fixkosten und führt darüber hinaus zu Erwirtschaftung eines Gewinns.

Die Preisobergrenze ist durch den Markt bestimmt, also durch die Preisbereitschaft der Kundinnen und Kunden (auch etwa durch Vorschriften der Entgeltzahler; so vereinbart etwa der Landschaftsverband einen festen Preis pro Fachleistungsstunde) sowie durch die Strategien und Maßnahmen der Wettbewerber.

Beim ✠Kreuz des Nordens werden viermal pro Jahr Ferienfahrten für Kinder und Jugendliche angeboten. Für eine Woche beträgt der Gesamtpreis konstant 399,00 € (alles inklusive).
Seitens der Organisation ist wie folgt kalkuliert:

- Selbstkosten in Höhe von 350,00 €.
- Darin enthaltene variable Kosten in Höhe von 270,00 €.

Leider liegt eine Ferienfreizeit terminlich ungünstig und die Anmeldungen verlaufen schleppend. Insofern kann es sinnvoll sein, Teilnehmende zu einem geringeren Preis anzunehmen. Dabei gilt: Kurzfristig können auch Teilnehmende mit einem Preis unter 350,00 €, aber mindestens 270,00 € angenommen werden. Langfristig, also z. B. bei den nächsten Fahrten, müssen aber mindestens 350,00 € pro Person verdient werden.

- Die Preisuntergrenze liegt also bei 270,00 €.
- Die Preisobergrenze liegt bei dem Betrag, den die Kundinnen und Kunden, also auch die Entgeltzahler, bereit sind zu zahlen. Und hier hat sich beim ✠Kreuz des Nordens herausgestellt, dass 399,00 € ein gutes und stabiles Entgelt darstellt.

7.6 Sensitivitätsrechnungen, Sicherheitsmarge und Kapazitätsgrad

Sensitivitätsrechnungen zeigen, in welche Richtung sich die Zielgrößen verändern, wenn Parameter beeinflusst werden, bzw. sie unterstützen mit aussagekräftigen Kennzahlen.

Eine einfache Analyse ergibt sich aus der Steigerung bzw. Minderung der jeweiligen Parameter. Diesbezügliche generelle Auswirkungen sind in Tab. 98 dargestellt:

Sensitivitätsanalyse in der Deckungsbeitragsrechnung	
p steigt	BEP sinkt
p sinkt	BEP steigt
k_v steigt	BEP steigt
k_v sinkt	BEP sinkt
K_F steigt	BEP steigt
K_F sinkt	BEP sinkt

Tab. 98: Veränderung des BEP bei Veränderung der Parameter

In diesem Sinne lässt sich auch analysieren, welche Parameterveränderungen notwendig sind, um bestimmte Zielgrößen zu erreichen.
Bleiben wir bei der Leistung „Essen auf Rädern" (s. Tab. 99). Der Preis für eine Mittagsmahlzeit liegt bei 5,40 €, die variablen Stückkosten bei 2,20 € und die Fixkosten bei 24.000,00 €. Verkauft werden derzeit in der Betrachtungsperiode 8.000 Essen.

	Ausgangssituation
Fixe Kosten	24.000,00 €
Preis	5,40 €
Variable Kosten	2,20 €
Ist Menge	8.000
Gewinnschwelle	7.500,00
gerundet	7.500
db	3,20 €
DB	25.600,00 €
Sicherheitsmarge	6,25 %
Kapazitätsgrad	1,07

Tab. 99: Break-Even-Point: Varianten zur Erreichung eines Mengenziels 1 – Fallstudie

Die Gewinnschwelle liegt bei 7.500 Essen. Den Verantwortlichen erscheint diese Menge grundsätzlich zu optimistisch. Wie ist es nun möglich, durch jeweils eine Veränderung eines bestimmten Parameters die gewünschte Menge auf realistische 7.000 Essen zu senken?

	Gewünschte Mengenänderung: Auf 7.000 Stück		
	Anpassen: K_F	Anpassen: p	Anpassen: k_v
Fixe Kosten	22.400,00 €	24.000,00 €	24.000,00 €
Preis	5,40 €	5,63 €	5,40 €
Variable Kosten	2,20 €	2,20 €	1,97 €
Gewünschte Menge	7.000	7.000	7.000

Tab. 100: Break-Even-Point: Varianten zur Erreichung eines Mengenziels 2 – Fallstudie

Um die 7.000 zu erreichen müsste(n) (s. Tab. 100) …

- … die Fixkosten auf 22.400,00 € gesenkt werden oder
- … der Preis auf 5,63 € erhöht werden oder
- … die variablen Stückkosten auf 1,97 € gesenkt werden.

7.6 Sensitivitätsrechnungen, Sicherheitsmarge und Kapazitätsgrad

Die Formeln für die Ermittlung (nach Umstellung der Standardformel; x = 7.000):

$$K_F = x * (p - k_v)$$
$$p = \frac{K_F}{x} + k_v$$
$$k_v = p - \frac{K_F}{x}$$

Weiterhin können im Rahmen des Kostenmanagements bei der Teilkostenrechnung Kennzahlen genutzt werden.

Die Sicherheitsmarge (der Sicherheitskoeffizient) und der Kapitaldeckungsgrad sind aussagekräftige Kennzahlen der Teilkostenrechnung (Deckungsbeitragsrechnung), speziell der Break-Even-Rechnung.

Die erste Kennzahl ist die Kennzahl *Sicherheitsmarge*. Die Sicherheitsmarge (der Sicherheitskoeffizient) ist definiert als

$$s = \frac{x_{IST} - x_{BEP}}{x_{IST}} = \frac{U - U_{BEP}}{U}$$

Die Sicherheitsmarge s sagt, wenn sonst alle Daten gleichbleiben, aus:

- Die Kapazitätsauslastung darf höchstens s (in %) sinken, bevor ein Verlust eintritt.
- Sinkt die Menge um genau s (in %), so ist der Gewinn gerade gleich 0.
- Sinkt die Menge weiter als um s (in %), so führt dies zu einem Verlust.

In diesem Zusammenhang ist häufig auch die Rede vom *Break-Even-Umsatz* als demjenigen Umsatz, der im Punkt der Gewinnschwelle erreicht wird. Auch über den Umsatz lässt sich der Sicherheitskoeffizient berechnen.

Führen wir das *oben genutzte Beispiel* fort und bleiben bei der Leistung „Essen auf Rädern": Der Preis für eine Mittagsmahlzeit liegt bei 5,40 €, die variablen Stückkosten bei 2,20 € und die Fixkosten bei 24.000,00 €. Verkauft werden derzeit in der Betrachtungsperiode 8.000 Essen. Die Gewinnschwelle liegt wie gesagt hier bei 7.500 Essen.

Die Sicherheitsmarge ergibt sich über die Menge berechnet als:

$$s = \frac{8.000 - 7.500}{8.000} = 6,25$$

Die Sicherheitsmarge ergibt sich über den Umsatz berechnet identisch als:

$$s = \frac{43.200 - 40.500}{43.200} = 6,25$$

Eine weitere Kennzahl der Break-Even-Analyse stellt der Kapazitätsgrad (KG) dar. Diese Kennzahl gibt eine Antwort darauf, wie oft die Fixkosten durch den Deckungsbeitrag gedeckt werden können.

Der Kapazitätsgrad ist wie folgt definiert:

$$KG = Kapazitätsgrad = \frac{DB}{K_F}$$

Im *oben angeführten Beispiel*:

$$KG = \frac{25.600}{24.000} = 1,07$$

Eine dritte Kennzahl stellt der *Break-Even-Umsatz* (BEU) dar. Es handelt sich dabei um denjenigen Umsatz, der mit der Gewinnschwellenmenge erreicht wird.

Ist die Break-Even-Menge bekannt bzw. berechnet, so lässt sich der Break-Even-Umsatz unter Multiplikation mit dem Verkaufspreis ermitteln.

Originär lässt er sich wie folgt ermitteln. Im Break-Even-Point gilt:

$$DB = K_F$$

Erweitert man die linke Seite der Gleichung mit U und formt geeignet um, so erhält man:

$$DB = K_F <=> \frac{DB * U}{U} = K_F <=> \frac{DB}{U} * U = K_F <=> U = \frac{K_F}{\frac{DB}{U}}$$

Da wir im Break-Even-Point sind, deshalb:

$$U_{BEP} = U = \frac{K_F}{\frac{DB}{U}}$$

Nach geeigneter Umformung ergeben sich alternative Rechenweisen.

$$U_{BEP} = \frac{K_F}{\frac{DB}{U}} = \frac{K_F}{\frac{U - K_v}{U}} = \frac{K_F}{1 - \frac{K_v}{U}} = \frac{K_F}{1 - \frac{k_v}{p}}$$

Im *Beispiel*:

$$U_{BEP} = \frac{24.000,00}{\frac{25.600,00}{43.200,00}} = \frac{24.000,00}{\frac{43.200,00 - 17.600,00}{43.200,00}} = \frac{24.000,00}{1 - \frac{17.600,00}{43.200,00}} = \frac{24.000,00}{1 - \frac{2,20}{5,40}}$$

Damit ist der Umsatz ermittelt, der mindestens erzielt werden muss, um alle Kosten zu decken.

Es gilt:
$$Deckungsbeitragsintensität = \frac{DB}{U}$$

Als Prozentzahl gibt die Deckungsbeitragsintensität den Deckungsbeitrag in Prozent des Umsatzes an. Diese Kennzahl kann beispielsweise genutzt werden, um verschiedene Leistungen, Abteilungen etc. zu vergleichen.

Im *Beispiel*:
$$Deckungsbeitragsintensität\ in\ Prozent = \frac{25.600 * 100\%}{43.200} = 59,26\ \%$$

Der Deckungsbeitrag beträgt also 59,26 % vom Umsatz. Mit anderen Worten: Mit dem jeweiligen Umsatz werden 59,26 % Deckungsbeitrag erwirtschaftet bzw. mit jedem Euro Umsatz werden 59,26 Cent an Deckungsbeitrag erwirtschaftet.

Literatur

Ernst, C., Schenk, G., & Schuster, P. (2017). *Kostenrechnung klipp und klar*. 2. Aufl. Berlin: Springer Gabler.
Folz, T., Grabowski, S., Mankel, B., & Odenthal, F.W. (2017). Kosten- und Leistungsrechnung. Wirtschaftlichkeitsrechnung. Studienbuch für den kommunalen und staatlichen Bachelorstudiengang mit praktischen Übungen und Lösungen. 4. Aufl. Witten: Bernhardt-Witten.
Heister, W. (2008). *Rechnungswesen in Nonprofit-Organisationen*. Stuttgart: Schäffer-Poeschel.
Horsch, J. (2018). Kostenrechnung. Klassische und neue Methoden in der Unternehmenspraxis. 3. Aufl. Wiesbaden: Springer Fachmedien.
Hungenberg, H., & Kaufmann, L. (2001). *Kostenmanagement. Einführung in Schaubildform*. 2. Aufl. München, Wien: Oldenbourg.
Jórasz, W., & Baltzer, B. (2019). *Kosten- und Leistungsrechnung. Lehrbuch mit Aufgaben und Lösungen*. 6. Aufl. Stuttgart: Schäffer-Poeschel.

Kaspers, U. (2016). Wirtschaftliche Steuerung von Sozial- und Gesundheitsunternehmen. Gesellschaftsrecht, internes und externes Rechnungswesen, Controlling. 2. Aufl. Regensburg: Walhalla Digital.

Kilger, W., Pampel, W., & Vikas, K. (2012). *Flexible Plankostenrechnung und Deckungsbeitragsrechnung.* 13. Aufl. Wiesbaden: Springer Gabler.

Langenbeck, J., & Burgfeld-Schächer, B. (2017). *Kosten- und Leistungsrechnung: Grundlagen. Vollkostenrechnung. Teilkostenrechnung. Plankostenrechnung. Prozesskostenrechnung. Zielkostenrechnung. Kosten-Controlling.* 3. Aufl. Herne: NWB Verlag.

Nickenig, K. (2018). Grundkurs Kosten- und Leistungsrechnung. Schneller Einstieg in die unternehmerische Kalkulation. 2. Aufl. Wiesbaden: Springer Fachmedien.

Olfert, K. (2018). *Kostenrechnung.* 18. Aufl. Herne: Kiehl.

Schmola, G. (2019). Jahresabschluss, Kostenrechnung und Finanzierung im Krankenhaus. Grundlagen und Zusammenhänge verstehen. Wiesbaden: Springer Fachmedien.

Schultz, V. (2017). Basiswissen Rechnungswesen. Buchführung, Bilanzierung, Kostenrechnung, Controlling. München: C.H. Beck.

Sprenger-Menzel, M. Th. P., & Brockhaus, C. P. (2018). Grundlagen des Controllings in Verwaltungs-, Wirtschafts- und Dienstleistungsbetrieben. Einführung in Theorie und Praxis des Controllings für das Studium in Bachelor- und Master-Studiengängen. 5. Aufl. Witten: Bernhardt-Witten.

Vahs, D., & Schäfer-Kunz, J. (2015). *Einführung in die Betriebswirtschaftslehre.* 7. Aufl. Stuttgart: Schäffer-Poeschel.

Weber, J., & Weißenberger, B.E. (2015). *Einführung in das Rechnungswesen. Bilanzierung und Kostenrechnung.* 9. Aufl. Stuttgart: Schäffer-Poeschel.

Budgetkontrolle

Plankostenrechnung als Element des Kostenmanagements

Summary

Die Budgetierung und damit die Plankostenrechnung stellen weitere wesentliche Elemente des Kostenmanagements dar. Kostenstellenverantwortliche, Projektleiterinnen und Projektleiter sowie verantwortliche Managerinnen und Manager für bestimmte Leistungen verfügen in der Regel über ein Kostenbudget und sind für dessen Einhaltung zuständig. Sie nutzen insbesondere die starre und/oder flexible Plankostenrechnung als Instrument zur Unterstützung der Wirtschaftlichkeit ihrer Tätigkeiten im Bereich z. B. einer Kostenstelle.

Ziele der Kompetenzentwicklung

Kenntnis des Systems der Plankostenrechnung.
Fertigkeit, das System der Plankostenrechnung konzipieren und einrichten zu können.
Fertigkeit, eine Kostenspaltung durchführen zu können.
Fertigkeit, Sollkosten zu errechnen und mit den Plankosten zu vergleichen.
Fertigkeit, Abweichungen zu bestimmen und Schlüsse zu ziehen, welche Maßnahmen daraus abgeleitet werden sollen.

8.1 Die Grundlagen der Plankostenrechnung

Die *Plankostenrechnung* ist eine Methode des Kostenmanagements, mit der die Effizienz des Einsatzes der Mittel (Ressourcen) geprüft wird. Im Kern der Methode und der Instrumente steht die Kontrolle der Wirtschaftlichkeit (z. B. auf Basis von Kostenstellen und Abweichungsanalysen). Festgestellt wird im Rahmen der Rechnungen vor allem, ob und aus welchen Gründen die tatsächlich angefallenen Kosten von den geplanten Kosten abweichen.

Zu unterscheiden sind die in Tab. 101 dargestellten Methoden der Plankostenrechnung:

Methoden der Plankostenrechnung		
Methoden der Vollkostenrechnung		Methode der Teilkostenrechnung
Starre Plankostenrechnung	Flexible Plankostenrechnung	Grenzplankostenrechnung

Tab. 101: Methoden der Plankostenrechnung

Die starre und flexible Plankostenrechnung entsprechen jeweils einem *Kostenmanagement auf Vollkostenbasis*.

Die Grenzplankostenrechnung entspricht einem *Kostenmanagement auf Teilkostenbasis*.

Im Rahmen der Plankostenrechnung werden *Ist-, Plan- und Normalkosten* unterschiedlich berechnet (s. Tab. 102):

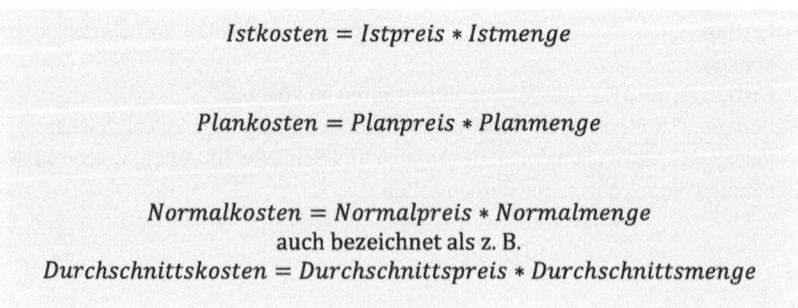

Tab. 102: Berechnung Ist-, Plan- und Normalkosten

8.1 Die Grundlagen der Plankostenrechnung

Die *Istkosten* sind die Kosten, die aktuell anfallen oder angefallen sind.
Die *Plankosten* sind die für eine zukünftige Periode geplanten Kosten.
Die *Normalkosten* sind die Kosten, die normaler-/üblicherweise anfallen. Es sind Kosten, die aus einer eher langzeitigen Betrachtung der Istkosten abgeleitet werden. Die Normalkosten werden deshalb meistens als Durchschnitt der in der Vergangenheit angefallenen Kosten gerechnet. Ziel ist es, Werte für die Kosten anzugeben, die eher keinen Schwankungen unterliegen und somit typisch bzw. üblich sind.

Häufige Praxis ist es aber auch, bereinigte Werte als Normalkosten zu bezeichnen. Beispielsweise wird vielfach auf die Istkosten die zu erwartende Inflation addiert. In anderen Unternehmen ist es geübte Praxis, erwartete Kostensteigerungen oder Kostensenkungen einzubeziehen, um Normalkosten festzulegen.

Als weitere *Definition* und *Notation* sind für die Plankostenrechnung die in Tab. 103 genannten zu unterscheiden:

x_I	Istauslastung = die Auslastung (Menge), die besteht bzw. bestanden hat; synonym: Istbeschäftigung
x_P	Planauslastung = die Auslastung (Menge), die geplant ist oder geplant war; synonym: Planbeschäftigung
x_N	Normalauslastung = die Auslastung (Menge), die üblicherweise, durchschnittlich oder auf Grund einer bereinigten Menge erwartet wird; synonym: Normalbeschäftigung
KAP	Kapazität = maximal mögliche Auslastung (Menge); Synonym: Beschäftigung
K_{verr}	Verrechnete Plankosten
PKVS	Plankostenverrechnungssatz
K^I	Istkosten = Kosten, die angefallen sind
K^P	Plankosten = Kosten, die geplant waren oder geplant sind
K^N	Normalkosten = Kosten, die normaler-/durchschnittlich anfallen
K^S	Sollkosten = die auf die Istauslastung umgerechneten Plankosten

Tab. 103: Notation im Bereich der Plankostenrechnung

In den Plankosten sind in der Regel alle Kostenarten und somit sowohl die variablen Kosten als auch die Fixkosten enthalten.

Im Rahmen der Plankostenrechnung spielt der *Beschäftigungsgrad* eine wesentliche Rolle. Dieser gibt an, welche Menge (Ausbringung, Auslastung, Kapazität) zu einem bestimmten Zeitpunkt besteht.

Als Dezimalzahl ist der Beschäftigungsgrad wie folgt definiert:

$$Besch\ddot{a}ftigungsgrad = \frac{Istauslastung}{Kapazit\ddot{a}t}$$

In Prozent gemessen gilt:

$$Besch\ddot{a}ftigungsgrad = \frac{Istauslastung * 100\,\%}{Kapazit\ddot{a}t}$$

Beispiel: In einer Abteilung des ✠Kreuz des Nordens können grundsätzlich 7.000 Fachleistungsstunden erbracht werden. Es werden insgesamt jedoch nur 6.300 Fachleistungsstunden erbracht. Der Beschäftigungsgrad in Prozent beträgt in diesem *Beispiel*:

$$Besch\ddot{a}ftigungsgrad = \frac{6.300 * 100\,\%}{7.000} = 90\,\%$$

Der Beschäftigungsgrad hat eine erhebliche Auswirkung auf die Wirtschaftlichkeit, angestrebt wird entweder ein konstanter oder wachsender Beschäftigungsgrad. Bei zurückgehender oder geringer Beschäftigung droht die Gefahr, dass ein Verlust erwirtschaftet wird, weil die Fixkosten ja unabhängig von der Beschäftigung anfallen (oder höchstens stufenweise bzw. in Intervallen), nur die variablen Kosten beschäftigungsabhängig sind und daher mit sinkender Beschäftigung ebenfalls sinken.

Aufbauend auf diesen Grundlagen werden im Folgenden die Methoden der Plankostenrechnung differenziert.

8.2 Die starre Plankostenrechnung – ein Instrument der Vollkostenrechnung

Im Rahmen der *starren Plankostenrechnung* – der einfachen Methode der Plankostenrechnung – wird zunächst die Planbeschäftigung festgelegt.

Die *Planbeschäftigung* ist die Beschäftigung (Menge), die in einer Planperiode erwartet wird, z. B. 2.000 Mahlzeiten im Rahmen des „Essens auf Rädern", 8.000 km im Rahmen des „Behindertenfahrdiensts", 6.000 geleistete Pflegeminuten, 200 Erste-Hilfe-Kurse etc. Die Planbeschäftigung wird häufig auch als *100 %-Beschäftigung* („Hundertprozentbeschäftigung") bezeichnet.

Es ergeben sich in der Regel im Rahmen des betrieblichen Planungshandelns aussagekräftige Anhaltspunkte zur Ermittlung der Planbeschäftigung. So kann etwa die maximal mögliche Beschäftigung ein geeignetes Maß für die Höhe der

8.2 Die starre Plankostenrechnung ...

Planbeschäftigung sein. Ein anderes findet sich etwa in der Beschäftigung, die zum wirtschaftlichsten Ergebnis führt. Auch der Markt kann ausschlaggebend dafür sein, welche Planbeschäftigung als sogenannte Planbezugsgröße unterstellt wird. Dann werden die Plankosten festgelegt, z. B.: Für 2.000 Mahlzeiten im Rahmen des „Essens auf Rädern" fallen geplante Kosten in Höhe von ca. 6.000,00 € an, für 8.000 km im Rahmen des „Behindertenfahrdiensts" fallen Plankosten in Höhe von 8.122,23 € an.

Mithilfe der Planbeschäftigung kann nun der *Plankostenverrechnungssatz* (*Plankostensatz; PKVS*) ermittelt werden. Er ist definiert als

$$Plankostenverrechnungssatz = PKVS = \frac{Gesamte\ Plankosten}{Planbeschäftigung}$$

und gibt an, welcher Anteil der Plankosten je Stück verrechnet wird.

Mittels des Plankostenverrechnungssatzes werden die *verrechneten Plankosten* errechnet. Dies geschieht, indem der Plankostenverrechnungssatz mit der Istauslastung bewertet, also multipliziert wird:

$$Verrechnete\ Plankosten = Plankostenverrechnungssatz * Istauslastung$$

$$K^P_{verr} = Plankostenverrechnungssatz * Istbeschäftigung = PKVS * x_I$$

Bzw. alternativ:

$$Verrechnete\ Plankosten = Gesamte\ Plankosten * \frac{Istbeschäftigung}{Planbeschäftigung}$$

Bei den verrechneten Plankosten handelt es sich um genau die Kosten, die tatsächlich verrechnet werden, die also in die Kalkulation der Produkte und Leistungen einfließen. Dabei wird insbesondere bei den Fixkosten die tatsächliche Höhe der Kosten nicht berücksichtigt.

Dies bedeutet aber auch, dass die verrechneten Plankosten nicht immer den tatsächlichen Kosten entsprechen müssen, weil bei der Berechnung des Plankostenverrechnungssatzes ja die Planbeschäftigung (x_p) herangezogen wird. Diese weicht aber ggf. von der Istbeschäftigung (x_I) ab.

- Wenn die Istbeschäftigung geringer als die Planbeschäftigung ist, wird der Plankostenverrechnungssatz zu niedrig berechnet. D. h., die Fixkosten können nicht vollständig „zurückverdient" werden. Das führt dazu, dass es zu einer Kostenunterdeckung kommt (siehe zu den Begriffen der Kostenunter- bzw. Kostenüberdeckung weiter unten).

- Wenn die Istbeschäftigung höher als die Planbeschäftigung ist, wird der Plankostenverrechnungssatz zu hoch berechnet. D. h., es kann mehr „zurückverdient" werden, als für die Deckung der Fixkosten notwendig ist. Das führt dazu, dass es zu einer Kostenüberdeckung kommt.
- Wenn die Ist- und Planbeschäftigung identisch sind, wird der Plankostenverrechnungssatz zutreffend ermittelt.

Ungeachtet dessen wird die *Abweichung* als maßgebliche Kennzahl ermittelt. Sie ergibt sich, indem von den Istkosten die verrechneten Plankosten abgezogen werden.

$$Abweichung = Istkosten - verrechnete\ Plankosten = K^I - K^P_{verr}$$

Es werden dabei keine Sollkosten ermittelt, es findet also keine Anpassung an die Kostensituation statt.

Fazit: Die Methode ist nur dann korrekt anwendbar, wenn die Istbeschäftigung mit der Planbeschäftigung übereinstimmt (oder zumindest die Differenz nicht groß ist). Obwohl dies oft nicht der Fall ist, wird sie dennoch häufig in der Praxis angewendet.

Die Methode wird nachfolgend an einem *Beispiel* erläutert:

Das ✠Kreuz des Nordens in Elmsglück betreibt eine Beratung für verschuldete Menschen. Im Internen Rechnungswesen wurde hierzu eine Kostenstelle eingerichtet. In einer Periode betragen die Beratungsstunden (Planstunden) 1.400. Die Plankosten betragen demnach 140.000,00 €.

Die Istbeschäftigung umfasst 1.300 Stunden bei tatsächlich anfallenden Kosten in Höhe von 135.000,00 €.

$$Plankostenverrechnungssatz = \frac{140.000,00}{1.400} = 100,00\ €\ pro\ Stunde$$

$$Verrechnete\ Plankosten = 100,00 * 1.300 = 130.000,00\ €$$

Daraus ergibt sich folgende Abweichung:

$$Abweichung = 135.000,00 - 130.000,00 = 5.000,00\ €$$

8.2 Die starre Plankostenrechnung ...

Je nach Abweichung ist von einer

- Kostenüberdeckung oder
- Kostenunterdeckung

die Rede.
Im oben aufgeführten *Beispiel* liegt eine Kostenunterdeckung vor. Grafisch kann das Vorgehen bei der starren Plankostenrechnung wie in Tab. 104 dargestellt werden.

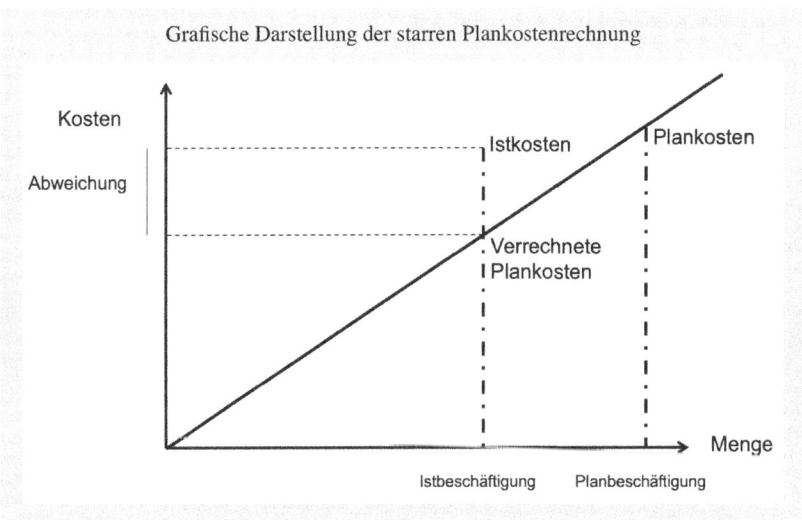

Tab. 104: Starre Plankostenrechnung (Grafik)

Auf der X-Achse ist die Menge aufgeführt (Beschäftigung), auf der Y-Achse die jeweils daraus resultierenden Kosten. Die Gerade verdeutlicht die Entwicklung der verrechneten Plankosten. Die Istkosten sind bei der Istbeschäftigung höher als die verrechneten Plankosten. Eine Abweichung wird ermittelt. Es handelt es sich um eine Kostenunterdeckung.

Fazit: Die starre Plankostenrechnung ist zwar sehr gut verständlich, leicht eingängig und mit einfachen Mitteln durchzuführen, weil eine Differenzierung in fixe und variable Kosten nicht notwendig ist. Sie kann aber – wie bereits erwähnt – in der Regel nur dann aussagekräftig angewendet werden, wenn die Istbeschäftigung nicht zu stark von der Planbeschäftigung abweicht. Ansonsten bleiben die Ergebnisse zu unscharf.

8.3 Die Kostenspaltung

Zu einem deutlich genaueren Ergebnis gelangt man mit der Verwendung der *flexiblen Plankostenrechnung*. Dazu ist aber eine Unterscheidung von variablen und fixen Kosten notwendig.

Ist eine solche Trennung nicht bekannt oder vorgegeben, so wird eine *Kostenspaltung* durchgeführt. Der Begriff der Kostenspaltung bezeichnet also unterschiedliche Verfahren zur Trennung von variablen und fixen Kosten innerhalb eines Kostenblocks. In der Regel wird dabei unterstellt, dass die variablen Kosten proportional verlaufen.

Vier Methoden sind zu unterscheiden:

- Visuelle Inspektion,
- Buchhalterische Methode,
- Zwei-Punkt-Methode (Tief-/Hochpunktmethode),
- Lineare Regression.

Die Methoden werden am nachfolgenden *Beispiel* erläutert.

Bei dem ✠Kreuz des Nordens in Elmsglück, konkret bei der Beratung für verschuldete Menschen, wird eine solche Kostenspaltung von den Controllerinnen und Controllern einmal probeweise durchgeführt.

Für die letzten 12 Jahre sind aufsteigend vom 1. bis zum 12. Jahr die Kosten aufgeführt (s. Tab. 105). Im 1. Jahr sind beispielsweise bereits 1.300 Beratungsstunden erbracht worden und 135.000,00 € an Kosten entstanden.

Jahr	Stunden	Kosten
1	1.300	135.000,00 €
2	1.100	120.000,00 €
3	1.345	137.000,00 €
4	1.097	111.342,00 €
5	1.200	128.000,00 €
6	1.247	129.000,00 €
7	1.345	134.000,00 €
8	1.200	124.100,00 €
9	1.210	123.200,00 €
10	1.244	122.300,00 €
11	1.311	130.456,00 €
12	1.344	132.000,00 €

Tab. 105: Übersicht Stunden & Kosten – Fallstudie

8.3 Die Kostenspaltung

8.3.1 Visuelle Inspektion

Stellt man die zuvor tabellarisch aufgeführten Werte grafisch dar, so kann als eine erste, einfache Methode der Kostenspaltung eine *visuelle Inspektion* durchgeführt werden. Das geschieht ganz grundsätzlich mithilfe eines XY-Diagramms (s. Tab. 106). In die Punktewolke wird händisch mittels „try and error" eine Gerade gelegt. Der Y-Achsenabschnitt stellt die Fixkosten dar, die Steigung der Geraden die variablen Stückkosten, auf der X-Achse ist die Menge abgetragen (Stunden).

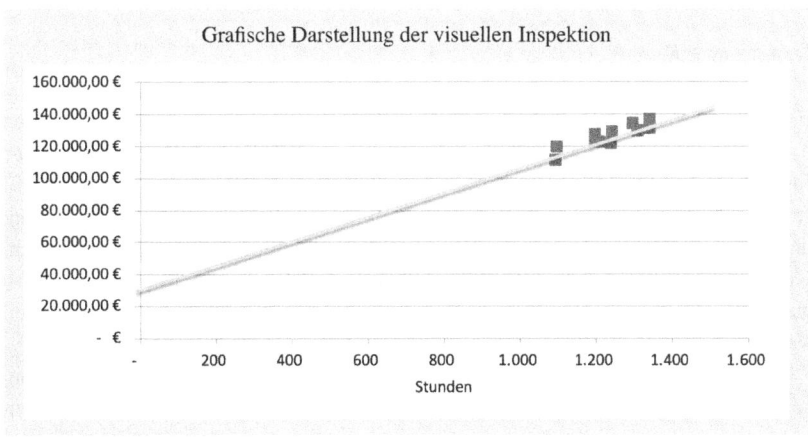

Tab. 106: Schätzfunktion durch visuelle Inspektion – Fallstudie

8.3.2 Buchhalterische Methode

Im Rahmen der zweiten, präziseren Methode der Kostenspaltung, der *Buchhalterischen Methode* (auch *buchtechnische Kostenspaltung* genannt), werden die Aufwendungen bzw. Kosten je Konto oder Position in fixe und variable Anteile differenziert. D. h., es wird jede Position/jedes Konto für sich bewertet. Dazu ist natürlich Erfahrungswissen zu den einzelnen Kostenarten notwendig, um dies vernünftig abschätzen zu können.

Die Buchhalterische Methode kann auch so organisiert und durchgeführt werden, dass eine Differenzierung von variablen und fixen Kosten auf jeder Rechnung vermerkt wird. In der Buchhaltung werden dann jeweils zwei Konten je Kostenart eingerichtet: beispielsweise ein Konto für fixe Energiekosten und ein Konto für variable Energiekosten.

Ein Nachteil dieser Methode liegt darin, dass häufig eine reine Abschätzung aufgrund von Erfahrungen erfolgt. Ein weiterer darin, dass die Methode viel Aufwand verursacht.

8.3.3 Zwei-Punkt-Methode (Tief-/Hochpunktmethode)

Die dritte Methode der Kostenspaltung stellt die Tief-/Hochpunktmethode dar. Sie basiert auf der folgenden Voraussetzung:

$$K_G = x * k_v + K_F$$

Es handelt sich dabei um eine proportionale Kostenfunktion, näherhin eine lineare.

Hat man eine Punktewolke von X- und Y-Werten (wie zuvor ermittelt) zur Verfügung, so können selbstverständlich alle existierenden Paare in diese Kostenfunktion eingesetzt werden, um die Kostenfunktion anzunähern. Setzt man nämlich zwei Paare (d.h. deren X- und Y-Koordinaten) ein, so erhält man ein Gleichungssystem von zwei Gleichungen mit zwei Variablen. Bei der oben angegebenen Kostenfunktion kann – wie generell – ein Gleichungssystem mit zwei Variablen nach den Unbekannten – hier K_F und k_v – aufgelöst werden.

Es sollten möglichst zwei Paare ausgewählt werden, die die Kostenfunktion sehr gut repräsentieren. Selbstverständlich sind aber nicht alle existierenden Kostenpaare dafür geeignet.

In vielen Fällen wird einfach der höchste und tiefste Punkt gewählt. Erstens also der Wert mit der höchsten X-/Y-Koordinate (Hochpunkt) und zweitens der Wert mit der niedrigsten X-/Y-Koordinate (Tiefpunkt). Nennen wir diese Punkte P_1 und P_2.

Dann ergeben sich folgende Gleichungen, aus denen k_v und K_F ermittelt werden können:

$$K_{G1} = x_1 * k_v + K_F$$
$$K_{G2} = x_2 * k_v + K_F$$

bzw. für einen beliebigen Punkt i

$$K_{Gi} = x_i * k_v + K_F$$

Löst man die zweite Gleichung nach K_F auf und setzt das Ergebnis in die erste ein, so erhält man:

8.3 Die Kostenspaltung

$K_{G2} - x_2 * k_v = K_F$

und

$K_{G1} = x_1 * k_v + K_{G2} - x_2 * k_v$

sowie die weiteren Umformungen

$K_{G1} = (x_1 - x_2) * k_v + K_{G2}$

$\rightarrow K_{G1} - K_{G2} = (x_1 - x_2) * k_v$

$\rightarrow \dfrac{(K_{G1} - K_{G2})}{(x_1 - x_2)} = k_v$

Löst man die erste Gleichung nach K_F auf und setzt den gerade ermittelten Bruch für k_v z. B. in diese ein, so erhält man:

$K_F = K_{G1} - x_1 * k_v$

$K_F = K_{G1} - x_1 * \dfrac{(K_{G1} - K_{G2})}{(x_1 - x_2)}$

Das bedeutet im oben aufgeführten Fall des ✠Kreuz des Nordens im Ergebnis (s. Tab. 107):

Jahr	Stunden	Kosten		
1	1.300	135.000,00 €		
2	1.100	120.000,00 €		
3	1.345	137.000,00 €	k_v	69,39 €
4	1.097	111.342,00 €	K_f	43.673,47 €
5	1.200	128.000,00 €		
6	1.247	129.000,00 €		
7	1.345	134.000,00 €		
8	1.200	124.100,00 €		
9	1.210	123.200,00 €		
10	1.244	122.300,00 €		
11	1.311	130.456,00 €		
12	1.344	132.000,00 €		

Tab. 107: Schätzfunktion durch Zwei-Punkt-Methode – Fallstudie

Wählt man die Punkte

Jahr 3: 1.345/137.000,00 €; das ist Punkt 1 (P_1)
Jahr 2: 1.100/120.000,00 €; das ist Punkt 2 (P_2),

so lautet das Ergebnis, eingesetzt in die Formel für k_v:

$$\frac{(K_{G1} - K_{G2})}{(x_1 - x_2)} = \frac{137.000,00 - 120.000,00}{1.345 - 1.100} = k_v = 69,39 \text{ €}$$

Ungerundet – zum Weiterrechnen z. B. mit dem Taschenrechner – ergibt sich 69,387755 €.
Für K_F gilt:

$$K_{G1} - x_1 * k_v = K_F = 137.000,00 - 1.345 * 69,387755 = 43.673,469525 \text{ €}$$

→ gerundet: 43.673,47 €.
Oder in die ausführliche Formel

$$K_F = K_{G1} - x_1 * \frac{(K_{G1} - K_{G2})}{(x_1 - x_2)}$$

eingesetzt:

$$K_F = 137.000 - 1.345 * \frac{(137.000,00 - 120.000,00)}{(1.345 - 1100)} = 43.673,47 \text{ €}$$

Das Ergebnis ist nach dieser Methode also zusammengefasst:

k_v = 69,39 €
K_F = 43.673,47 €

8.3.4 Methode der linearen Regression

Die vierte Option zur Durchführung der Kostenspaltung stellt die Methode der *linearen Regression* dar. Die lineare Regression ist ein relativ einfaches statistisches Verfahren, das zu sehr guten Ergebnissen führt. Dabei wird im Allgemeinen die spezielle Methode „Kleinste Quadrate" angewendet.

8.3 Die Kostenspaltung

Diese funktioniert wie folgt: Gegeben sei eine Tabelle aus Datenpunkten, etwa aus dem *vorliegenden Beispiel* resultierend. Daraus ergibt sich grafisch eine Punktewolke im XY-Diagramm. In diese Punktwolke soll eine möglichst genau passende Gerade gelegt werden. Die Parameter der Geraden sollen sozusagen optimiert werden. Dazu bestimmt man die Parameter dieser Geraden, indem die Summe der quadratischen Abweichungen der Geraden (geschätzte Werte) zu den tatsächlichen Werten in jedem Wertepaar x_i und K_{Gi} minimiert wird.

Als Ergebnis resultiert eine Schätzung der Geradengleichung

$$K_G = x * k_v + K_F$$

Dabei gelten folgende Annäherungsformeln:

$$k_v = \frac{\sum_{i=1}^{n}(x_i - \overline{x}) * (K_{Gi} - \overline{K_G})}{\sum_{i=1}^{n}(x_i - \overline{x})^2}$$

$$K_F = \overline{K_G} - k_v * \overline{x}$$

Die Rechnung ist nachfolgend einmal in anderer Form vorgenommen. Dort sind die einzelnen Rechenschritte dokumentiert.

Jahr	x_i Stück	K_G Kosten	x quer	Term 1 x_i – xquer	K_G quer	Term 2 K_{Gi} – $K_G$quer	Term 1 * Term 2	(Term 1)^2
1	1.300	135.000,00 €	1.300	54,75	135.000,00 €	7.800,17 €	427.059,13 €	2.997,56 €
2	1.100	120.000,00 €	1.100	-145,25	120.000,00 €	-7.199,83 €	1.045.775,79 €	21.097,56 €
3	1.345	137.000,00 €	1.345	99,75	137.000,00 €	9.800,17 €	977.566,63 €	9.950,06 €
4	1.097	111.342,00 €	1.097	-148,25	111.342,00 €	-15.857,83 €	2.350.923,79 €	21.978,06 €
5	1.200	128.000,00 €	1.200	-45,25	128.000,00 €	800,17 €	-36.207,54 €	2.047,56 €
6	1.247	129.000,00 €	1.247	1,75	129.000,00 €	1.800,17 €	3.150,29 €	3,06 €
7	1.345	134.000,00 €	1.345	99,75	134.000,00 €	6.800,17 €	678.316,63 €	9.950,06 €
8	1.200	124.100,00 €	1.200	-45,25	124.100,00 €	-3.099,83 €	140.267,46 €	2.047,56 €
9	1.210	123.200,00 €	1.210	-35,25	123.200,00 €	-3.999,83 €	140.994,13 €	1.242,56 €
10	1.244	122.300,00 €	1.244	-1,25	122.300,00 €	-4.899,83 €	6.124,79 €	1,56 €
11	1.311	130.456,00 €	1.311	65,75	130.456,00 €	3.256,17 €	214.092,96 €	4.323,06 €
12	1.344	132.000,00 €	1.344	98,75	132.000,00 €	4.800,17 €	474.016,46 €	9.751,56 €
Summe bzw. Mittelwert			1.245,25		127.199,83 €		6.422.080,50 €	85.390,25 €
			k_v	75,21 €			Summe Zähler	Summe Nenner
			K_F	33.546,33 €				

Tab. 108: Schätzfunktion durch Regression – Fallstudie

Erläuterung der Tab. 108:

- In der ersten Spalte steht das Jahr, in der zweiten Spalte sind die Mengen x_i aufgeführt und in der folgenden dritten Spalte die Gesamtkosten.
- In der vierten Spalte wird x_{quer} berechnet. Der Mittelwert von x_i wird also ermittelt. Das Ergebnis: 1.245,25 €.
- In der fünften Spalte wird $x_i - x_{quer}$ ermittelt (Term 1).
- Die sechste Spalte dient der Ermittlung von K_{Gquer}, also dem Mittelwert der Gesamtkosten über die Jahre. Auch hier sind die Werte erneut aufgeführt und am Spaltenende ist der Mittelwert berechnet. Es ergibt sich 127.199,83 €.
- In der siebten Spalte wird für jedes Jahr der Term 2 $K_{Gi} - K_{Gquer}$ ermittelt.
- In der achten Spalte: $(x_i - x_{quer}) * (K_{Gi} - K_{Gquer})$.
- In der neunten Spalte: $(x_i - x_{quer})^2$.
- Nun kann die Summe im Zähler und Nenner gebildet werden. Das Ergebnis der jeweiligen Summierungen findet sich am Ende der achten und neunten Spalten: Summe Zähler = 6.422.080,50 € und Summe Nenner = 85.390,25 €.
- Dividiert man den Zähler durch den Nenner, so erhält man k_v.
- Wird k_v eingesetzt, so resultiert K_F.

Daraus resultiert das Ergebnis:

k_v = 75,21 €
K_F = 33.546,33 €

Dieses Ergebnis ist wesentlich genauer als z. B. das im Rahmen der Tief-/Hochpunktmethode ermittelte.

Aufgrund der ermittelten Werte kann nun beispielsweise auch eine Prognose durchgeführt werden: Angenommen, die Geschäftsführung plant eine Ausweitung der Stunden auf 1.800, dann ist nach der Schätzung mit einem Kostenvolumen von 168.924,33 € zu rechnen.

8.4 Die flexible Plankostenrechnung – ein Instrument der Vollkostenrechnung

Nach Kenntnis der variablen und fixen Kosten bzw. nach Durchführung der Kostenspaltung kann eine *flexible Plankostenrechnung* durchgeführt werden. Im Rahmen dieser Methode werden die Plankosten (auf Vollkostenbasis) mithilfe von Variatoren an die tatsächliche Beschäftigung angepasst.

8.4.1 Die Variatoren

Der *Variator* ist eine Kennzahl, die den Anteil der variablen Kosten verdeutlicht. Mittels des Variators wird also diesbezüglich die Kostenstruktur erläutert. Er gibt an, um wie viel Prozent sich die Kosten ändern, wenn sich die Beschäftigung um 10 % ändert. Der Variator ist also auf 10 normiert.

$$Variator = \frac{K_v^P * 10}{K_G^P}$$

Beispiele:
Variable Kosten = 1.000,00 €; Plankosten = 4.000,00 € → Variator =

$$\frac{1.000,00 * 10}{4.000,00} = 2,5$$

Variable Kosten = 2.000,00 €; Plankosten = 3.000,00 € → Variator =

$$\frac{2.000,00 * 10}{3.000,00} = 6,67$$

Entsprechend der Höhe des Variators fällt die Wirkung einer Beschäftigungsänderung auf die Änderung der Kostenart aus:

- Variator = 2,5, d.h., bei einer Beschäftigungsänderung von 10 % ändern sich die Kosten bezogen auf die Kosten der Planbeschäftigung um 25 %.
- Variator = 6,67, d.h., bei einer Beschäftigungsänderung von 10 % ändern sich die Kosten bezogen auf die Kosten der Planbeschäftigung um 66,7 %.

Die Aussage des Variators ist folgende: Die Plankosten sind bei einem Variator von

- 10: *völlig variabel*. Fertigungslöhne (Akkordlöhne) sind beispielsweise völlig variabel.
- 6–9: *mehr variabel als fix*. Betriebsstoffe, Zeitlöhne etc. sind beispielsweise mehr variabel als fix.
- 5: *zu etwa gleichen Teilen fix und variabel*. In vielen Fällen sind beispielsweise Frachtkosten zu gleichen Teilen fix und variabel.
- 1–4: *mehr fix als variabel*. Kosten des Vertriebs sind hier häufig zu finden.
- 0: *völlig fix*. Beispielsweise Mieten und Versicherungen sind völlig fix.

Nachfolgend zwei *Rechenbeispiele* mit Variatoren:

- Fertigungslöhne in Höhe von 30.000,00 €; Variator = 10; → Fixe Kosten = 0,00 €; Variable Kosten = 30.000,00 €
- Hilfslöhne in Höhe von 10.000,00 €; Variator = 6; → Fixe Kosten = 4.000,00 €; Variable Kosten = 6.000,00 €

8.4.2 Die Methode der flexiblen Plankostenrechnung

Im Rahmen der flexiblen Plankostenrechnung (s. Tab. 109) wird eine besonders *differenzierte Notation* verwendet. Ein Buchstabe am oberen Rand zeigt an, ob es sich um Plan- (P), Ist- (I), Soll- (S) oder Normalkosten (N) handelt.

Beispiele für die Notation:

- *Variable Istkosten* $= K_v^I$
- *Variable Plankosten* $= K_v^P$

Neu eingeführt werden die *Sollkosten*. Für die flexible Plankostenrechnung auf Vollkostenbasis sind diese ein wichtiger Kernbegriff.

Die für eine bestimmte Planbeschäftigung errechneten Plankosten werden auf die jeweilige Istbeschäftigung umgerechnet. Die Umrechnung ergibt die sogenannten Sollkosten (K^S).

Mit anderen Worten: Die Sollkosten sind die auf die Istbeschäftigung umgerechneten Plankosten.

$$K^S = K_v^P * \frac{x_I}{x_P} + K_F^P = Variable\ Plankosten * \frac{Istbeschäftigung}{Planbeschäftigung} + fixe\ Plankosten$$

Beispiel:
Die Plankosten betragen 40.000,00 €. Der Variator 7,5. D. h., 30.000,00 € sind variabel und 10.000,00 € fix. Die Planung erfolgt auf der Planbeschäftigung 100 %.
Bei einer Istbeschäftigung von 80 % ergibt sich:

$$K^S = \frac{30.000,00 * 80\ \%}{100\ \%} + 10.000,00 = 34.000,00\ €$$

Wenn demgegenüber die tatsächlichen Istkosten nun nur 32.000,00 € betragen würden, so hätte das Unternehmen sehr gut gewirtschaftet. Es ergäbe sich eine Abweichung als Kostenüberdeckung in Höhe von 2.000,00 €.
Bei einer Beschäftigung von 110 % ergibt sich:

$$K^S = \frac{30.000,00 * 110\,\%}{100\,\%} + 10.000,00 = 43.000,00\ €$$

Wenn die Istkosten dann 44.000,00 € betragen, würde das Budget überschritten. Es ergäbe sich eine Abweichung als Kostenunterdeckung in Höhe von 1.000,00 €.

Eine so pauschal ermittelte Abweichung bedarf einer weiteren Analyse. Dazu müssen wiederum die *verrechneten Plankosten* hinzugezogen werden, also der *Plankostenverrechnungssatz* (PKVS).

Die verrechneten Plankosten betragen:

$$Verrechnete\ Plankosten = K_{verr}^p = PKVS * Istbeschäftigung$$

Nach Trennung der variablen und der fixen Kosten kann der Plankostenverrechnungssatz nun wie folgt dargestellt werden:

$$PKVS = Plankostenverrechnungssatz = \frac{K_F}{x_p} + k_v^p$$

Hauptzweck der flexiblen Plankostenrechnung ist nun die Gegenüberstellung von Soll- und Istkosten im Soll-Ist-Vergleich und gleichzeitig die Ermittlung von folgenden Abweichungen:

- Verbrauchsabweichung,
- Beschäftigungsabweichung,
- Preisabweichung.

Zunächst ist die *Verbrauchsabweichung* (Mengenabweichung) zu behandeln. Davon ist die Rede, wenn der geplante Verbrauch an menschlicher Arbeitskraft (z. B. im Rahmen von Fachleistungsstunden) oder Material bzw. anderen Produktionsfaktoren nicht mit dem tatsächlichen Istverbrauch übereinstimmt. Beispielsweise werden in einer Großküche 50 Portionen Schnitzel mehr gebraucht, weil zuvor 50 Schnitzel angebrannt sind.

8.4 Die flexible Plankostenrechnung ...

Verbrauchsabweichung = Istkosten − Sollkosten = $K^I - K^S$

Die Verbrauchsabweichung ist ein Maßstab für die Wirtschaftlichkeit:

- Ist die Verbrauchsabweichung positiv, so liegt ein unwirtschaftliches Handeln vor.
- Ist die Verbrauchsabweichung negativ, so liegt ein überwirtschaftliches Handeln vor.

Die Verantwortung für den regelgerechten Verbrauch der zugeteilten Mittel liegt bei der Leitung der Kostenstelle. Ein *Beispiel* für die Verbrauchsabweichung:

- Sollkosten = 25.000,00 €
- Istkosten = 30.000,00 €
- Verbrauchsabweichung = 5.000,00 € (= unwirtschaftliches Handeln)

Als zweite Abweichung wird die *Beschäftigungsabweichung* behandelt: Die Beschäftigungsabweichung gibt an, welcher Teil der fixen Kosten ungenutzt (leer) bleibt. Die Kostenstellenleitung ist hier nicht verantwortlich, weil sie die Kostenhöhe nicht beeinflussen kann.

Die *Beschäftigungsabweichung* ist wie folgt definiert:

Beschäftigungsabweichung = Sollkosten − Verrechnete Plankosten = $K^S - K^P_{verr}$

Die Beschäftigungsabweichung ist der zweite Maßstab für die Wirtschaftlichkeit:

- Abweichungen mit positivem Vorzeichen verdeutlichen eine Ergebnisverschlechterung.
- Abweichungen mit negativem Vorzeichen verdeutlichen eine Ergebnisverbesserung.

Aus beiden Abweichungen lässt sich eine *Gesamtabweichung* ermitteln.

Gesamtabweichung = Verbrauchsabweichung + Beschäftigungsabweichung

→ *= Istkosten − verrechnete Plankosten = $K^I - K^P_{verr}$*

Weiterhin ist ggf. eine *Preisabweichung* zu berücksichtigen. Dies kann nur der Fall sein, wenn ein explizites Preisgerüst bei der Planung verwendet wird. Die Preisabweichung gibt Differenzen zwischen den tatsächlich angefallenen Istpreisen und den Planpreisen an.

Preisabweichung = Istkosten zu Istpreisen − Istkosten zu Planpreisen

→ *Preisabweichung = Istmenge * Istpreis − Istmenge * Planpreis*

Für die Preisabweichung ist die Kostenstellenleitung in der Regel nicht verantwortlich, sondern eher der Einkauf, die Abteilungsleitung, die Geschäftsführung etc.
Beispiel für die Preisabweichung:

- Istmenge = 1.000 Stück
- Istpreis = 4,00 €
- Planpreis = 3,00 €

Preisabweichung = 4.000,00 − 3.000,00 = 1.000,00

Das bedeutet: Die Produktionsfaktoren wurden gegenüber der Planung zu teuer eingekauft.

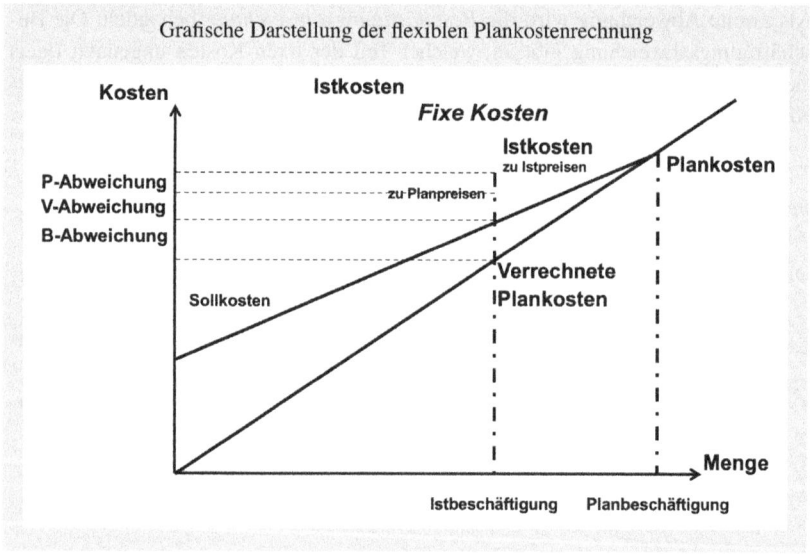

Tab. 109: Flexible Plankostenrechnung (Grafik)

Vor der probeweisen Einführung der Plankostenrechnung beim ✠Kreuz des Nordens in Elmsglück wurden verschiedene Musterrechnungen mit fiktiven Zahlen durchgeführt, um die Wirkungsweise zu erkennen.

8.4 Die flexible Plankostenrechnung ...

In einem ersten Szenario (s. Tab. 110) wird bei einer Planbeschäftigung von 1.200 Stunden mit Gesamtplankosten von 125.000,00 € gerechnet. Die Fixkosten betragen 40 % dieser Plankosten, der Variator ist also 6. Am Ende der Abrechnungsperiode werden für 1.180 Stunden insgesamt 124.000,00 € Istkosten (zu Planpreisen) festgestellt. Die Projektgruppe interessierte sich nun für die Beschäftigungs- und Verbrauchsabweichung. Die Teilnehmenden möchten wissen, ob eine Ergebnisverbesserung oder -verschlechterung gegenüber dem Plan vorliegt.

Planbeschäftigung	1.200	
Istbeschäftigung	1.180	
Plankosten gesamt	125.000,00 €	
Fixkostenanteil	40 %	
Fixe Plankosten	50.000,00 €	Fixkostenanteil * Plankosten gesamt
Variable Plankosten	75.000,00 €	Plankosten gesamt – Fixe Plankosten
Istkosten	124.000,00 €	
Sollkosten	123.750,00 €	Fixe Plankosten + Variable Plankosten * Istbeschäftigung / Planbeschäftigung
Plankostenverrechnungssatz	104,17 €	Gesamtkosten / Planmenge
Verrechnete Plankosten	122.916,67 €	Planverrechnungssatz * Istmenge
Beschäftigungsabweichung	833,33 €	Sollkosten – Verrechnete Plankosten
Verbrauchsabweichung	250,00 €	Istkosten – Sollkosten
Gesamtabweichung	1.083,33 €	Istkosten – Verrechnete Plankosten
Ergebniskontrolle	1.083,33 €	Addition der Abweichungen

(/ meint: geteilt durch)
Tab. 110: Flexible Plankostenrechnung Szenario 1 – Fallstudie

Die Rechnung zeigt: Es liegt eine Ergebnisverschlechterung gegenüber dem Plan vor.

Im zweiten Szenario (s. Tab. 111) wird als einzige Veränderung die Istbeschäftigung mit 1.210 angenommen.

Planbeschäftigung	1.200	
Istbeschäftigung	1.210	
Plankosten gesamt	125.000,00 €	
Fixkostenanteil	40 %	
Fixe Plankosten	50.000,00 €	Fixkostenanteil * Plankosten gesamt
Variable Plankosten	75.000,00 €	Plankosten gesamt – Fixe Plankosten
Istkosten	124.000,00 €	
Sollkosten	125.625,00 €	Fixe Plankosten + Variable Plankosten * Istbeschäftigung / Planbeschäftigung
Plankostenverrechnungssatz	104,17 €	Plankosten gesamt / Planmenge
Verrechnete Plankosten	126.041,67 €	Planverrechnungssatz * Istmenge
Beschäftigungsabweichung	-416,67 €	Sollkosten – Verrechnete Plankosten
Verbrauchsabweichung	-1.625,00 €	Istkosten – Sollkosten
Gesamtabweichung	-2.041,67 €	Istkosten – Verrechnete Plankosten
Ergebniskontrolle	-2.041,67 €	Addition der Abweichungen

(/ meint: geteilt durch)

Tab. 111: Flexible Plankostenrechnung Szenario 2 – Fallstudie

Es ergibt sich eine Ergebnisverbesserung gegenüber dem Plan.

8.5 Die Grenzplankostenrechnung – ein Instrument der Teilkostenrechnung

Im Rahmen der *Grenzplankostenrechnung* als Methode der flexiblen Plankostenrechnung werden die variablen von den fixen Kosten getrennt und die Fixkosten werden nicht betrachtet. Es handelt sich also um eine Methode der Teilkostenrechnung.

8.5 Die Grenzplankostenrechnung …

Nur für die variablen Kosten werden Plankosten ermittelt; es wird unterstellt, dass sie proportional verlaufen.

Der Begriff der Grenzkosten wird eingeführt. Darunter versteht man die Kosten, die für eine zusätzliche Einheit anfallen. Es handelt sich um die Kosten, die z. B. anfallen, wenn eine zusätzliche Portion „Essen auf Rädern" verkauft wird.

Im Rahmen der Analyse werden die variablen Istkosten (K_v^I) mit den variablen Sollkosten (K_v^S) verglichen. Diesbezüglich wird ermittelt, ob eine Verbrauchsabweichung besteht (eine Beschäftigungsabweichung kann nicht auftreten, wenn die Fixkosten eliminiert sind).

Diese Methode wird häufig im Bereich der Kostenstellenrechnung angewendet. Hier werden die Kostenarten je Kostenstelle betrachtet.

Das Vorgehen ist wie folgt:

1. Die Planbeschäftigung wird festgelegt.
2. Je Kostenart werden die Plankosten festgelegt.
3. Die Fixkosten werden aus den Plankosten eliminiert.
4. Die variablen Sollkosten werden ermittelt.
5. Die variablen Istkosten werden ermittelt.
6. Die Verbrauchsabweichung wird errechnet.

Beim ✠Kreuz des Nordens stellt sich das in einer Kostenstelle – wie in Tab. 112 aufgeführt – dar:

Planbeschäftigung 2.500
Istbeschäftigung 2.483

Kostenart	Plankosten	Variator	Variable Plankosten	Fixe Kosten	Istkosten	Variable Istkosten	Variable Sollkosten	Verbrauchs-abweichung (Var. Ist-Soll)
Abschreibungen	60.000,00 €	10,00000	60.000,00 €	0,00 €	62.000,00 €	62.000,00 €	59.592,00 €	2.408,00 €
Altersversorgung	3.000,00 €	9,89000	2.967,00 €	33,00 €	2.700,00 €	2.667,00 €	2.946,82 €	-279,82 €
Bürobedarf	3.000,00 €	5,00000	1.500,00 €	1.500,00 €	2.900,00 €	1.400,00 €	1.400,00 €	0,00 €
Energie (Wasser, Strom ...)	17.000,00 €	7,00000	11.900,00 €	5.100,00 €	16.567,00 €	11.467,00 €	11.819,08 €	-352,08 €
Fremdleistungen	9.000,00 €	2,00000	1.800,00 €	7.200,00 €	9.342,00 €	2.142,00 €	1.787,76 €	354,24 €
Informationstechnologie (IT)	5.000,00 €	8,97300	4.486,50 €	513,50 €	4.335,00 €	3.821,50 €	4.455,99 €	-634,49 €
Kalkulatorischer Werteverzehr	1.000,00 €	5,00000	500,00 €	500,00 €	1.200,00 €	700,00 €	496,60 €	203,40 €
Marketing	30.000,00 €	5,00000	15.000,00 €	15.000,00 €	30.000,00 €	15.000,00 €	14.898,00 €	102,00 €
Material	15.000,00 €	2,00000	3.000,00 €	12.000,00 €	14.000,00 €	2.000,00 €	2.979,60 €	-979,60 €
Mieten	40.000,00 €	9,87000	39.480,00 €	520,00 €	42.000,00 €	41.480,00 €	39.211,54 €	2.268,46 €
Mobile Kommunikation	5.000,00 €	8,00000	4.000,00 €	1.000,00 €	4.563,00 €	3.563,00 €	3.972,80 €	-409,80 €

8.5 Die Grenzplankostenrechnung ...

Personal (Gehälter, Nebenkosten)	250.000,00 €	9,82340	245.585,00 €	4.415,00 €	239.000,00 €	234.585,00 €	243.915,02 €	-9.330,02 €
Reise	17.000,00 €	5,00000	8.500,00 €	8.500,00 €	16.567,00 €	8.067,00 €	8.442,20 €	-375,20 €
Versicherungen	4.000,00 €	0,00000	0,00 €	4.000,00 €	4.300,00 €	300,00 €	300,00 €	0,00 €
Weiterbildung	11.000,00 €	5,00000	5.500,00 €	5.500,00 €	10.234,00 €	4.734,00 €	5.462,60 €	-728,60 €
Zinsen	3.000,00 €	0,00000	0,00 €	3.000,00 €	3.244,00 €	244,00 €	0,00 €	244,00 €
Summe	473.000,00 €		404.218,50 €	68.781,50 €	462.952,00 €	394.170,50 €	401.680,01 €	-7.509,51 €

Tab. 112: Grenzplankostenrechnung – Verbrauchsabweichung – Fallstudie

Die Verbrauchsabweichung zeigt an, ob die variablen Kosten, die bei der Istmenge anfallen dürften (also die Sollkosten), erreicht, überschritten oder unterschritten werden.

- Bei „Bürobedarf" und „Versicherungen" werden die Sollkosten durch die Istkosten erreicht. Es liegt also keine Verbrauchsabweichung vor.
- Bei z. B. „Abschreibungen" und „Zinsen" werden sie überschritten.
- Bei z. B. „Altersversorgung" und „Weiterbildung" werden sie unterschritten.

8.6 Die relative Einzelkostenrechnung – ein Instrument der Teilkostenrechnung

Der Grundgedanke der Rechnung mit den *relativen Einzelkosten* liegt in der Entscheidungsorientierung. Es sind nur die Kosten und die aus Leistungen resultierenden Erlöse gegenüberzustellen, die sich auf dieselbe Entscheidung beziehen bzw. von der identischen Entscheidung verursacht werden. Hier liegt die Kritik von Riebel (1994) an der Grenzplankostenrechnung begründet.

Im Rahmen der relativen Einzelkostenrechnung findet keine Schlüsselung der Kosten statt. Stattdessen ist das Vorgehen: Die Kosten werden Bezugsobjekten direkt zugerechnet, sie werden als Einzelkosten unmittelbar verrechnet.

Ähnlich wie bei der stufenweisen Deckungsbeitragsrechnung sind Hierarchien zu bilden und die relativen Einzelkosten diesen zuzurechnen. Riebel determiniert deshalb das so bezeichnete Identitätsprinzip: Kosten werden einem Bezugsobjekt dann direkt zugerechnet, wenn sowohl die Kosten als auch das Bezugsobjekt auf die gleiche Entscheidung referenzieren. Die Kosten werden auf der Ebene, auf der sie in Relation zu dem Bezugsobjekt gerade noch direkt als Einzelkosten erfasst werden können, verrechnet.

Kosten werden dabei konsequenterweise auch nicht über Perioden geschlüsselt. Deshalb gibt es in dem System von Riebel auch keine Abschreibungen. Selbst bei Abschreibungen sieht Riebel willkürliche Schlüsselungen.

Schematisch ergibt sich dann folgende Rechnungssystematik (beispielhaft):

8.6 Die relative Einzelkostenrechnung …

Umsatz Leistung
- Einzelkosten des Absatzes (Marketing)
= Nettoerlös
- Einzelkosten der Leistungserbringung
= Deckungsbeitrag der Leistung
→ Summe Leistung(en) im Leistungsbereich
- Einzelkosten Leistungsbereich
= Deckungsbeitrag Leistungsbereich
→ Summe Leistungsbereich(e) im Unternehmensbereich
- Einzelkosten Unternehmensbereich
= Deckungsbeitrag Unternehmensbereich
- Einzelkosten Unternehmen
= Betriebsergebnis

Beim ✠Kreuz des Nordens stellt sich das in einer kleineren Geschäftsstelle wie in Tab. 113 dar:

Unternehmensbereich	Ambulante Dienste					Stationäre Dienste		
Leistungsbereich	I			II			III	
Leistung	1	2	3	4	5	6	7	
Umsatz Leistung	673.622,00 €	324.112,00 €	556.347,00 €	218.000,00 €	400.000,00 €	125.000,00 €	180.000,00 €	
− Einzelkosten des Absatzes (Marketing)	23.000,00 €	34.222,00 €	48.666,00 €	32.154,00 €	32.221,00 €	23.122,00 €	55.444,00 €	
= Nettoerlös	650.622,00 €	289.890,00 €	507.681,00 €	185.846,00 €	367.779,00 €	101.878,00 €	124.556,00 €	
− Einzelkosten der Leistungserbringung	76.444,00 €	64.533,00 €	45.333,00 €	81.000,00 €	43.522,00 €	53.224,00 €	33.425,00 €	
= Deckungsbeitrag der Leistung	574.178,00 €	225.357,00 €	462.348,00 €	104.846,00 €	324.257,00 €	48.654,00 €	91.131,00 €	
–> Summe Leistung(en) im Leistungsbereich		799.535,00 €			891.451,00 €		139.785,00 €	
− Einzelkosten Leistungsbereich		99.876,00 €			88.794,00 €		39.888,00 €	
= Deckungsbeitrag Leistungsbereich		699.659,00 €			802.657,00 €		99.897,00 €	
–> Summe Leistungsbereich(e) im Unternehmensbereich			1.502.316,00 €				99.897,00 €	
− Einzelkosten Unternehmensbereich			1.118.933,00 €				23.145,00 €	
= Deckungsbeitrag Unternehmensbereich			383.383,00 €				76.752,00 €	
− Einzelkosten Unternehmen								44.352,00 €
= Betriebsergebnis								415.783,00 €

Tab. 113: Relative Einzelkostenrechnung – Fallstudie

Best Practice
Budgets einhalten – die Budgets zu kontrollieren, ist Alltag in der „Sozialbranche". Wichtig ist aber, wie man es macht: starr oder flexibel oder gar noch ganz anders? Immer mehr sozialwirtschaftliche Unternehmen nutzen die Optionen der flexiblen Plankostenrechnung bzw. der Grenzplankostenrechnung. Zu Recht. Nur mit diesen Methoden lassen sich sauber Abweichungen ermitteln. Und präzise Kenntnisse darüber spielen eine sehr große Rolle.

Tab. 114: Best Practice – Flexibel rechnen und Informationen zu Abweichungen nutzen

Literatur

Ernst, C., Schenk, G., & Schuster, P. (2017). *Kostenrechnung klipp und klar.* 2. Aufl. Berlin: Springer Gabler.
Griga, M. (2017). *Kosten- und Leistungsrechnung für Dummies.* 2. Aufl. Weinheim: Wiley-VCH.
Heister, W. (2008). *Rechnungswesen in Nonprofit-Organisationen.* Stuttgart: Schäffer-Poeschel.
Horsch, J. (2018). Kostenrechnung. Klassische und neue Methoden in der Unternehmenspraxis. 3. Aufl. Wiesbaden: Springer Fachmedien.
Hungenberg, H., & Kaufmann, L. (2001). *Kostenmanagement. Einführung in Schaubildform.* 2. Aufl. München, Wien: Oldenbourg.
Jórasz, W., & Baltzer, B. (2019). *Kosten- und Leistungsrechnung. Lehrbuch mit Aufgaben und Lösungen.* 6. Aufl. Stuttgart: Schäffer-Poeschel.
Kaspers, U. (2016). Wirtschaftliche Steuerung von Sozial- und Gesundheitsunternehmen. Gesellschaftsrecht, internes und externes Rechnungswesen, Controlling. 2. Aufl. Regensburg: Walhalla Digital.
Kilger, W., Pampel, W., & Vikas, K. (2012). *Flexible Plankostenrechnung und Deckungsbeitragsrechnung.* 13. Aufl. Wiesbaden: Springer Gabler.
Langenbeck, J., & Burgfeld-Schächer, B. (2017). *Kosten- und Leistungsrechnung: Grundlagen. Vollkostenrechnung. Teilkostenrechnung. Plankostenrechnung. Prozesskostenrechnung. Zielkostenrechnung. Kosten-Controlling.* 3. Aufl. Herne: NWB Verlag.
Olfert, K. (2018). *Kostenrechnung.* 18. Aufl. Herne: Kiehl.
Schultz, V. (2017). Basiswissen Rechnungswesen. Buchführung, Bilanzierung, Kostenrechnung, Controlling. München: C.H. Beck.
Riebel, P. (1994). Einzelkosten- und Deckungsbeitragsrechnung. Grundfragen einer markt- und entscheidungsorientierten Unternehmensrechnung. 7. Aufl. Wiesbaden: Springer Gabler.
Sprenger-Menzel, M. Th. P., & Brockhaus, C. P. (2018). Grundlagen des Controllings in Verwaltungs-, Wirtschafts- und Dienstleistungsbetrieben. Einführung in Theorie und Praxis des Controllings für das Studium in Bachelor- und Master-Studiengängen. 5. Aufl. Witten: Bernhardt-Witten.
Vahs, D., & Schäfer-Kunz, J. (2015). *Einführung in die Betriebswirtschaftslehre.* 7. Aufl. Stuttgart: Schäffer-Poeschel.
Weber, J., & Weißenberger, B. E. (2015). *Einführung in das Rechnungswesen. Bilanzierung und Kostenrechnung.* 9. Aufl. Stuttgart: Schäffer-Poeschel.

Kostenmanagement in Projekten 9

Summary

Im Rahmen des Kostenmanagements in Projekten sind spezielle Aspekte zu beachten (z. B. Risikofaktoren, Investitionsplanungen etc.). Weiterhin sind bestimmte Methoden anzuwenden (z. B. Methoden der dynamischen und statischen Investitionsrechnung). Das nachfolgende Kapitel führt dies näher aus.

Ziele der Kompetenzentwicklung

Kenntnis der Erfolgsfaktoren für ein Kostenmanagement in Projekten.
Fertigkeit, Nutzwertanalysen anzuwenden.
Fertigkeit, Methoden der statischen und dynamischen Investitionsrechnung anzuwenden.
Fertigkeit, Projektkosten zu kontrollieren.

Auch in sozialwirtschaftlichen Unternehmen werden schon seit geraumer Zeit viele Entwicklungen im Rahmen von Projekten organisiert, beispielsweise: Umsetzung von Outsourcing-Maßnahmen im Bereich der IT, Employer Branding zur Fachkräftegewinnung, Zusammenschluss von Einrichtungen, Redesign von Prozessen.

Als *Projekt* kann grundsätzlich ein besonderes, einmaliges Vorhaben bezeichnet werden. Es handelt sich um zumeist umfangreichere Aktionen und Maßnahmen. Meistens werden Entwicklungen bzw. Veränderungen durchgeführt, die von Bedeutung sind. Im Allgemeinen wird dazu auch eine sogenannte Sekundärorganisation neben der üblichen Primärorganisation (Aufbau- und Ablauforganisation) des Unternehmens genutzt.

Grundsätzlich könnte jede Aufgabe, die im Rahmen eines Projekts erledigt wird, auch im normal organisierten Betrieb erledigt werden. Aber ein projektorientiertes Vorgehen zeichnet sich durch unterschiedliche Vorteile gegenüber der Erledigung parallel zum klassischen (Tages-)Geschäft aus, insbesondere:

- Im Rahmen eines Projekts kann eine effektive und effiziente temporäre Organisation genutzt werden. Eine solche kann meistens einfacher, flexibler und reaktionsfähiger eingerichtet werden.
- Zudem ist innerhalb von Projekten die interdisziplinäre Zusammenarbeit sowie auch die Kommunikation meist einfacher und wirkungsvoller.
- Mitwirkende können besser aktiviert und motiviert werden; ihre Leistungspotenziale können leichter entfaltet werden.

Jedoch, und das ist z. B. aus Projekten der öffentlichen Hand bekannt, können die Kosten in solchen Projekten auch leicht aus dem Ruder laufen.

Die Kosten können am besten im Griff gehalten werden, wenn die Erfolgsfaktoren für das Gelingen von Projekten beachtet werden und ein wirkungsvolles Projektcontrolling, insbesondere eine aussagekräftige Plankostenrechnung genutzt wird.

Ziel des Kostenmanagements ist es deshalb grundsätzlich, Kostensteigerungen und Budgetüberschreitungen zu vermeiden.

Best Practice
Projekte sollen Einrichtungen/Betriebe weiterbringen, nicht selten sogar zukunfts-tauglich machen. Manche Leitungen denken „je mehr, desto besser" und „je größer, desto besser", ja wenn das mal so gelänge. Die Realität sieht doch oft ganz anders aus. Nicht nur in öffentlichen Großprojekten, die durch die Presse gehen, werden die Gelder verbrannt, nein, das geht auch in kleinen Projekten. Hier gilt: Bevor überhaupt ein Projekt gestartet wird, sollten die Auftraggeber sich im Klaren darüber sein, wie die Kosten im Griff gehalten werden können. Ja, anderen Meinungen zum Trotz. Das geht!

Tab. 115: Best Practice – Vorher überlegen – besser ist's!

9.1 Beachtung der Erfolgsfaktoren von Projekten

Folgende 12 Faktoren (s. Tab. 116) sind nach der Erfahrung des Autorenteams als Erfolgsfaktoren von Projekten besonders zu berücksichtigen:

9.1 Beachtung der Erfolgsfaktoren von Projekten

1. Definition des Projektziels	2. Projektorganisation	3. Situationsanalyse
4. Erstellung eines Sollkonzepts	5. Auswahl notwendiger Vermögensgegenstände und Dienstleistungen	6. Investitionsbudget und Finanzierung
7. Verhandlungen und Verträge	8. Umsetzungsplanung und Terminierung	9. Berücksichtigung kritischer Faktoren
10. Kommunikation und Schulung	11. Notfallpläne	12. Konsequente, geplante Umsetzung

Tab. 116: Erfolgsfaktoren von Projekten

Im Einzelnen ist dabei zu berücksichtigen:

(1) *Definition des Projektziels*
Grundsätzlich kostenvermeidend und tendenziell kostensenkend wirkt sich eine präzise, nachhaltig gültige Definition des Projektziels aus.

Stark kostentreibend dagegen ist das häufig anzutreffende Phänomen des Change Requests (Änderungsanforderung), also konkret der (häufigen) Veränderung des Projektziels. Dabei ist zu beachten, dass bereits kleinere Änderungen der Projektziele zu hohen Kostensteigerungen führen können.

(2) *Projektorganisation*
Grundsätzlich kostenvermeidend und tendenziell kostensenkend wirkt sich eine durchdachte und zweckmäßige Projektorganisation als Sekundärorganisation neben der normalen Ablauforganisation innerhalb des Unternehmens aus. Die Organisation muss so angelegt sein, dass in deren Rahmen alle wichtigen Angelegenheiten des Projekts geregelt werden können und eine bestehende Projektgeschäftsordnung/ein Projekthandbuch eingehalten wird. Ist dies nicht der Fall, so ist im Projekt mit Zusatzkosten oder steigenden Kosten zu rechnen.

Grundsätzlich empfiehlt sich die Einrichtung eines Lenkungsausschusses. Alle wichtigen Entscheidungen über den Projektumfang, die Rahmenbedingungen des Projekts und Grundsatzfragen sollten dort getroffen werden. Die Mitglieder sind letztverantwortlich dafür, dass im Unternehmen die notwendigen Ressourcen bereitgestellt werden. Der Lenkungsausschuss verabschiedet das Gesamtkonzept.

Projekte werden ggf. in Teilprojekte untergliedert und seitens einer Gesamtprojektleitung gesteuert. Die Projektleitung ist verantwortlich für die Führung, Organisation und Koordination der Teilprojekte und die Berichterstattung gegenüber der Geschäftsleitung. Sie überprüft die Einhaltung der gesetzten Ziele, steuert und überwacht Termine, Kosten sowie Qualitäten und ergreift ggf. notwendige Maßnahmen bzw. informiert die Geschäftsleitung. Die Projektleitung ist Dienstleister für die Teilprojekte. Es ist unabdingbar, dass die Projektleitung neben persönlicher Kompetenz, Führungskompetenz, sozialer Kompetenz und breitem Fachwissen auch über eine profunde Kenntnis der Unternehmensstruktur verfügt. Aus diesem Grund sind für die Projektleitung eine starke interne Kunden- und Kundinnenorientierung sowie eine gute Kenntnis des operativen Geschäfts wesentlich.

Die Teilprojektleitungen sind für die Planung und Steuerung der Teilprojekte verantwortlich. Auch bei ihnen sind persönliche Kompetenz, Führungskompetenz, soziale Kompetenz und breites Fachwissen wesentlich. Sie verfolgen die Ziele des Teilprojekts, überwachen Aufgaben, Meilensteine und Budgets. Die Teilprojektleitungen tauschen sich regelmäßig aus, sodass sie gegenseitig auf dem gleichen Informationsstand sind und Schnittstellenprobleme sowie andere auftretende Fragen rechtzeitig lösen können. Die Weiterleitung von Informationen ist eine Bring- und keine Holschuld.

Wird diese Logik nicht stringent eingehalten, so stehen Kostensteigerungen auf der Tagesordnung.

Zu einer professionellen Projektorganisation gehören auch ein professionelles Projektmanagement sowie ein professionelles Projekthandbuch. In einer Projektgeschäftsordnung/einem Projekthandbuch (z. B. WIR-Handbuch; WIR steht für Wissen, Informationen, Richtlinien) werden alle wesentlichen Rahmenbedingungen des Projekts geregelt und kommuniziert.

(3) Situationsanalyse
Aufgabe der Situationsanalyse ist es, die bestehende Istsituation zu erfassen. Ziel des Vorgehens ist es, Handlungsnotwendigkeiten zu identifizieren und Ansatzpunkte für Lösungen herauszuarbeiten. Je präziser dies gelingt, desto klarer und fokussierter können Lösungsansätze erarbeitet werden. Auch hier steckt viel Potenzial, Kosten zu vermeiden. Mittels einer präzisen Situationsanalyse können Kosten verhindert werden, die später ansonsten bis ins Unermessliche wachsen können.

(4) Erstellung eines Sollkonzepts
Ausgehend von der Istanalyse wird ein Sollkonzept – in der Regel in Form einer Anforderungsdefinition – erstellt. Zur Optimierung des Pflichtenhefts wird häufig ein Benchmarking durchgeführt. Unter Benchmarking versteht man den kontinuierlichen Vergleich von Produkten bzw. Dienstleistungen, Prozessen oder Methoden des eigenen Unternehmens mit denen des Besten Konkurrenten bzw.

des Besten in der Branche, ggf. auch mit Organisationen bzw. Unternehmen anderer Branchen. Ziel des Vergleichs ist es, effektive und effiziente Prozesse und Methoden auch über Branchengrenzen hinweg zu erkennen und sich anzueignen, um so Spitzenleistung in allen Funktionsbereichen zu erzielen: Wie haben andere Mitbewerberinnen und Mitbewerber das zur Rede stehende Problem gelöst, wie sind sie eine Lösung angegangen?

(5) *Auswahl notwendiger Vermögensgegenstände und Dienstleistungen*
Häufig sind (hohe) Anschaffungen notwendig, weil bestimmte Vermögensgegenstände angeschafft bzw. Dienstleistungen nachgefragt werden müssen. Hier ist besondere Sorgfalt geboten und es sind stets sowohl langfristige (strategische) als auch kurzfristige (operative) Aspekte zu beachten. So sind nicht nur die Anschaffungskosten relevant, sondern auch die Betriebskosten oder sonstigen Folgekosten. Bei der konkreten Auswahl sollte die Methode der Nutzwertanalyse angewendet werden.

(6) *Investitionsbudget und Finanzierung*
Für die einzelnen Teilprojekte werden die Kosten geplant und in einem Kosten- und Finanzplan dokumentiert. Professionelle Methoden der Investitionsrechnung sollten angewendet werden (z. B. Kostenvergleichsrechnung, Amortisationsrechnung). Entscheidend ist auch eine kontinuierliche Kostenverfolgung. Die Istkosten sollten regelmäßig den Plankosten gegenübergestellt und Abweichungen ermittelt werden. Bei erheblichen Kostenabweichungen müssen frühzeitig geeignete Maßnahmen ergriffen werden.

(7) *Verhandlungen und Verträge*
Die Verhandlung präziser (Kauf- bzw. Dienstleistungs-)Verträge spielen in Projekten häufig eine erhebliche Rolle. Vielfach wird einem Vertrag noch ein Letter of Intent vorgeschaltet, eine Willensbekundung. Wesentlich ist jedoch, dass der Letter of Intent bereits die wesentlichen Eckpunkte des späteren Vertrags beinhaltet.

Die genaue Aushandlung des Vertrags erfolgt in der Praxis manchmal erst simultan mit dem Projekt. In der Regel ist es empfehlenswert, grundsätzlich einen entsprechenden Fachanwalt hinzuzuziehen.

Taktisch ist besonders zu beachten: Solange der Letter of Intent bzw. Vertrag noch nicht geschlossen ist, können Kosten noch verhandelt werden. Danach ist das meistens schwierig, weil sich die erbringenden Unternehmen ja dem Vertragsabschluss sicher sein können. Und: Schlecht verhandelte Verträge können in der nachfolgenden Erfüllungspraxis zu hohen Kosten führen.

(8) Umsetzungsplanung und Terminierung

Im Rahmen der Umsetzungsplanung/Terminierung wird die konkrete Projektplanung vorgenommen. Dabei werden zunächst Meilensteine als besondere „Haltepunkte" im Projekt definiert. Die einzelnen Aufgaben/To-dos werden innerhalb von Arbeitspaketen festgelegt, die laufend durchnummeriert die Beschreibung des Arbeitspakets, des bzw. der Verantwortlichen, des frühesten Startzeitpunkts, des spätesten Startzeitpunkts, des frühesten Endzeitpunkts sowie des spätesten Endzeitpunkts beinhalten.

Es empfiehlt sich, die einzelnen Meilensteine und Arbeitspakete in einem Fahrplan für die Umsetzung des Projekts aufzuschreiben und zu kommunizieren. Dies kann mit einfachen Mitteln, z. B. in einem Tabellenkalkulationsprogramm erfolgen oder mittels einer speziellen Software für Projektmanagement (z. B. OpenProject; https://www.openproject.org/de/).

(9) Berücksichtigung kritischer Faktoren

Eine der wichtigsten Aufgaben der Projektleitung ist es, besonders auf diejenigen Gegebenheiten zu achten, die das Projekt behindern oder gar zum Scheitern bringen können. Eine gute Projektleitung hat deshalb etwas von einem „liebenswerten Spürhund". Sie ist ständig auf der Hut vor den überall lauernden Projektgefahren und ist stets bemüht, Lösungsansätze so schnell wie möglich zu finden.

Gute Projektmitarbeitende zeichnen sich deshalb dadurch aus, dass sie nicht die Augen vor gegebenenfalls auftretenden Problemen verschließen, sondern dass sie Schwierigkeiten regelmäßig thematisieren und konsequent Lösungswege suchen.

Stärken Sie daher das Vertrauen Ihrer Mitarbeitenden, alle auftretenden Probleme umgehend zu thematisieren und gemeinsam Lösungen zu suchen.

(10) Kommunikation und Schulung

Entsprechend dem Gegenstand des Projekts ist es ggf. notwendig, Schulungsmaßnahmen durchzuführen. Diese müssen in jedem Fall rechtzeitig geplant werden.

Nutzen Sie dazu in der heutigen Zeit unbedingt Social Media. Insbesondere Instagram ist besonders geeignet dafür, eine besondere Projektbindung herzustellen.

(11) Notfallpläne

Im Rahmen des Projekts ist in jedem Fall wichtig, einen Notfallplan aufzustellen, der detaillierte Informationen dazu enthält, welche Maßnahmen ergriffen werden, wenn etwas unplanmäßig verläuft, z. B. wenn kurzfristig keine Rechnungen mehr fakturiert werden können und somit die Liquidität des Unternehmens gefährdet ist.

(12) *Konsequente, geplante Umsetzung*
Zusätzliche und steigende Kosten werden vermieden, wenn die vereinbarten und geplanten Maßnahmen professionell geplant und konsequent umgesetzt werden.

Im Rahmen des Projektcontrollings ist eine ständige Erfolgs-, Maßnahmen- und Budgetkontrolle durchzuführen.

9.2 Die Nutzwertanalyse

Ein Projekt bringt zahlreiche kostenrelevante Entscheidungen mit sich. So müssen Anlagegüter gekauft und (langfristige) Dienstleistungsverträge geschlossen werden.

Eine bewährte Methode, um hier die richtigen Entscheidungen intersubjektiv vergleichbar zu treffen und Kosten zu vermeiden, ist die *Nutzwertanalyse* (Scoring-Methode). Sie wird angewendet, um die Entscheidung zwischen (schwierigen, nicht quantitativ) bewertbaren Alternativen (z. B. Standortwahl) zu vereinfachen.

Die Methode ist besonders gut einsetzbar, wenn Kriterien zur Entscheidungsfindung genutzt werden, die nicht in Geldwerten oder Zahlen darstellbar sind. Die Methode versucht dabei nicht-quantitative, also qualitative Größen durch Umwandlung in quantitative Größen vergleichbar zu machen.

Die Methode wird auch als „Scoring-Modell" (Punktebewertungsverfahren) bezeichnet. Der Begriff „Score" kommt aus dem engl. und meint „Punkte". Viele kennen den Begriff aus digitalen Spielen, hier insbesondere den sogenannten „Highscore".

Das Vorgehen im Rahmen der Nutzwertanalyse ist in Tab. 117 dargestellt.

Bestimmung der Zielkriterien	Gewichtung der Zielkriterien	Ermittlung der Zielerträge
Berechnung der (gewichteten) Teilnutzwerte		Nutzwertsynthese und Entscheidung

Tab. 117: Vorgehen im Rahmen einer Nutzwertanalyse

Die Schritte sind nachfolgend allgemein und an einem *Beispiel* erläutert.

Beim ✠Kreuz des Nordens sind Mitarbeitende mit der Auswahl einer geeigneten Mediaagentur beschäftigt (s. Tab. 118). Zu klären ist, welche drei Agenturen aus einer Liste von fünf Agenturen zu einem Gespräch eingeladen werden. Eine große Sache, ein bedeutendes Projekt. Die Mediaagentur soll den Interauftritt überarbeiten. Besonderen Wert wird dabei auf zwei Aspekte gelegt:

- Erfahrung mit responsivem Webdesign (Reagierendes Design entsprechend den Eigenschaften der Endgeräte),
- Referenzen im Bereich „Webauftritt für Personalgewinnung".

Die Bekanntheit, allgemeine Referenzen und erste Ansätze/Lösungsvorschläge liegen in der Gewichtung an zweiter Stelle.

Weiterhin sollen als Kriterien der Standort und der eigene Webauftritt der Agentur einfach gewichtet herangezogen werden.

Schritt 1: Bestimmung der Zielkriterien
Zur Durchführung der Nutzwertanalyse sind zunächst die entscheidungsrelevanten Kriterien zu bestimmen. In dem *Beispiel* u. a.: Bekanntheit, Referenzen, Standort.

Schritt 2: Gewichtung der Zielkriterien
Zur Beschreibung des Wertesystems des Entscheidungsträgers sind für alle Zielkriterien Gewichte festzulegen, die die relative Bedeutung der Ziele untereinander angeben. In dem *Beispiel*: 3, 3, 2, 2, 2, 1, 1.

Schritt 3: Ermittlung der Zielerträge
Je Alternative wird die Ausprägung der Zielerfüllung eines jeden Zielkriteriums durch Zuweisung eines Punktewerts (Zielerfüllungsgrad) bestimmt. Dabei werden hier beispielsweise die Punkte verwendet: 1 = sehr schlecht; 2 = schlecht; 3 = mittel; 4 = gut; 5 = sehr gut. Diese Skala wird auf die einzelnen Zielkriterien angewendet. Also beispielsweise bei der *Agentur 1*: 5; 2; 3; 1; 1; 2; 1 (s. Tab. 118).

Schritt 4: Berechnung der (gewichteten) Teilnutzenwerte
Die Berechnung erfolgt durch die Multiplikation der Zielerträge mit den Gewichten der einzelnen Zielkriterien. Also $3*8 = 15$; $3*2 = 6$; $2*3 = 6$; $2*1 = 2$; $2*1 = 2$; $1*2 = 2$; $1*1 = 1$ etc.

Schritt 5: Nutzwertsynthese und Entscheidung
Der Gesamtnutzwert einer Alternative ergibt sich aus der Addition der (gewichteten) Teilnutzwerte. Also *Agentur 1* = 34.

Die Entscheidung erfolgt – je nach Skala – für diejenige Alternative mit den höchsten (niedrigsten) Gesamtpunkten, hier mit den *höchsten* Gesamtpunkten (s. letzte Zeile in Tab. 118). Eingeladen werden die Agenturen 4, 2 und 3.

9.2 Die Nutzwertanalyse

Nutzwertanalyse Scoring Modell		Auswahl Mediaagentur Bewerbungen									
Kriterien	Gew	Agentur 1		Agentur 2		Agentur 3		Agentur 4		Agentur 5	
Erfahrung Responsive Webdesign	3	5	15	5	15	1	3	3	9	2	6
Webauftritt für Personalgewinnung	3	2	6	5	15	2	6	5	15	2	6
Bekanntheit	2	3	6	3	6	3	6	3	6	2	4
Referenzen	2	1	2	2	4	5	10	5	10	2	4
Erste Ansätze l Lösungsvorschläge	2	1	2	1	2	5	10	4	8	3	6
Standort	1	2	2	3	3	4	4	5	5	1	1
Webauftritt des Anbieters	1	1	1	2	2	3	3	5	5	3	3
			34		47		42		58		30

Maximum = 58

Punktzahl: 1 = min. Punktzahl bis 5 = max. Punktzahl
Gew = Gewicht für das Kriterium

Tab. 118: Nutzwertanalyse – Fallstudie

Wichtiger Hinweis: Bei der Entscheidung sollte darauf geachtet werden, dass die Gesamtnutzwerte der Alternativen angemessen weit auseinanderliegen. Damit ist gemeint, dass eine Entscheidung nicht anzuraten ist, wenn die Werte sehr nahe beieinanderliegen. Mindestabstand sollte z. B. 10 % oder 15 % oder 20 % sein.

Ist dies nicht gegeben, so sind weitere Überlegungen notwendig. Es können z. B. andere oder mehr Kriterien hinzugezogen oder die Gewichtung überprüft werden.

Mittels Nutzwertanalyse wird eine intersubjektive Vergleichbarkeit bzw. intersubjektive Nachvollziehbarkeit bei der Entscheidung erreicht. Damit wird die Transparenz der Entscheidung wesentlich erhöht.

Entscheiderin A kann nämlich anhand der Kriterien nachprüfen, welche Aspekte Entscheider B zu seiner Entscheidung veranlasst haben. In Teams spielen auch die Diskussion der verwendeten Kriterien und Gewichte eine bedeutende Rolle.

Dieses Vorgehen führt manchmal bereits frühzeitig zu folgenden wesentlichen Erkenntnissen und Veränderungen:

- Sie macht Vorgehensweisen transparenter und schafft bei allen Beteiligten ein höheres Verständnis.
- Die unterschiedlichen Ziele, Sichtweisen und Interessen der Beteiligten werden sichtbar und verhandelbar.
- Schwachstellen können besser erkannt und umgehend beseitigt werden.
- Der interne Informationsfluss wird verbessert.
- Die Teamarbeit bei der Analyse fördert bei den Beteiligten die Bereitschaft und Veränderungsfähigkeit.
- Es entsteht eine Kultur regelmäßiger Reflexion (kontinuierliche Verbesserung).

9.3 Die Investitionsrechnung

Als *Investition* bezeichnet man die Verwendung finanzieller Mittel für Sachvermögen, immaterielles Vermögen und Finanzvermögen.

Eine Investition ist damit letztlich eine Umwandlung der finanziellen Mittel des Unternehmens in Güter und Dienstleistungen.

Die Entscheidung über Investitionen ist in der Regel bedeutend, wenn

- die Investition für den Erfolg des Unternehmens von großer Wichtigkeit ist.
- die Investition auch Auswirkungen auf andere Unternehmensbereiche hat.
- die Entscheidung zumindest kurzfristig nicht revidierbar ist.
- bei der Revision der Entscheidung ein großer Verlust entstehen kann.

9.3 Die Investitionsrechnung

- über eine hohe Investitionssumme entschieden wird.

Im Rahmen des Kostenmanagements wird eine *Investitionsrechnung* durchgeführt. Dies kann mittels *statischer Methoden* oder *dynamischer Methoden* geschehen.

Die *dynamischen Verfahren* der Investitionsrechnung im Rahmen des Kostenmanagements zeichnen sich dadurch aus, dass sie versuchen, die zeitlich unterschiedlich anfallenden Zahlungsströme während der gesamten Nutzungsdauer zu erfassen:

- Alle Zahlungen, die vor dem Berechnungszeitpunkt anfallen, werden auf den Berechnungszeitpunkt aufgezinst.
- Alle Zahlungen, die nach dem Berechnungszeitpunkt anfallen, werden auf den Berechnungszeitraum abgezinst.

Die Begründung ist einfach: Je länger man eine Auszahlung hinausschieben kann bzw. je früher man eine Einzahlung erhält, desto höher ist der Zinsertrag, den man aus dem Einzahlungsüberschuss erzielen kann bzw. desto geringer ist der Zinsaufwand, der sich aufgrund von Auszahlungsüberschüssen ergibt. Weiter unten wird die *Kapitalwertmethode* als dynamische Methode erläutert.

Aber zunächst geht es mit den statischen Verfahren weiter.

Die *statischen Verfahren* sind dadurch gekennzeichnet, dass sie die Unterschiede des zeitlichen Anfalls der jeweiligen Rechnungsgrößen nicht berücksichtigen und somit auf eine Ab-/Aufzinsung verzichten. Da für alle Perioden die gleichen Werte angenommen werden, liegt den Rechnungen in der Regel lediglich eine durchschnittliche Periode zugrunde. Dies bedeutet, dass man sich mit Durchschnittswerten zufriedengeben muss. Es handelt sich somit um relativ einfache Rechnungen, welche sich aus den Informationen des Internen Rechnungswesens ableiten lassen. Die statischen Verfahren verwenden als Rechengrößen Kosten und Leistungen.

In der Praxis werden häufig statische Methoden angewandt, obwohl diese die angeführten methodischen Schwächen haben.

Als Vorteile sind bei den dynamischen Methoden besonders hervorzuheben:
Die dynamischen Verfahren berücksichtigen alle mit der Investition einhergehenden Ein-/Auszahlungen und nicht nur eine repräsentative Periode oder etwa durchschnittliche Ein-/Auszahlungen. Die einzelnen Ein-/Auszahlungen werden zu den sie betreffenden Zahlungszeitpunkten berücksichtigt.

9.3.1 Statische Verfahren

Als statische Methoden werden die in Tab. 119 aufgeführten angewendet:

Kostenvergleichsrechnung	Gewinnvergleichsrechnung
Rentabilitätsvergleichsrechnung	Amortisationsvergleichsrechnung

Tab. 119: Statische Methoden der Investitionsrechnung

Bei der *Kostenvergleichsrechnung* werden mehrere Investitionsalternativen hinsichtlich des Ziels „Minimierung der Kosten" verglichen. Dabei werden variable Kosten wie z. B. beschäftigungsabhängige Personal-, Material-, Instandhaltungskosten und fixe Kosten z. B. AfA, Werbeetat und auch Kapitalkosten (jedoch nicht die aus den Investitionen zu erzielenden Umsätze bzw. Erlöse) berücksichtigt. Die Kapitalkosten werden in der Regel mittels eines kalkulatorischen Zinssatzes mit einbezogen. Sie werden meistens auf die durchschnittliche Kapitalbindung, z. B. die halben Anschaffungs- und Herstellkosten (AHK) bezogen. Die Entscheidungsregel lautet: Ermitteln Sie die für eine Investition bzw. die Investitionsalternativen anfallenden Kosten und wählen Sie die kostengünstigste Alternative.

Beispiel ✠Kreuz des Nordens: Zur Entscheidung stehen zwei große Gefrierschränke gleicher Leistung, in denen tiefgefrorene Mahlzeiten im Rahmen der Dienstleistung „Essen auf Rädern" gelagert werden sollen. Kapitalkosten werden nicht berücksichtigt.

	Gerät 1	Gerät 2
Fassungsvermögen Liter	1.000	1.000
AfA p.a.	420,00 €	275,00 €
Betriebskosten p.a.	2.950,00 €	3.260,00 €
Summe Kosten p.a.	3.370,00 €	3.535,00 €

Tab. 120: Statische Investitionsrechnung – Kostenvergleichsrechnung – Fallstudie

Aus dem *Beispiel* (s. Tab. 120) ergibt sich eine Kostendifferenz in Höhe von 165,00 €. Die Entscheidung fällt somit auf Alternative 1.

Wenn unterschiedliche Leistungsmengen zu berücksichtigen sind, so sind die Kosten pro Stück zu berechnen.

Die Kostenvergleichsrechnung ist eine häufig in der Praxis eingesetzte Methode. Bei der Kostenvergleichsrechnung sind insbesondere folgende Mängel zu berücksichtigen:

9.3 Die Investitionsrechnung

- Die Erlösseite wird vernachlässigt. Damit ist im Extremfall noch nicht einmal sichergestellt, dass überhaupt ein Gewinn erwirtschaftet wird.
- Es wird keine Aussage über die Kostenstruktur getroffen (z. B. variable und fixe Kosten).
- Mögliche Veränderungen der Kosteneinflussgrößen bleiben unberücksichtigt.

Im Rahmen der *Gewinnvergleichsrechnung* werden neben den Kosten auch die Leistungen berücksichtigt. Zur Entscheidung wird ein durchschnittlicher Gewinn herangezogen. Hier liegt zugleich sowohl der Vorteil als auch die Problematik der Methode, weil die Leistungen (Umsätze) häufig nur schwer zu prognostizieren sind.

Die Gewinnvergleichsrechnung stellt eine Erweiterung der Kostenvergleichsrechnung dar. Sie empfiehlt sich immer dann, wenn die Investitionsobjekte aufgrund unterschiedlicher quantitativer und/oder qualitativer Absatzmengen unterschiedliche Erlöse aufweisen.

Im *folgenden Beispiel* (s. Tab. 121) werden zwei unterschiedliche technische Geräte verglichen, die beim ✠Kreuz des Nordens im Rahmen des „Essens auf Rädern" genutzt werden:

	Gerät 1	Gerät 2
Erlöse p.a.	482.000,00 €	484.000,00 €
Fixe Kosten p.a.	42.000,00 €	27.000,00 €
Variabl. Kosten p.a.	295.000,00 €	326.500,00 €
Summe Kosten p.a.	337.000,00 €	353.500,00 €
Gewinn p.a.	145.000,00 €	130.500,00 €

Tab. 121: Statische Investitionsrechnung – Gewinnvergleichsrechnung – Fallstudie

Die Entscheidungsregel lautet: Ermitteln Sie die für eine Investition bzw. die Investitionsalternativen anfallenden Gewinne und wählen Sie die Alternative mit dem höchsten Gewinn.

Die Entscheidung fällt in dem *Fallbeispiel* auf Gerät 2.

Im Rahmen der statischen Verfahren werden ggf. auch kalkulatorische Zinsen als Opportunitätskosten für die Kapitalbindung und Abschreibung berücksichtigt:

- Bei einem erwarteten Liquidationserlös handelt es sich um Mittel, die mit dem Kauf bezahlt (gebunden) wurden und erst am Ende der Nutzungsdauer durch den Verkauf wieder freigesetzt werden.

- Bei der Abschreibung handelt es sich um gebundenes Kapital, das über die Jahre der Nutzung wieder Schritt für Schritt freigesetzt wird. Der (erwartete) Liquidationserlös ist hier in Abzug zu bringen.

Die durchschnittliche Abschreibung (AfA) je Periode ist wie folgt zu berechnen:

$$Durchschn.\,Abschreibung\;pro\;Periode = \frac{Anschaffungskosten - Liquidationserlös}{Nutzungsdauer}$$

abgekürzt

$$AfA_{durchschn.} = \frac{AK - LE}{Nutzungsdauer}$$

Für das gebundene Kapital gilt nun:

- Bei der Anschaffung eines Vermögensgegenstands ist Kapital in Höhe der gesamten Anschaffungskosten gebunden.
- Im ersten Nutzungsjahr ist Kapital in Höhe der Anschaffungskosten abzüglich einer Abschreibung gebunden.
- Im zweiten Nutzungsjahr ist Kapital in Höhe der Anschaffungskosten abzüglich zweier Abschreibungen gebunden etc.
- Durchschnittlich ist Kapital wie folgt gebunden:

$$Durchschnittlich\;gebundenes\;Kapital\;für\;AfA = \frac{AK - LE}{2}$$

Diese Formel wird nun in die Formel für die durchschnittlichen Zinsen pro Periode eingesetzt:

$$Kalkulatorische\;Zinsen\;pro\;Periode = Gebundenes\;Kapital * Zinssatz$$

$$Kalkulatorische\;Zinsen\;pro\;Periode = \left(LE + \frac{AK - LE}{2}\right) * Zinssatz$$

$$\rightarrow Zinsen\;pro\;Periode = \left(\frac{2 * LE}{2} + \frac{AK - LE}{2}\right) * Zinssatz$$

$$\rightarrow Zinsen\;pro\;Periode = \left(\frac{2 * LE + AK - LE)}{2}\right) * Zinssatz$$

$$\rightarrow Zinsen\;pro\;Periode = \left(\frac{AK + LE}{2}\right) * Zinssatz$$

9.3 Die Investitionsrechnung

Hinweis: Der Liquidationserlös wird bei der Erwerbung komplett mitbezahlt. Das entsprechende Kapital ist somit über die gesamte Laufzeit gebunden. Deswegen muss er vollständig in die kalkulatorische Verzinsung einbezogen werden.

Die *Rentabilitätsvergleichsrechnung* ist ein weiteres statisches Investitionsrechenverfahren. Dabei wird die Rentabilität von Investitionsalternativen verglichen. Zu diesem Zweck wird eine Eigenkapital- oder Gesamtkapitalrendite errechnet.

Das absolute Ergebnis der Rendite einer Investition sagt noch wenig über deren Vorteilhaftigkeit aus, sondern diese muss mit einer vergleichbaren Investition, z. B. auf dem Finanzmarkt, verglichen werden.

Neben der Problematik der Prognose von Umsätzen besteht bei der Rentabilitätsvergleichsrechnung häufig die Problematik der Prognose kalkulatorischer Kosten und der Wahl eines entsprechenden Vergleichszinssatzes.

Die Rentabilität ist wie folgt definiert:

$$Rentabilität = \frac{Gewinn * 100\,\%}{Kapitaleinsatz}$$

Auch der Kapitaleinsatz wird als Durchschnittswert berechnet. Der durchschnittliche Kapitaleinsatz entspricht bei nicht abnutzbaren Anlagegütern den Anschaffungskosten und bei abnutzbaren Anlagegütern der Hälfte der Anschaffungskosten.

In Tab. 122 ist ein *Beispiel* beim ✠Kreuz des Nordens zur Rentabilitätsvergleichsrechnung eines Profiküchengeräts (Gebrauchsgut) dargestellt.

	Gerät 1	Gerät 2
Anschaffungspreis	90.000,00 €	88.020,00 €
Nutzungsdauer (Jahre)	6	6
Leistung p.a.	20.000	23.000
Fixe Kosten p.a.	20.000,00 €	18.670,00 €
Variabl. Kosten p.a.	72.000,00 €	70.000,00 €
Summe Kosten p.a.	92.000,00 €	88.670,00 €
Erlöse p.a.	112.300,00 €	114.230,00 €
Gewinn p.a.	20.300,00 €	25.560,00 €
Rentabilität	45,11 %	58,08 %

Tab. 122: Statische Investitionsrechnung – Rentabilitätsvergleichsrechnung – Fallstudie

Die Entscheidungsregel lautet: Ermitteln Sie die für eine Investition bzw. die Investitionsalternativen anfallenden Rentabilitäten und wählen Sie die Alternative mit der höchsten Rentabilität.

Die Entscheidung fällt daher zugunsten von Gerät 2 aus.

Auch die *Amortisationsrechnung* ist ein Verfahren der statischen Investitionsrechnung. Im Rahmen der Amortisationsrechnung werden die Rückflüsse der Investition der Anfangsinvestition gegenübergestellt.

Die Amortisationszeit ist definiert als

$$Amortisationszeit = \frac{Anschaffungskosten}{Cash\ Flow}$$

$Cash\ Flow = durchschnittl. jährl. Gewinn + durchschnittl. jährl. Abschreibung$
bzw. →
$Cash\ Flow = durchschnittl. Jahresüberschuss + durchschnittl. jährl. Abschreibung$

Hinweis: Bei der Ermittlung des Cash Flows werden die Abschreibungen zum Gewinn bzw. Jahresüberschuss addiert, weil sie zuvor bei der Ermittlung des Gewinns bzw. Jahresüberschusses abgezogen wurden. Da sie aber nicht zahlungswirksam sind, müssen sie hinzuaddiert werden, weil sie als flüssige Mittel (Cash) vorliegen.

Hat beispielsweise eine Investition eine Anfangsauszahlung von 10.000,00 € zum Gegenstand und führt zu durchschnittlichen Rückflüssen von 1.000,00 € pro Jahr, so hat sich diese Investition nach 10 Jahren amortisiert.

Fallen in den Jahren der Nutzung der Investition unterschiedlich hohe Rückflüsse an, so können diese auch kumuliert und der Anfangsinvestition gegenübergestellt werden. *Beispiel*: Eine Anfangsinvestition in Höhe von 800,00 € führt zu Rückflüssen (Gewinn + Abschreibung) im Jahr 1 von 400,00 €, im Jahr 2 von 600,00 € und im Jahr 3 von 200,00 €. Dann hat sich diese Investition aufgrund der Rückflüsse bereits im 2. Jahr amortisiert. Zinsen werden dabei zunächst nicht berücksichtigt.

Für die statischen Methoden gilt insgesamt: Es handelt sich um einfache Verfahren mit leicht zu verstehenden Berechnungen. Allerdings weisen sie insbesondere folgende wesentliche Nachteile auf:

- Es wird nicht berücksichtigt, dass zeitliche Unterschiede bezüglich der Ein- und Auszahlungen bestehen.
- Die Betrachtung einer einzigen Periode und somit die Rechnung mit Durchschnittswerten sowie die Bildung von Prognosewerten sind ungenau.
- Die statischen Investitionsrechnungen eignen sich insbesondere als Entscheidungsgrundlage für kleinere Investitionen. Ansonsten ist die Verwendung dynamischer Methoden zu empfehlen.

9.3.2 Dynamische Verfahren

Die *dynamischen Verfahren* zeichnen sich dadurch aus, dass sie versuchen, die zeitlich unterschiedlich anfallenden Zahlungsströme während der gesamten Nutzungsdauer zu erfassen.

Ein Geldbetrag, der „heute" als Ein- oder Auszahlung erhalten oder fällig wird, ist anders zu beurteilen als ein Geldbetrag, der „morgen" als Ein- oder Auszahlung erhalten oder fällig wird.

Als dynamische Methode wird insbesondere die *Kapitalwertmethode* angewendet. Sie hat das Ziel, den Wert einer bestimmten Investition zu Beginn eines bestimmten Investitionszeitraums zu ermitteln. Der Kapitalwert ist die Summe aller Barwerte (Gegenwartswerte) aller Ein- und Auszahlungen, die mit einer Investition verbunden sind. Dabei wird unterstellt: Einzahlungsüberschüsse werden in jedem Fall zum Kalkulationszinsfuß angelegt (Wiederanlageprämisse).

Der Kapitalwert rechnet sich wie folgt:

$$K = E_0 - A_0 + \left(\sum_{t=1}^{n} \frac{(E_t - A_t)}{(1+i)^t}\right) + \frac{L_n}{(1+i)^n}$$

Legende: K = Kapitalwert; E = Einzahlung; A = Auszahlung; L = Liquidationserlös; i = Zinssatz; t = Zeitpunkt (Jahr); n = Anzahl der Perioden

Erläuterungen zu der Formel:

- Zu Beginn der Investition (also beispielsweise heute) ist eine Auszahlung A_0 fällig, z. B. ein Verkaufspreis. Im Ausnahmefall kann es auch eine Einzahlung E_0 geben, z. B. eine Gutschrift oder Prämie. Beide werden nicht verzinst, da sie zum Start der Investition, also beispielsweise „heute" anfallen.
- In jedem laufenden Jahr können Einzahlungen (E_t) bzw. Auszahlungen (A_t) anfallen. Diese sind jeweils abzuzinsen. Durch Subtraktion ($E_t - A_t$) und Abzinsung ergeben sich die Barwerte. Die Summe über die Barwerte ist zu bilden.
- Zuletzt ist der Liquidationserlös im n-ten Jahr abgezinst einzubeziehen.
- In der Summe ergibt sich der Kapitalwert.

Bei der Berechnung der Barwerte kommt es ganz wesentlich auf die zweckmäßige Wahl des *Kalkulationszinsfußes i* an. Der Barwert einer Zahlung fällt mit steigendem Zinssatz. Je höher also der Kalkulationszinssatz gewählt wird, umso niedriger wird der Barwert; und je niedriger der Kalkulationszinssatz, umso höher fällt der Barwert aus.

Der Kalkulationszinsfuß i ist – vereinfacht gesagt – der Zinssatz, der zur Ab- bzw. Aufzinsung der Ein- und Auszahlungen im Rahmen von dynamischen Investitionsrechenverfahren verwendet wird.

Dieser Zinssatz stellt sozusagen zum einen die Verzinsung der Einzahlungen und gleichzeitig die Zinsen (z. B. Kreditzinsen) für das aufgewendete Investitionskapital (die Auszahlungen) dar. In der Realität ist es natürlich nicht üblich, dass „Haben-" und „Sollzins" identisch sind, was die Wahl eines geeigneten Kalkulationszinsfußes nicht einfach macht.

Wie geht man zweckmäßigerweise bei der Suche nach dem geeigneten Zinsfuß vor? Sinnvollerweise wird für den Kalkulationszinsfuß

- entweder die Rendite alternativer Anlagemöglichkeiten oder
- die Finanzierungskosten, also der Zinssatz des eingesetzten Kapitals gewählt oder
- es wird eine „erwünschte" Zielrendite (Zinssatz) angesetzt.

Die Entscheidungsregel bei der Kapitalwertmethode lautet:

- Eine Investition ist nach der Methode „Kapitalwertmethode" vorteilhaft, wenn der Kapitalwert positiv ist.
- Wählen Sie bei mehreren Alternativen diejenige, die den höchsten positiven Kapitalwert ausweist.

In Tab. 123 ist ein *Beispiel* mit verschiedenen Zahlungsreihen aufgeführt.

9.3 Die Investitionsrechnung

Zins		3 in %							
		immer gleich		langsam steigend		Wechselbad		am anfang mehr	
Jahr	Datum	Zahlungs-überschuss	Barwert	Zahlungs-überschuss	Barwert	Zahlungs-überschuss	Barwert	Zahlungs-überschuss	Barwert
1	01.01.20	-80.000,00 €	-80.000,00 €	-80.000,00 €	-80.000,00 €	-80.000,00 €	-80.000,00 €	-80.000,00 €	-80.000,00 €
1	31.12.20	10.000,00 €	9.708,74 €	8.000,00 €	7.766,99 €	8.000,00 €	7.766,99 €	12.000,00 €	11.650,49 €
2	31.12.21	10.000,00 €	9.425,96 €	8.500,00 €	8.012,07 €	12.000,00 €	11.311,15 €	12.000,00 €	11.311,15 €
3	31.12.22	10.000,00 €	9.151,42 €	9.000,00 €	8.236,27 €	8.000,00 €	7.321,13 €	12.000,00 €	10.981,70 €
4	31.12.23	10.000,00 €	8.884,87 €	9.500,00 €	8.440,63 €	12.000,00 €	10.661,84 €	12.000,00 €	10.661,84 €
5	30.12.24	10.000,00 €	8.626,09 €	10.000,00 €	8.626,09 €	8.000,00 €	6.900,87 €	12.000,00 €	10.351,31 €
6	30.12.25	10.000,00 €	8.374,84 €	10.500,00 €	8.793,58 €	12.000,00 €	10.049,81 €	8.000,00 €	6.699,87 €
7	30.12.26	10.000,00 €	8.130,92 €	11.000,00 €	8.944,01 €	8.000,00 €	6.504,73 €	8.000,00 €	6.504,73 €
8	30.12.27	10.000,00 €	7.894,09 €	11.500,00 €	9.078,21 €	12.000,00 €	9.472,91 €	8.000,00 €	6.315,27 €
9	29.12.28	10.000,00 €	7.664,17 €	12.000,00 €	9.197,00 €	8.000,00 €	6.131,33 €	8.000,00 €	6.131,33 €
10	29.12.29	10.000,00 €	7.440,94 €	12.500,00 €	9.301,17 €	12.000,00 €	8.929,13 €		5.952,75 €
	Kapitalwert		5.302,03 €		6.396,02 €		5.049,90 €		6.560,45 €

Tab. 123: Dynamische Investitionsrechnung – Kapitalwertmethode – Fallstudie

Diese stammen aus einer Berechnung von vier Investitionsalternativen mit den fiktiven Bezeichnungen (in Kleinschreibung) „immer gleich", „langsam steigend", „wechselbad" und „am anfang mehr". Sie wurden von einem Mitarbeiter beim ✠Kreuz des Nordens ausgedacht, um den Kolleginnen und Kollegen die Kapitalwertmethode im Rahmen eines Seminars zur Mitarbeitendenentwicklung zu erläutern. Den höchsten Kapitalwert erzielt hierbei die letztgenannte Alternative.

9.4 Kontrolle der Projektkosten

Neben einer professionellen Investitionsrechnung vor dem Start des Projekts ist eine angemessene Kontrolle der Projektkosten während und zum Ende des Projekts notwendig.

Die Kontrolle ist damit ein Schritt in der Projektsteuerung, die insgesamt aus folgenden Schritten/Elementen besteht:

- Planung,
- Informationsversorgung,
- Projektkontrolle.

Die Vorgehensweise bei der Projektkontrolle ist grundsätzlich wie folgt zu skizzieren:

- Ermittlung von Plan-, Soll- und Istwerten,
- Berechnung von Abweichungen,
- Analyse der Folgen der Abweichungen,
- Festlegung von Strategien und Maßnahmen zum weiteren Vorgehen.

Die im Folgenden behandelten Methoden können wie folgt aufgeteilt werden:

- Kontrolle des Projektfortschritts,
- Projektkostenrechnung ohne Leistungsbetrachtung,
- Projektkostenrechnung mit Leistungsbetrachtung.

9.4.1 Kontrolle des Fortschritts

Ein erster Schritt zur Überwachung der Projektkosten liegt darin, den Projektfortschritt zu überprüfen. Der Projektfortschritt ist der Grad, mit dem ein Projekt oder ein Arbeitspaket durchgeführt bzw. absolviert ist:

- Bei Arbeitspaketen, die noch nicht begonnen wurden, liegt der Projektfortschritt bei 0 %.
- Bei Arbeitspaketen, die komplett durchgeführt wurden und somit abgeschlossen sind, liegt der Projektfortschritt bei 100 %.

In beiden Fällen sind die Projektkosten einfach zu beurteilen.

Liegt keines der beiden Szenarien vor, so besteht die Schwierigkeit, den Projektfortschritt überhaupt korrekt einzuschätzen. Dazu bieten sich unterschiedliche Methoden an. Zu unterscheiden sind Einschätzungen des Fortschritts mittels der in Tab. 124 aufgeführten Maßnahmen:

Mittels Aussagen von beteiligten Mitarbeitenden, insbesondere durch die Projektleitung	Mittels quantitativer Schlüsselgrößen
Mittels der Mehrpunktmethode	Mittels (kleinteilig) festgelegter Arbeitsschritte oder Meilensteine

Tab. 124: Methoden zur Einschätzung des Projektfortschritts

Die *erste Methode* ist die Praxis der Einschätzung des Fortschritts mittels Aussagen von beteiligten Mitarbeitenden, insbesondere durch die Projektleitung.

Im Rahmen eines Projekts können die verantwortlichen Mitarbeitenden dazu befragt werden, in welchem Grad sie den Projektfortschritt sehen. Es ist eine stetige Aussage im Bereich von 0 % bis 100 % möglich.

Es können auch mehrere Mitarbeitende zugleich befragt werden. Aus den Antworten kann dann ein mittlerer Wert, also ein arithmetisches Mittel (Mittelwert) oder der Median ermittelt werden. Der Median hat dabei im Gegensatz zum Mittelwert den Vorteil, dass er unempfindlich gegenüber Ausreißern ist.

Mathematisch versteht man unter dem Mittelwert meist das sogenannte „Arithmetische Mittel", also den Durchschnitt der vorliegenden Werte 1 bis n:

$$\bar{x} = \frac{1}{n} * \sum_{i=1}^{n} x_i$$

Spricht man im Rahmen statistischer Auswertungen von einem mittleren Wert, so ist allerdings nicht immer der Mittelwert, sondern manchmal der Median gemeint. Diesen ermittelt man, indem man die vorhandenen Werte (inklusive Mehrfachnennungen) der Größe nach ordnet.

Ist n ungerade, so ist der mittlere Wert der vorhandene Wert:

$$\frac{n+1}{2}$$

Ist n gerade, so ist der Durchschnitt der beiden mittleren Werte der Median.

Der Unterschied kann folgendermaßen aussehen: Der Umsatz in drei Monaten beträgt: 2.000.000,00 €, 2.500.000,00 €, 4.500.000,00 €.

In diesem Fall ist der Durchschnittsumsatz (arithmetischer Mittelwert) 3.000.000,00 € und das „mittlere" Einkommen 2.500.000,00 € (Median).

Der Mittelwert gibt den Durchschnitt wieder. Der Median liegt genau in der Mitte der Werte und ist abstandsunabhängig (also unabhängig von sogenannten Ausreißern).

Grundsätzlich kann die Vermutung geäußert werden, dass die Fortschrittskontrolle im Rahmen dieser Methode tendenziell zu optimistisch abläuft.

Die *zweite Methode* ist die Praxis der Einschätzung des Fortschritts mittels quantitativer Schlüsselgrößen:

$$Projektfortschritt = \frac{Schlüsselgröße^{IST}}{Schlüsselgröße^{SOLL}} * 100\,\%$$

Werden beispielsweise Arbeitsplätze mit einer neuen IT-Infrastruktur ausgestattet, so kann als Schlüsselgröße die Anzahl der Arbeitsplätze herangezogen werden.

Beispiel: In einer Zentrale des ✠Kreuz des Nordens wird die IT-Infrastruktur ausgetauscht. Es sind 50 Arbeitsplätze umzustellen, 37 wurden bereits umgestellt.

Der Projektfortschritt berechnet sich wie folgt:

$$Projektfortschritt = \frac{37}{50} * 100\,\% = 74\,\%$$

Die *dritte Methode* ist die Praxis der Einschätzung des Fortschritts mittels der Mehrpunktmethode. Hierbei werden auch die Verantwortlichen (Mitarbeitenden) befragt, aber sie können als Angaben nur machen (nachfolgend Alternativen):

9.4 Kontrolle der Projektkosten

- 0 % | 50 % | 100 %
- 0 % | 50 % | 75 % | 100%
- 0 % | 25 % | 50 % | 75 % | 100%
- eine andere Vorgabe

Bei der ersten Variante gibt es beispielsweise nur Arbeitspakete, die entweder

- noch nicht begonnen sind = 0 %,
- schon begonnen sind = 50 % oder
- bereits fertiggestellt wurden = 100 %.

Die *vierte Methode* ist die Praxis der Einschätzung des Fortschritts mittels (kleinteilig) festgelegter Arbeitsschritte oder Meilensteine. Sie kann also nur durchgeführt werden, wenn die Projektschritte detailliert aufgeteilt sind.

Die Gründe für einen Projektfortschritt, der unter den Erwartungen liegt, sind dann detaillierter zu ergründen und entsprechende Strategien und Maßnahmen zu ergreifen.

9.4.2 Projektkostenrechnung ohne Leistungsbetrachtung

Neben der Fortschrittskontrolle wird eine direkte Kontrolle der Projektkosten vorgenommen. Häufig wird diese Art der Kostenkontrolle in einer starren Form durchgeführt, also sozusagen auf eine einfache Budgetkontrolle beschränkt. Verglichen werden die tatsächlich angefallenen Istkosten mit den Plankosten.

- Sind die tatsächlichen Istkosten geringer als die Plankosten, so liegt eine negative Abweichung (= Einsparung) vor.
- Sind die tatsächlichen Istkosten größer als die Plankosten, so liegt eine positive Abweichung (= Überziehung) vor.

Die so ermittelte Abweichung kann um Aspekte bereinigt werden, die dem bzw. der Kostenverantwortlichen nicht anzulasten sind, etwa:

- Kostensteigerungen aufgrund von Inflation bei den internen Personalkosten bzw. bei den Kosten von externen Mitarbeitenden.
- Kostensteigerungen aufgrund von Change-Order-Kosten, also solche Kosten, die entstehen, weil beispielsweise innerhalb eines Projekts die Zielsetzungen seitens der Geschäftsführung geändert werden.

9.4.3 Projektkostenrechnung mit Leistungsbetrachtung

Eine Projektkostenrechnung mit Leistungsbetrachtung ist deutlich präziser, weil der Projektfortschritt beachtet wird. Dabei wird nämlich geprüft, ob in Bezug auf die ermittelten Kosten überhaupt der erwartete Projektfortschritt erreicht wurde.

Wurde innerhalb des Budgets bzw. der vereinbarten Zeit etc. der erwartete Projektfortschritt nicht erreicht, so sind Sollkosten im Rahmen der Analyse einzubeziehen.

Beispiel: In Elmsglück läuft beim ✠Kreuz des Nordens ein neues Projekt an. Folgendes Projektbudget wurde vereinbart:

Teilprojekt 1   320.000,00 €
Teilprojekt 2   100.000,00 €
Gesamtbudget   420.000,00 €

Vorgesehene Realisierungszeitpunkte:
Teilprojekt 1   1.7.
Teilprojekt 2   1.12.

Zum 1.7. betragen die Istkosten für das *Teilprojekt 1* 300.000,00 €, mit dem *Teilprojekt 2* wurde noch nicht begonnen. Insofern fielen hier noch keine Kosten an. Das *Teilprojekt 1* konnte aber noch nicht beendet werden, es werden zur Fertigstellung noch Kosten in Höhe von 25.000,00 € anfallen.

Eine einfache Budgetkontrolle zeigt grünes Licht, die Istkosten liegen unter dem Budgetansatz:

300.000,00 - 320.000,00 = -20.000,00 € (Budgetunterschreitung)

Jedoch ist der Leistungsfortschritt nicht zufriedenstellend. Da noch geschätzte 25.000,00 € für das Budget benötigt werden, handelt es sich dann am Ende vermutlich um eine Budgetüberschreitung:

25.000,00 - 20.000,00 = 5.000,00 €

Die Berücksichtigung des Projektfortschritts zeigt also das wahre Ausmaß der Überschreitung.

9.4 Kontrolle der Projektkosten

Somit werden Sollkosten berücksichtigt, um Abweichungen zu ermitteln. Folgende Abweichungen (s. Tab. 125) sind insbesondere zu berücksichtigen:

Preisabweichung	Abweichung wegen Change-Order
	Abweichung wegen Leistungsdefiziten

Tab. 125: Abweichungen bei Projektkosten

Abweichung wegen Leistungsdefiziten: Eine Verbrauchsabweichung wegen „Leistungsdefiziten" tritt wie zuvor beschrieben auf, wenn im Rahmen des vorgesehenen Budgets die vorgegebenen Ziele nicht erreicht werden, z. B. steigen dadurch die Kosten einer externen Beratung. Beraterinnen und Berater müssen beispielsweise nicht – wie geplant – 15 Stunden eingesetzt werden, sondern 20 Stunden.

Preisabweichung: Eine Preisabweichung tritt beispielsweise auf, weil die Honorare der Beraterinnen und Berater etc. gestiegen sind. Es handelt sich um eine Abweichung zwischen Plan- und Istpreisen. Diese Abweichung hat die Projektleitung nicht zu vertreten, sondern im Allgemeinen eher der Einkauf oder die Geschäftsführung.

Beispiel: Der Tagessatz von 1.500,00 € wird seitens der Beraterinnen und Berater auf 1.600,00 € erhöht. Da es keine andere vertragliche Vereinbarung gibt, wird die Steigerung des Satzes akzeptiert.

Abweichung wegen Change-Order: Eine derartige Beschäftigungsabweichung tritt beispielsweise auf, wenn die Ziele bzw. Rahmenbedingungen des Projekts geändert werden. Es werden z. B. neue Aufgaben dem Projekt zugeordnet. Diese Abweichung hat die Projektleitung nicht zu vertreten, sondern im Allgemeinen die Auftraggeber des Projekts, meistens die Geschäftsführung.

Beispiel: Die Geschäftsführung entscheidet, dass bei dem neuen Internetauftritt zugleich ein interner Bereich eingerichtet werden soll, der zuvor nicht vorgesehen war.

Eine erweiterte Projektkontrolle mit Berücksichtigung von Leistungsdefiziten und Abweichungsanalysen lässt sich einfach durchführen.

Hierzu wird zunächst die Einführung von Sollkosten etabliert. Sollkosten sind die Kosten, die bei dem realisierten Projektstand (in Bezug auf die erzielten Leistungen) hätten entsprechend den Planungsprämissen anfallen dürfen.

Ausgehend von der üblichen Notation und im Sinne des *zuvor stehenden Beispiels* gilt:

$$Abweichung = K^I - K^P$$

Wird die Formel um Sollkosten erweitert (d.h. Sollkosten werden zugleich addiert und subtrahiert):

$$Gesamtabweichung = K^I - K^S + K^S - K^P$$

Die so definierte Gesamtabweichung kann wie folgt unterteilt werden:

$Kostenabweichung = K^I - K^S$

Z. B. wegen höherer Preise (Preisabweichung) oder Change-Order-Kosten etc.

$Leistungsabweichung = K^S - K^P$

Z. B. wegen Nichterreichens eines definierten Projektabschnitts.

Literatur

Coenenberg, A. G., Fischer, T. M., & Günther, T. (2016). *Kostenrechnung und Kostenanalyse*. 9. Aufl. Stuttgart: Schäffer-Poeschel.

Folz, T., Grabowski, S., Mankel, B., & Odenthal, F. W. (2017). Kosten- und Leistungsrechnung. Wirtschaftlichkeitsrechnung. Studienbuch für den kommunalen und staatlichen Bachelorstudiengang mit praktischen Übungen und Lösungen. 4. Aufl. Witten: Bernhardt-Witten.

Horsch, J. (2018). Kostenrechnung. Klassische und neue Methoden in der Unternehmenspraxis. 3. Aufl. Wiesbaden: Springer Fachmedien.

Kühnapfel, J. B. (2019). *Nutzwertanalyse in Marketing und Vertrieb*. 2. Aufl. Wiesbaden: Springer Fachmedien.

Olfert, K., & Rahn, H.-J. (2017). *Einführung in die Betriebswirtschaftslehre*. 12. Aufl. Herne: Kiehl.

Ottmann, M., & Lifka, S. (2016). *Methoden der Standortanalyse*. Darmstadt: Wissenschaftliche Buchgesellschaft.

Poggensee, K. (2015). *Investitionsrechnung. Grundlagen – Aufgaben – Lösungen*. 3. Aufl. Wiesbaden: Springer Gabler.

Schmola, G. (2019). Jahresabschluss, Kostenrechnung und Finanzierung im Krankenhaus. Grundlagen und Zusammenhänge verstehen. Wiesbaden: Springer Fachmedien.

Schuster, T., & Rüdt von Collenberg, L. (2017). *Investitionsrechnung: Kapitalwert, Zinsfuß, Annuität, Amortisation*. Berlin: Springer Gabler.

Sprenger-Menzel, M. Th. P., & Brockhaus, C. P. (2018). Grundlagen des Controllings in Verwaltungs-, Wirtschafts- und Dienstleistungsbetrieben. Einführung in Theorie und Praxis des Controllings für das Studium in Bachelor- und Master-Studiengängen. 5. Aufl. Witten: Bernhardt-Witten.

Thommen, J.-P., Achleitner, A.-K., Gilbert, D. U., Hachmeister, D., & Kaiser, G. (2017). *Allgemeine Betriebswirtschaftslehre. Umfassende Einführung aus managementorientierter Sicht*. 8. Aufl. Wiesbaden: Springer Gabler.

Vahs, D., & Schäfer-Kunz, J. (2015). *Einführung in die Betriebswirtschaftslehre*. 7. Aufl. Stuttgart: Schäffer-Poeschel.

Weitere Aspekte des Kostenmanagements

10

Summary

Neuere Ansätze des Kostenmanagements sind entwickelt und haben bereits Einzug in sozialwirtschaftliche Organisationen gehalten. In erster Linie sind hier die Zielkostenrechnung und die Analyse der Kosten über den Lebenszyklus von Leistungen zu nennen. Von wachsender Bedeutung sind aber auch z. B. das Fixkosten- und Gemeinkostenmanagement. Diese werden im Folgenden kurz vorgestellt.

Ziele der Kompetenzentwicklung

Neuere Ansätze des Kostenmanagements kennen und in Organisationen einführen können.
Fertigkeit, Kosten entsprechend den Bedürfnissen der Kundinnen und Kunden steuern zu können.
Fertigkeit, Kosten angemessen über den Lebenszyklus von Leistungen bewerten zu können.
Fertigkeit, Fixkosten im Unternehmen zu steuern.
Fertigkeit, Kostenmanagement im Bereich der Erfolgspotenziale durchzuführen.
Fertigkeit, die Balanced Scorecard im Unternehmen zu konzipieren, einzuführen und zu nutzen.
Fertigkeit, Kostenstrukturanalysen (Cost Break Down) durchzuführen.
Fertigkeit, Kostenmanagement mittels Kennzahlen durchzuführen.

10.1 Die Zielkostenrechnung (Target Costing)

Die Zielkostenrechnung (Target Costing (TC)) ist ein kundinnen-/kundenorientiertes Konzept des Kostenmanagements. Die übliche Sichtweise der Kostenanalyse wird hierbei herumgedreht, und zwar wie in Tab. 126 dargestellt:

> Nicht die Selbstkosten bestimmen den Preis,
> sondern der Preis bestimmt die (erlaubten) Selbstkosten.

Tab. 126: Prämisse der Zielkostenrechnung

Die Zielkostenrechnung setzt somit bereits bei der Kostenplanung an, es findet eine retrograde (rückläufige) Ermittlung der Kosten statt. Die relevante Fragestellung lautet (s. Tab. 127):

> Was darf eine Leistung/ein Produkt kosten?

Tab. 127: Relevante Fragestellung der Zielkostenrechnung

Das Target Costing zeichnet sich durch drei Phasen aus, die in Tab. 128 dargestellt sind:

> Phase 1: Zielkostenplanung
> Phase 2: Zielkostenspaltung
> Phase 3: Zielkostenerreichung/-kontrolle

Tab. 128: Phasen der Zielkostenrechnung (Target Costing)

Im Rahmen der *Zielkostenplanung* (Phase 1) wird zunächst der maximal erzielbare Preis per Marktforschung ermittelt. Dabei handelt es sich um den *Target Price*.

Die Ermittlung des Zielpreises kann auf unterschiedliche Weise vorgenommen werden. Er kann hergeleitet werden

- aus Informationen bezüglich der Kunden-/Kundinnenbedürfnisse,
- aus Informationen bezüglich der Konkurrenz,
- aus Informationen sowohl seitens der Kunden-/Kundinnenbedürfnisse als auch der Konkurrenz,
- aus den Produktionskosten,
- aus Erfahrung.

10.1 Die Zielkostenrechnung (Target Costing)

Vom Target Price wird die Gewinnspanne (*Target Margin*) abgezogen. Diese wird durch das Unternehmen festgelegt.

Somit dürfen für die Produktion (bzw. Leistungserbringung) an Kosten kalkuliert werden (sogenannte *Allowable Costs* bzw. *Target Costs*):

Target Price − Target Margin = Allowable Costs

Dabei handelt es sich also um die Kosten, die am Markt durchzusetzen sind. Sie werden auch als *Target Costs* bezeichnet und sind bei der Entwicklung der Leistungen bzw. Produkte zu berücksichtigen. Es handelt sich um eine marktorientierte Obergrenze für die Selbstkosten.

Als *Drifting Costs* werden nun diejenigen (geplanten) Kosten ermittelt, die üblicherweise bei der Produktion bzw. Leistungserbringung anfallen (Standardkosten, heutige Kosten). Wenn diese nicht mit den Allowable Costs (Target Costs) übereinstimmen, ergibt sich eine Lücke (*Target Gap*).

In diesem Fall besteht eventuell ein Kostenreduzierungsbedarf (Kostenreduktionsbedarf, s. Tab. 129), der sich wie folgt berechnet:

Kostenreduzierungsbedarf = Target Gap = Drifting Costs − Allowable Costs

Zielpreis (*Target Price*)
− Zielgewinnspanne (*Target Margin*)
= Zulässige Kosten (*Allowable Costs; Target Costs*)

Heutige Kosten | Ermittelte Standardkosten (*Drifting Costs*)
− Zulässige Kosten (*Allowable Costs; Target Costs*)
= Kostenreduzierungsbedarf (*Target Gap*)

Tab. 129: Ermittlung des Kostenreduzierungsbedarfs

Beispiel (s. Tab. 130): Die Geschäftsstelle liefert in einer Periode 4.657 Mahlzeiten aus. Pro Mahlzeit ist ein Target Price von 3,99 € vorgesehen. Die Target Margin soll 0,80 € betragen. Somit sind 3,19 € als Allowable Costs zugelassen.

Laut Informationen des Controllings liegen die aktuellen Standardkosten, die Drifting Costs, bei 3,72 €.

Es besteht also eine Lücke (*Target Gap*) in Höhe von 0,53 €.

Hinweis: Dem Kostenreduzierungsbedarf sollte möglichst Rechnung getragen werden. Es muss dazu jeweils analysiert werden, welche Komponenten oder Funktionen des Produkts bzw. der Leistung reduziert oder ganz eingespart werden können. Das kann auf professionelle Weise anhand unterschiedlicher Kriterien geschehen. Insbesondere sind zu berücksichtigen:

- Eigenschaften einer Leistung bzw. eines Produkts,
- Funktionen/Komponenten, die diese Eigenschaften erfüllen/gewährleisten sollen.

Sobald der Kostenreduzierungsbedarf nun ermittelt ist, beginnt die zweite Phase des Target Costings, nämlich die *Zielkostenspaltung*. Ziel der Methode ist es, die Allowable Costs so auf die Leistung bzw. das Produkt zu verteilen, dass die Kundinnen und Kunden zufrieden sind.

Ein simples Beispiel: „Essen auf Rädern" muss zunächst einmal dazu beitragen, den Hunger zu stillen. Diese Eigenschaft der Leistung „Essen auf Rädern" wird vor allem durch die Komponente „Stärkebeilage wie Kartoffeln, Nudeln, Reis" erfüllt, weniger durch die „Salatbeilage" oder die „Soße". Dies denken möglicherweise Mitarbeitende der Fachrichtung Ökotrophologie.

Aber bei Befragungen einer Stichprobe von Männern wird deutlich: Noch wichtiger ist ihnen der Hauptbestandteil, nämlich Fleisch, Fisch oder vegane Spezialitäten. Diese Komponente kann nach Ansicht der „Befragten" begeistern. „Freude am Essen" ist die von ihnen als besonders wichtig hervorgehobene Eigenschaft des Essens. In konkreten Zahlen ausgedrückt, ergibt sich folgendes Gesamtergebnis beim ✠Kreuz des Nordens:

10.1 Die Zielkostenrechnung (Target Costing)

Anzahl Mahlzeiten gesamt: 4.657

	pro Mahlzeit	Gesamt
Target Price	3,99 €	
– Target Profit/ Target Margin	0,80 €	
= Allowable Costs/Target Costs i.e.S.	3,19 €	14.855,83 €
Drifting Costs/ aktuelle Kosten	3,72 €	17.324,04 €
	0,53 €	2.468,21 €

	Funktionen (Eigenschaften)			
	Freude am Essen	Sättigung	Nährwert	Summe
Bedeutung für Kundinnen und Kunden	80,00 %	14,23 %	5,77 %	100,00 %

	Beitrag zur Funktionserfüllung (Eigenschaft, in %)			Kostenanteil Komponente aktuell	
Komponente	Freude am Essen	Sättigung	Nährwert	Anteil	Euro
Fleisch, Fisch, vegane Spezialität	70,00 %	23,34 %	9,56 %	0,40	1,49 €
Stärkebeilage	12,34 %	72,34 %	5,00 %	0,25	0,93 €
Gemüsebeilage/ Salatbeilage	10,75 %	3,00 %	79,84 %	0,25	0,93 €
Soße	6,91 %	1,32 %	5,60 %	0,10	0,37 €
Summe	100,00 %	100,00 %	100,00 %	1,00	3,72 €

	Relativer Beitrag (Teilgewicht der Funktion)				
Komponente	Freude am Essen	Sättigung	Nährwert	Kostenanteil Komponente zukünftig	
Fleisch, Fisch, vegane Spezialität	0,56	0,03	0,01	0,60	1,91 €
Stärkebeilage	0,10	0,10	0,00	0,20	0,65 €
Gemüsebeilage/ Salatbeilage	0,09	0,00	0,05	0,14	0,43 €
Soße	0,06	0,00	0,00	0,06	0,19 €
Summe				1,00	3,19 €

Zielkostenindex		
Fleisch, Fisch, vegane Spezialität	1,50	Interpretation: = 1 –> Komponente hat den richtigen Kostenanteil > 1 –> Komponente ist „zu günstig" < 1 –> Komponente ist „zu teuer"
Stärkebeilage	0,82	
Gemüsebeilage/ Salatbeilage	0,55	
Soße	0,60	

Tab. 130: Zielkostenrechnung – „Essen auf Rädern" – Fallstudie

In konkreten Zahlen ausgedrückt: Für 80 % der Kundinnen und Kunden ist „Freude am Essen" besonders wichtig. Andere Eigenschaften wie z. B. „Sättigung" gewichten die Kundinnen und Kunden deutlich niedriger (14,23 %; Nährwert 5,77 %). Die zuletzt genannten Funktionen der Leistung sind ihnen deutlich weniger wichtig.

Nun besteht die Mahlzeit nachweislich aus verschiedenen Komponenten. Konkret:

- Fleisch, Fisch oder vegane Spezialität,
- Stärkebeilage,
- Gemüsebeilage/Salatbeilage,
- Soße.

Im Rahmen der Befragung wurde auch herausgefunden, welche Komponente welchen Einfluss auf die Funktionserfüllung haben.

Mit 70 % leistet die Komponente „Fleisch, Fisch oder vegane Spezialität" den wichtigsten Anteil, um diese Freude zu erreichen. Mit anderen Worten: Der Funktionsanteil der Komponente „Fleisch, Fisch oder vegane Spezialität" an der Eigenschaft „Freude am Essen" beträgt also 70 %.

Daraus wird der relative Beitrag (relative Bedeutung) abgeleitet, hier in Dezimalrechnung:

Relativer Beitrag = Bedeutung Funktion ∗ Beitrag zur Funktionserfüllung
→
Relative Beitrag der Hauptbeilage für Freude am Essen = 0,8 ∗ 0,7 = 0,56
(Hauptbeilage = Fleisch, Fisch oder vegane Spezialität)

Bzw. für die relative Bedeutung der Hauptbeilage insgesamt gilt:

0,56 + 0,03 + 0,01 = 0,60

D. h., die einzelnen Beiträge zur Funktionserfüllung einer Komponente werden addiert.

Mittels der relativen Bedeutung wird dann der *Zielkostenindex* ermittelt.
Der Zielkostenindex ergibt sich als:

$$Zielkostenindex = \frac{Kostenanteil\ zukünftig}{Kostenanteil\ gegenwärtig}$$

10.1 Die Zielkostenrechnung (Target Costing)

Z. B. Zielkostenindex Soße:

$$= \frac{0{,}06}{0{,}10} = 0{,}60$$

Was bedeutet das nun? Grundsätzlich gilt folgende Interpretation:

- Index = 1 → Komponente hat den richtigen Kostenanteil.
- Index > 1 → Komponente ist aus Sicht der Kundinnen und Kunden heute zu günstig.
- Index < 1 → Komponente ist aus Sicht der Kundinnen und Kunden heute zu teuer.

Hier im *vorhergehenden Beispiel* liegt der Zielkostenindex bei 0,60. Die Soße wird also aus Sicht der Kundinnen und Kunden als zu teuer angesehen. Hier sollte dringend etwas geändert werden.

Damit sind wir bei Phase 3, der *Zielkostenerreichung/-kontrolle*. In dieser Phase werden Maßnahmen festgelegt, wie die Zielkosten erreicht und kontrolliert werden können.

Nachfolgend nun drei ansteigend komplexe *Anwendungsbeispiele*: Beim ✠Kreuz des Nordens soll eine spezielle *Erste-Hilfe-Tasche* für Ausdauersportler und -sportlerinnen entwickelt und für 10,00 € (begründet durch Erkenntnisse der Marktforschung) angeboten werden. Je Tasche soll eine Gewinnspanne von 2,00 € erzielt werden. Damit ergeben sich Allowable Costs in Höhe von 10,00 - 2,00 = 8,00 €. Der Verkaufspreis ist am Markt gut durchsetzbar. Unter der Annahme, dass Drifting Costs in Höhe von 8,50 € anfallen, ergibt sich folgender Kostenreduzierungsbedarf:
8,50 - 8,00 = 0,50 €.

Die Verantwortlichen sind sich schnell einig, dass bestimmte Teile, die in der Tasche enthalten sind, von dem Kunden oder der Kundin nicht unbedingt gefordert bzw. nicht häufig genutzt werden, nämlich z. B. spezielle Pflaster und Verbände. Schnell lässt sich der Zielpreis somit realisieren, weil die geplanten Kosten um 0,50 € auf die Allowable Costs gesenkt werden können.

Ein *weiteres einfaches Beispiel* aus dem ✠Kreuz des Nordens: Klaus Hurtig, der Geschäftsführer von „Essen auf Rädern" in Radebrecht, stellt unterschiedliche Alternativen für die Gestaltung seiner Leistung zur Verfügung. Dazu hat er seine Kundinnen und Kunden befragt, um herauszufinden, welche Alternativen diese jeweils wünschen. Das Ergebnis ist in Tab. 131 dargestellt:

Alternativen	Gewünscht von ... % der Kundinnen und Kunden	Zusatzkosten je Essen
Besonders gutes Essen	99	1,00 €
Bild-Zeitung	1	0,30 €
Eiswürfel für Getränke	1	0,05 €
Getränk	77	0,20 €
Gutes Besteck	88	0,05 €
Kuchen	55	0,40 €
Überraschung	77	0,10 €
Verpackung günstig	20	0,20 €
Verpackung gut	80	0,40 €

Tab. 131: Wünsche der Kundinnen und Kunden 1 – Fallstudie

Klaus Hurtig hat die Kundinnen und Kunden weiterhin zu ihrer Preisbereitschaft befragt. Ergebnis: Die Zusatzkosten dürfen 1,75 € nicht überschreiten.

In dem Fall ist es ganz einfach festzulegen, welche Leistungen im Hinblick auf die ermittelte Preisbereitschaft zukünftig angeboten werden oder nicht. Dies geht aus Tab. 132 hervor:

Alternativen	Gewünscht von ... % der Kundinnen und Kunden	Zusatzkosten je Essen	Wird zukünftig angeboten?
Bild-Zeitung	1	0,30 €	Nein
Eiswürfel	1	0,05 €	Nein
Verpackung günstig	20	0,20 €	Nein
Kuchen	55	0,40 €	Nein
Getränk	77	0,20 €	Ja
Überraschung	77	0,10 €	Ja
Verpackung gut	80	0,40 €	Ja
Gutes Besteck	88	0,05 €	Ja
Besonders gutes Essen	99	1,00 €	Ja
		Summe Zusatzkosten:	1,75 €

Tab. 132: Wünsche der Kundinnen und Kunden 2 – Fallstudie

Damit hat Klaus Hurtig die Preisgrenze erreicht.

Nun ein *drittes Beispiel* (s. Tab. 133): Die Methode der Zielkostenrechnung erweist sich als hilfreich. Dies ermuntert Klaus Hurtig, diese etwas differenzierter auch bei einer anderen Leistung anzuwenden. Es geht um eine Wohltätigkeitsveranstaltung, speziell eine Gala, die jährlich durchgeführt wird.

10.1 Die Zielkostenrechnung (Target Costing)

Zunächst erfolgt auch hier die *Zielkostenplanung*. Für die Gala werden immerhin 500 Eintrittskarten verkauft. Diesbezüglich hat der Geschäftsführer mithilfe einer Marketingagentur und dem Controlling die *Allowable Costs* ermitteln lassen: Der Zielpreis liegt bei 49,99 €. Es soll ein Gewinn von 9,99 € erzielt werden. Somit dürfen die Kosten pro Karte nicht über 40,00 € liegen.

Die aktuellen Kosten liegen bei 44,00 €, in der Summe 22.000,00 €. Es liegt also eine Lücke (Target Gap) in der Höhe von 4,00 € pro Karte (Summe 2.000,00 €) vor.

Anzahl Eintrittskarten gesamt: 500

	pro Karte	Gesamt
Target Price	49,99 €	
− Target Profit/ Target Margin	9,99 €	
= Allowable Costs/Target Costs i.e.S.	40,00 €	20.000,00 €
Drifting Costs/ aktuelle Kosten	44,00 €	22.000,00 €
Target Gap	4,00 €	2.000,00 €

	Funktionen (Eigenschaften)				
	Musik	Interviews	Bilder	Tombola	Summe
Bedeutung für Kundinnen und Kunden	49,87 %	24,13 %	17,00 %	9,00 %	100,00 %

	Beitrag zur Funktionserfüllung (Eigenschaft, in %)				Kostenanteil Komponente aktuell	
Komponente	Musik	Interviews	Bilder	Tombola	Anteil	Euro
Solistinnen und Solisten	76,56 %	45,00 %	25,00 %	5,00 %	0,40	17,60 €
Orchester	14,32 %	30,00 %	25,00 %	9,00 %	0,25	11,00 €
Moderatorinnen und Moderatoren	4,12 %	20,00 %	25,00 %	20,00 %	0,25	11,00 €
Sonstiges	5,00 %	5,00 %	25,00 %	66,00 %	0,10	4,40 €
Summe	100,00 %	100,00 %	100,00 %	100,00 %	1,00	44,00 €

	Relativer Beitrag (Teilgewicht der Funktion)				Kostenanteil Komponente zukünftig	
Komponente	Musik	Interviews	Bilder	Tombola		
Solistinnen und Solisten	0,38	0,11	0,04	0,00	0,54	21,50 €
Orchester	0,07	0,07	0,04	0,01	0,19	7,78 €
Moderatorinnen und Moderatoren	0,02	0,05	0,04	0,02	0,13	5,17 €
Sonstiges	0,02	0,01	0,04	0,06	0,14	5,56 €
Summe					1,00	40,00 €

Zielkostenindex		
Solistinnen und Solisten	1,34	Interpretation: = 1 → Komponente hat den richtigen Kostenanteil > 1 → Komponente ist „zu günstig" < 1 → Komponente ist „zu teuer"
Orchester	0,78	
Moderatorinnen und Moderatoren	0,52	
Sonstiges	1,39	

Tab. 133: Zielkostenrechnung – Gala – Fallstudie

Im zweiten Schritt erfolgt die *Zielkostenspaltung*. Die Befragung der Kundinnen und Kunden ist wie folgt durchgeführt worden: Zunächst wurde befragt, welche besonderen Kunden-/Kundinnenwünsche in Bezug auf „Musik", „Interviews", „Bilder" und „Tombola" vorliegen, ohne hier näher zu erläutern, was dahinter im Einzelnen für Konzepte stehen.

Die Wünsche können positiv erfüllt werden durch
„Solistinnen und Solisten",
„Orchester",
„Moderatorinnen und Moderatoren",
„Sonstiges",
und zwar entsprechend den in Tab. 133 angegebenen Gewichtungen.

Im Ergebnis wird dann der Zielkostenindex ermittelt.

Nachdem alle Interpretationen berechnet sind, müssen in der Praxis entsprechende Strategien und Maßnahmen eingeleitet werden, um dem Ergebnis gerecht zu werden. Es muss weiterhin kontrolliert werden, ob die Maßnahmen greifen und wie sich die Kosten entwickeln.

Best Practice
Die Kundinnen und Kunden bestimmen die Kosten – endlich, denn irgendwie war das schon lange überfällig, die Idee und die Methode der Zielkostenrechnung in die Sozialwirtschaft zu bringen und auch mit Nachdruck Management der Fixkosten bzw. Gemeinkosten zu betreiben. Pioniere haben gezeigt, wie es geht und viele sind fleißig am Werk. Hier gilt: weiter so!
Tab. 134: Best Practice – Der Kunde bzw. die Kundin bestimmt die Kosten zumindest mit!

10.2 Die Lebenszykluskostenrechnung

Im Rahmen der *Lebenszykluskostenrechnung* werden

- entweder bei der Anschaffung von Vermögensgegenständen oder der Vereinbarung von Dienstleistungen durch Externe die Kosten betrachtet, die von der Entwicklung z. B. eines Nutzungskonzepts über die Beschaffung, den Betrieb bis hin zur Entfernung (Entsorgung) auftreten; oder
- bei der *Herstellung* von Vermögensgegenständen oder der Entwicklung von Dienstleistungen die Kosten betrachtet, die von der Entwicklung der Leistung bzw. des Produkts, über die Beschaffung, den Betrieb bis hin zur Entfernung (Entsorgung) auftreten.

Dabei sind *einmalige* und *wiederkehrende Kosten* zu unterscheiden. Zu den *einmaligen Kosten* zählen insbesondere:

- Konzeptentwicklung
- Kauf
- Installation
- Abnahme
- Ausbau, Rückbau
- Entsorgung etc.

Zu den *wiederkehrenden (laufenden) Kosten* zählen in weiterer Unterteilung insbesondere:

- unmittelbare, direkte Betriebskosten
  - Energie
  - Material
  - Personal etc.
- mittelbare, indirekte Betriebskosten
  - Abschreibung, z. B. eines Kopierers
  - Material, z. B. Toner
  - Schulung z. B. zur Nutzung der speziellen Funktionen des Kopierers
  - Wartung des Kopierers
  - Service, automatische Fehlermeldungen
  - Kosten der Kapitalbindung, kalkulatorische Zinsen
- Sonstige Kosten
  - Ersatzteilkosten
  - Sicherheitskosten
  - Pflege etc.

All diese Kosten gilt es zu beachten und für alle gibt es natürlich unterschiedliche Ansätze im Rahmen des Kostenmanagements.

Gern wird das Bild eines Eisbergs verwendet: Die Anschaffungskosten sind die Kosten über dem Wasser, die gesehen und beachtet werden. Und die restlichen Kosten sind die versteckten, die unter der Wasseroberfläche sind und häufig nicht beachtet werden.

In der Literatur und Praxis ist das unter dem Begriff der *Total Cost of Ownership* (TCO; Gesamtkosten) bekannt. Dieses Konzept setzt sich zum Ziel, alle Kosten zu erfassen und Kostenfallen oder Kostentreiber bereits vor der Investition/Anschaffung zu erkennen und ggf. zu verhindern.

Es gibt viele Möglichkeiten, die TCO zu minimieren:

- auf langzeitige Verwendungsmöglichkeit achten,
- hohe Flexibilität erreichen,
- Vorteile hoher Modularität nutzen,
- geringe Energiekosten anstreben,
- geringe Ersatzteilkosten erreichen,
- geringe Reparaturkosten realisieren,
- geringe Wartungskosten ermöglichen.

Das Prinzip kann stets aus zwei Perspektiven betrachtet werden:

- Die Kunden-/Kundinnenperspektive: Jedes sozialwirtschaftliche Unternehmen ist Kunde. Insofern sind z. B. Vermögensgegenstände zu beschaffen, zu bewirtschaften, zu schulen, instand zu halten, zu entsorgen etc.
- Die Perspektive als Erbringerin oder Erbringer der Leistung: Leistungen konzipieren und entwickeln, designen, umsetzen, erbringen etc.

10.3 Fixkosten- und Gemeinkostenmanagement

Fixkosten fallen unabhängig von der Beschäftigung an. Plakativ ausgedrückt: Die Fixkosten schlagen ein in der Regel bedeutendes Loch in das Budget, das es zu decken gilt. Noch besser wäre aber die Vermeidung von Fixkosten. Insofern spielt die Gestaltung von Kosten überhaupt eine bedeutende Rolle im Kostenmanagement. Deswegen allgemeiner ausgedrückt: Vernünftig ist allemal eine für das Unternehmen vorteilhafte Gestaltung der Fixkosten.

All das gilt auch für die Gemeinkosten. Hier stellt sich berechtigterweise die Frage: Wo genau liegt der Unterschied zwischen Fixkosten und Gemeinkosten?

Ein guter Anlass, zunächst einmal darzustellen, in welchem Verhältnis die Begriffspaare zueinanderstehen. Dies verdeutlicht Tab. 135:

Tab. 135: Verhältnis Begriffspaare – Fixkosten/Gemeinkosten etc.

Die Grafik sagt aus: Einzelkosten sind immer auch variable Kosten. Fixkosten sind grundsätzlich Gemeinkosten. Beide Aussagen sind aber – wie man sieht – nicht umkehrbar.

Hinter Fix- und Gemeinkosten stehen häufig Verträge und/oder langfristig genutzte Gebrauchsgüter und/oder Zinsen aufgrund langfristiger Kredite, kurz gesagt: häufig bedeutende und lange Kapitalbindungen.

Deswegen ist es insbesondere bezüglich der Kosten mit mittlerem bis größerem Umfang sinnvoll, zu überprüfen, ob die Kosten gemindert werden können. Das ist schnell erledigt; die Kostenarten bzw. Kostenartengruppen müssen nur mit der entsprechenden Kostenhöhe aufgelistet und nach dem letztgenannten Kriterium sortiert werden.

Durch die Sortierung der Kostenhöhe gehen Sie automatisch passgenau zum Paretokriterium vor und betreiben auch direkt schon im Ansatz gutes Zeitmanagement (weil Sie das Wichtigste zuerst tun): „Anstatt sich auf die wichtigsten Aufgaben zu konzentrieren, verbringen viele Menschen einen großen Teil der Zeit mit nebensächlichen oder unwichtigen Arbeiten. Und das, obwohl der italienische Ökonom Vilfredo Federico Pareto (1848–1923) bereits im 19. Jahrhundert herausgefunden hat, dass 20 % der Arbeit 80 % des Erfolges bringen. Das bedeutet umgekehrt aber auch, dass 80 % der Arbeit nur 20 % des Erfolges bringen. Daraus lässt sich für die Planung ableiten: Die Aufgaben, die mit 20 % der Anstrengungen schon 80 % des Erfolges bringen, müssen höchste Priorität bekommen" (Heister 2009, S. 132).

Eine andere Vorgehensweise wäre es, bezüglich jeder Kostenart das Verhältnis von Kosten und Nutzen gegenüberzustellen und diese so zu sortieren. Dabei können und sollten auch die Kundinnen und Kunden mitwirken, ähnlich wie bei der Zielkostenrechnung.

Das gilt einerseits für die gesamten Produkte, kann andererseits aber auch für einzelne Bestandteile gelten. Eine Einschätzung auf folgender Skala ist hilfreich:

- Kosten-/Nutzenverhältnis gut bis sehr gut,
- Kosten-/Nutzenverhältnis befriedigend,
- Kosten-/Nutzenverhältnis schlecht bis sehr schlecht.

Insbesondere bei den Leistungen, die ein schlechtes bis sehr schlechtes Kosten-/Nutzenverhältnis aufweisen, werden nun Einsparungspotenziale festgelegt – möglichst solche Einsparoptionen, die zu tatsächlich einschneidenden, kreativen Einsparungen auffordern. Es werden also eher in der Tendenz höhere als in der Tendenz niedrigere Ziele vereinbart. Damit wäre der nächste Schritt getan. Die Einsparpotenziale können mittels der Nutzwertanalyse intersubjektiv vergleichbar bewertet werden.

10.3 Fixkosten- und Gemeinkostenmanagement

Zum Fixkosten-/Gemeinkostenmanagement gehört es auch, bestehende Verträge und Eigentumsverhältnisse gemäß den nachfolgend skizzierten Aspekten zu bewerten und mit Strategien und Maßnahmen Kosteneinsparungen zu erreichen bzw. die Kostenstrukturen (langfristig) zu verbessern:

- Auflistung und Auswertung aller wesentlichen Verträge nach deren Laufzeit,
- Führen einer Liste mit Kündigungsfristen,
- Beobachtung der Restbindungsdauern,
- frühzeitige Verhandlung von Vertragsverlängerungen mit Blick auf bessere Konditionen,
- Untersuchung von Optionen wie Outsourcing, Leasing etc.

Ziel des Vorgehens ist es im Allgemeinen, bezüglich der einzelnen Kostenarten das Optimierungspotenzial festzustellen sowie zu realisieren und Variabilisierungsmöglichkeiten zu nutzen, also etwa Optionen, durch geschickte Vertragsgestaltung aus Fixkosten variable Kosten zu generieren.

Eine Erweiterung des Fixkostenmanagements (Gemeinkostenmanagements) kann auch so geschehen, dass die variablen Kosten miteinbezogen werden. Hier wäre zu unterscheiden, welche variablen Kosten kurzfristig zu senken sind und welche nicht. Die nicht kurzfristig beeinflussbaren variablen Kosten sind im Fixkostenmanagement einzubeziehen, z. B.:

- Vereinbarungen über längerfristige, regelmäßige Lieferung von Materialien wie z. B. Reinigungsmittel,
- Mietverträge,
- Beschäftigungsgarantieren für Mitarbeitende.

Noch ein, zwei Praxistipps:

Es sollte auch in sozialwirtschaftlichen Unternehmen regelmäßig erkundet werden, wie die Kosten sinken werden, wenn der wichtigste Kunde bzw. die wichtigste Kundin ausfällt. In der Regel werden sie nur geringfügig sinken. Im Kreis der Mitarbeitenden sollte besprochen werden, was das bedeutet und welche Maßnahmen getroffen werden können.

Einsparungspotenziale müssen nicht nur erkannt, sondern unbedingt auch genutzt werden. Weil: "Money on the table" ist noch lange kein „Money in the pocket". Der Kölner würde sagen: Es ist noch lange nicht „Cäsh in de Täsch, äver et hät noch imme jodjejange" … wir wissen ja um das Grundgesetz: https://de.wikipedia.org/wiki/Das_Rheinische_Grundgesetz.

Best Practice

Bei Unternehmen, die über den Tellerrand blicken, steht nicht nur das Kostenniveau im Vordergrund, sondern auch die Struktur der Kosten. Fachlich nennt man das: Fixkostenmanagement bzw. Gemeinkostenmanagement. Ein Beispiel umfangreicher Veränderung: Der Autor (Heister) hat vor Jahren die IT in einem großen Wohltätigkeitsunternehmen komplett outgesourct. Aus Gemeinkosten (Fixkosten) wurden somit relative Einzelkosten, nämlich solche, bezogen auf einen PC (einen Arbeitsplatz). Ein erfolgversprechendes Modell auch für andere Unternehmen. Hier gilt: Die Möglichkeiten prüfen, aktuelle Modelle mit einbeziehen.

Tab. 136: Best Practice – Kontinuierlich die Kostenstruktur auf den Prüfstand stellen!

10.4 Kosten senken im Rahmen des Einkaufs

Häufig wird der Satz zitiert: „Im Einkauf liegt der Segen". Eine zutreffende alte Kaufmanns-/Kauffrauenweisheit, von Kritikerinnen und Kritikern aber manchmal irrtümlich auch als Plattitüde angesehen. Tatsächlich lassen sich durch den Einkauf erhebliche Kosten sparen, das gilt sowohl in Bezug auf die Kostenstruktur als auch auf das Kostenniveau.

10.4.1 Kostensenkung beim Einkauf mit einfachen, schnell wirkenden Mitteln

Erste Erfolge lassen sich mit einfachen, schnell wirkenden Mitteln realisieren:

- Das regelmäßige Einholen von Angeboten auch bei den Wettbewerbern der aktuellen Lieferanten bringt Preistransparenz und stärkt die Verhandlungsposition.
- *Bitte beachten*: Kostenreduzierungen können besonders dann erreicht werden, wenn die Signale so sind, dass der Absatz bei den Lieferanten rückgängig ist.
- Ankündigungen von Preiserhöhungen muss nicht immer gleich nachgegeben werden. Konsequente Verhandlungen und gute Argumente können überzeugen.
- Einkaufsgemeinschaften stellen eine gute Strategie dar und helfen, Kosten zu senken.
- Heute eine Selbstverständlichkeit: Einkaufen im Internet senkt in vielen Fällen die Kosten.
- Eventuell spart eine mögliche Selbstabholung im Rahmen der Lieferbedingungen Kosten gegenüber der Lieferung.

10.4.2 Empfehlenswerte Argumentation im Einkauf

Bei entsprechenden Einkaufsverhandlungen lassen sich Erfolge mit einer unschlagbar guten, aber einfachen Argumentation erreichen. Die Grundlage für die Argumentation bilden folgende Aspekte – als *Fallbeispiel* dient der Einkauf einer Telefonanalage für einige Geschäftsstellen des ✠Kreuz des Nordens:

- Betrachten wir zunächst die Einkaufssituation aus der Sicht eines Verkäufers der Firma Telefuture. Er möchte im Extremfall unter allen Umständen eine Telefonanalage verkaufen. Vermutlich erhält er eine persönliche Honorierung gemessen am Gewinn oder Umsatz des Verkaufsdeals, die zusätzlich zu seinem Grundgehalt gezahlt wird.
- Der Einfachheit halber gehen wir einmal davon aus, dass diese persönliche Honorierung 0,5 % des Umsatzes aus der Verkaufsvereinbarung beträgt (alle nachfolgenden Werte sind immer Bruttowerte). Bei 50.000,00 € Umsatz sind das 250,00 €, bei 500.000,00 € Umsatz immerhin schon 2.500,00 €.
- Im Rahmen der Teilkostenrechnung (Deckungsbeitragsrechnung) wurde deutlich, dass die kurzfristige Preisuntergrenze im Rahmen des Verkaufs bei den variablen Stückkosten k_v liegen kann. Dieser Aspekt und die damit zusammenhängend geschilderten Fakten können auch eine Grundlage für sozialwirtschaftliche Unternehmen im Rahmen von Einkaufsverhandlungen sein.
- Nehmen wir an, die variablen Kosten des Deals betragen 100.000,00 €, insgesamt lautet das Angebot auf 200.000,00 €. Würde der Deal für 200.000,00 € verabschiedet, so betrüge der Deckungsbeitrag für Telefuture ebenfalls 100.000,00 € und der Vertriebsmitarbeiter erhielte eine variable Vergütung in Höhe von 1.000,00 €.

Aber genau diese Fakten kann die verhandelnde Person des ✠Kreuz des Nordens sich zu eigen nehmen:

- Sie überlegt, welche variablen Kosten überhaupt entstehen, z. B. durch DECT-Geräte, also schnurlose Telefone etc. Dies geschieht mittels Internetrecherche, Befragung von Händlerinnen/Händlern und Personen, die mit der Branche vertraut sind.
- Dabei gelangt sie zu einem Best-Case-Wert und einem Worst-Case-Wert. Im besten Fall (aus der Sicht des sozialwirtschaftlichen Unternehmens) liegen die variablen Kosten bei 90.000,00 €. Im Worst Case liegen sie bei 140.000,00 €. Also berechnet die Person daraus einen Mittelwert (arithmetisches Mittel,

Durchschnitt) und nimmt diese Grenze etwa als Expected-Case, also den erwarteten Wert:

$$Erwarteter\ Wert = Durchschnitt = \frac{90.000{,}00 + 140.000{,}00}{2} = 115.000{,}00\ €$$

- Mit dem Vertriebsmitarbeiter der Firma Telefuture wird nun wie folgt verhandelt: „Sie realisieren mit 200.000,00 € − 115.000,00 € (vermuteter Wert), also Umsatz minus variable Kosten einen Gewinn/Deckungsbeitrag von 85.000,00 €, der nach der Deckung der Fixkosten zu Gewinn führt. Einen Gewinn dürfen Sie gern bei uns verdienen, aber nicht in dieser Höhe. Es ist für beide Seiten in Ordnung, wenn Sie nur 25 % dieses Gewinns verdienen, immerhin sind wir ein sozialwirtschaftliches Unternehmen, tun Gutes und müssen das Geld, was Sie von uns als Gewinn kassieren möchten, unbedingt zum Wohle der Menschen einsetzen". Also solle der Deal für gerundet 105.000,00 € abgeschlossen werden.
- Der Vertriebsmitarbeiter wird lange kämpfen, aber die Person des ✠Kreuz des Nordens bleibt konsequent bei der Sache, lässt sich jedoch nach Rücksprache mit dem Vorstand auf einen Deal in Höhe von 120.000,00 € ein.
- Da die tatsächlich anfallenden variablen Kosten des Unternehmens, abweichend vom vermuteten Wert, „nur" 100.000,00 € betragen, betrüge der Deckungsbeitrag des Unternehmens in diesem Fall 20.000,00 €, die variable Vergütung des Vertriebsmitarbeiters – entsprechend der persönlichen Honorierung von 0,5 % des Umsatzes in Höhe von 120.000,00 € – insgesamt 600,00 € (das ist besser als nichts).
- Das sozialwirtschaftliche Unternehmen hätte mit 120.000,00 € gegenüber den angebotenen 200.000,00 € immerhin 40 % eingespart!
- Insofern besteht bei derart verlaufenden Verhandlungen immer eine grundsätzlich gute Chance, dass die angestrebten Deals erreicht werden können.

Aus langjähriger Erfahrung kann gesagt werden, dass diese Art der Argumentation deutlich fundierter als z. B. eine allgemeine Verhandlung mit den Worten „Das Angebot ist zu hoch, Sie müssen mit dem Preis runtergehen" ist. Der Argumentation über den Deckungsbeitrag/Gewinn kann deutlich schlechter seitens des Verkäufers widersprochen werden.

Fazit: Sozialwirtschaftliche Unternehmen können sich eine solche Argumentation im Rahmen des Einkaufs wirklich gut zunutze machen:

- Sie können also argumentieren, dass das verkaufende Unternehmen selbst dann einen Gewinn/Deckungsbeitrag erzielt, wenn der Preis zwischen den variablen Kosten und Selbstkosten liegt.

- Und dies mit dem zugleich erfolgenden Hinweis auf die für die Gesellschaft wichtige ideelle Zielsetzung eines sozialwirtschaftlichen Unternehmens.

Hinweis: Insbesondere zu Beginn der Verhandlungen ist immer zu berücksichtigen, dass viele anbietende Unternehmen im Angebot einen Listenpreis anführen – dieser ist immer netto ausgeführt. Die Mehrwertsteuer ist nicht inkludiert und deshalb noch aufzurechnen. Der Rechnungsbetrag ist stets der Bruttobetrag.

10.4.3 Cost Break Down im Einkauf

Noch präziser und deshalb empfehlenswert ist es, ggf. einen Cost Break Down seitens des anbietenden Verkäufers einzufordern. Darunter versteht man die komplette Aufschlüsselung der Kostenstruktur einer Leistung oder eines Gutes. Ziel des Cost Break Downs ist es, aus Käufer-/Käuferinnensicht herauszufinden, ob die Kosten angemessen sind.

Wenn die Methode angemessen und fair angewendet wird, handelt es sich hierbei insbesondere für sozialwirtschaftliche Unternehmen um eine sehr gute Idee. Ein Cost Break Down wird in manchen Branchen grundsätzlich von den Zulieferern gefordert.

Das Vorgehen ist wie folgt:

- Käuferin und Verkäufer einigen sich im ersten Schritt darüber, welchen prozentualen Gewinn der Verkäufer erzielen darf, z. B. 4 oder 5 %. Das wäre zugleich die Verkäuferrendite.
- In einem zweiten Schritt wird die Kostenstruktur z. B. der angebotenen Leistungen komplett aufgeschlüsselt. Es wird verdeutlicht, wie sich die Angebotskosten konkret zusammensetzen. Gemeinsam wird dies in Augenschein genommen und besprochen.
- Im dritten Schritt werden so die Selbstkosten des Lieferanten um die vereinbarte Rendite erhöht und der Angebotspreis somit berechnet.

10.5 Kontinuierliches, planvolles Kostenmanagement führt zu Einsparungen

Bei externen Dienstleistern, die für das sozialwirtschaftliche Unternehmen Leistungen erbringen oder Güter liefern, sind kontinuierlich sowohl die vertragsgemäße Erbringung als auch die Konditionen zu kontrollieren. Deswegen ist es empfehlenswert, eine gut durchdachte und geplante, permanente Optimierung durchzuführen.

So kann beispielsweise seitens des Controllings jeweils einen oder zwei Monate lang ein bestimmter Bereich in den Blick genommen werden. In Tab. 137 sehen Sie beispielhaft einen solchen Jahresplan:

Monat	Gegenstand der Überprüfungen & Untersuchungen
Januar, Februar	*Personalkosten:* Gehälter/Zulagen, Urlaubs- und Weihnachtsgeld, freiwillige Zuwendungen, Sachbezüge, Vergütungen an Auszubildende, Arbeitgeberanteil zur Sozialversicherung, Beiträge zur Berufsgenossenschaft, Aufwendungen für Altersversorgung, soziale Aufwendungen, sonstige Personalnebenkosten, Kosten Zeitarbeitsfirmen, Kosten Personaldienstleister etc.
März, April	*Gebrauchsgüter:* d. h. Abschreibungen, Wartungsverträge, Instandhaltungsverträge, Dienstleistungsverträge, Notwendigkeit der Nutzung der Gebrauchsgüter, Kapitalbindungskosten etc.
Mai	*Verbrauchsgüter:* Material, das bei der Leistungserbringung genutzt wird: Preise, Konditionen, Zahlungsbedingungen, Lieferbedingungen der bestehenden Vereinbarungen und zum Vergleich am Markt/bei der Konkurrenz etc.
Juni	*Bürokosten:* Büroausstattung, Büromaterial, Drucksachen etc.: Preise, Konditionen, Zahlungsbedingungen, Lieferbedingungen der bestehenden Vereinbarungen und zum Vergleich am Markt/bei der Konkurrenz etc.
Juli	*Energiekosten:* Kohle, Heizöl, Gas, Strom: Preise und Konditionen, Vergleich unterschiedlicher Beschaffungsmodelle etc.
August	*Fahrzeugflotte* (Pkw, Lkw, Kleinbusse etc.): Abschreibung (Wertverlust, auch außerordentlicher), Zinsen (Opportunitätskosten), Kosten für Überführung/Zulassung, Betriebskosten (Kraftstoffkosten, Nachfüllkosten für Öl/Additive, Wäsche, Pflege, Haftpflichtversicherung, Vollkaskoversicherung, Kfz-Steuer, Pauschale für Kleinteile, Abgasuntersuchung, Platzmiete/Garagenmiete, Werkstatt-/Reifenkosten, Ölwechsel, Inspektionen, Flottenmanagement etc.
September	*IT-Kosten*: Hardware, Software, Netzwerke u. a. Infrastruktur: Anschaffungskosten (Abschreibung, Miet-/Leasingraten oder Kosten je Arbeitsplatz), Herstellungskosten, Wartungsverträge, Administration, Support, Verwaltungskosten, Management von Schulungen (= direkte Kosten). Zusätzlich Berücksichtigung indirekter Kosten, die aus der nicht produktiven Nutzung seitens der Userinnen und User entstehen: Entwicklung von eigenen Lösungen (z. B. in Excel), Management von Daten, Opportunitätskosten wegen Ausfall von Systemen, Trainingsmaßnahmen, Selbsttraining und Selbstlösung von Problemen, tlw. unter Hinzuziehung von Kolleginnen und Kollegen etc.
Oktober	*Facility-Kosten:* Grundsteuer, Wasser, Abwasser, Aufzüge, Rolltreppen, Straßenreinigungskosten, Müllbeseitigungskosten, Reinigung (innen/außen), Pflege der Anlagen, Parkraumpflege, Schornsteinfeger, Versicherung, Hausmeisterinnen bzw. Hausmeister, Mieten, TV-Antennen etc.

November	*Versicherungskosten:* Unfall, Kfz, Betriebshaftpflicht, Gebäude, Betriebsunterbrechung etc.
Dezember	*Reisekosten/sonstige Kosten:* z. B. Abschreibungen (auch außerplanmäßige), Bewirtung, Frachten, geringwertige Wirtschaftsgüter (GWG), Jubiläumsgeschenke, Porto, Rechtsberatung, Reparaturmaterial, Unternehmensberatung, Verbände, Verpackungsmaterial etc.

Tab. 137: Beispielhafter Jahresplan für kontinuierliches, planvolles Kostenmanagement

10.6 Auch Kleinvieh macht Mist

„Auch Kleinvieh macht Mist", ein bekanntes Bonmot, das auch im Kostenmanagement zutrifft. Mit anderen Worten: Auch Einsparpotenziale mit einem geringeren Potenzial sollten immer konsequent berücksichtigt werden. Nachfolgend zur Unterstützung kreativer Ideen ein Begriffs-ABC:

Auslastung: Kapazitäten stärker auslasten → Fixkosten besser verteilen (Fixkostendegression) → Stückkosten der Leistungen senken/mehr Erfahrung sammeln → Stückkosten gehen zurück etc.

Bindung von Kundinnen und Kunden: Bindungskosten in Bezug auf Kundinnen und Kunden prüfen und auf das zweckmäßige Maß senken, auch Opportunitätskosten: Rabatte z. B. beim „Essen auf Rädern" reduzieren, weniger Boni und Skonti anbieten – damit verbunden auch: Zusatzleistungen für Kundinnen und Kunden darauf prüfen, ob sie eingespart werden können etc.

Computer/IT: Optionen zum Gesamtoutsourcing prüfen; Dienstleistungsverträge auf aktuelle Gegebenheiten überprüfen; Preise mit den Dienstleistern neu verhandeln; Gerätepark standardisieren, d. h. höhere Stückzahl gleicher Geräte, Erfahrung bei der IT steigt, Kosten sinken, Rabatte steigen; Optimierung der Softwarelizenzen ggf. durch externen Anbieter; (Teil-)Outsourcing der Infrastruktur; Dienste prüfen etc.

Dienstleistungen: vereinbarte Leistungen auf volle Erbringung prüfen; alle Verträge listen; Laufzeiten prüfen; Konditionen prüfen; Verhandlungen führen, um Kosten zu senken etc.

Energiekosten: Suche mit Experten- und Expertinnenunterstützung nach Einsparmöglichkeiten etc.

Fixkosten: Fixkosten, möglicherweise sogar ungedeckt; gering halten; Produkte mit höheren Deckungsbeiträgen forcieren etc.

Garten und gesamte Liegenschaft (Facility): Kosten, Konditionen, Alternativen; regelmäßiger Rundgang durch die Liegenschaft; spontan auftretende Ideen notieren etc.

Handynutzung: ebenso Telefonanlagen etc.: Abschreibungen, Betriebskosten, Instandhaltungskosten, Reparaturkosten, Nutzung von Flatrates etc.

Ideen: Ideen, Anregungen zur Kostensenkung bei Mitarbeitenden erfragen, mit ihnen besprechen und umsetzen etc.

Jahresabschluss: Kosten des Jahresabschlusses durch Optimierung der Prozesse zur Erstellung desselben senken; Konditionen der Verträge mit Dienstleistern (Wirtschaftsprüferinnen/-prüfern, Steuerberaterinnen/-beratern) checken etc.

Kfz-Kosten: überflüssige Fahrten vermeiden; kostenfreie Nutzung von Dienstfahrzeugen einschränken; Fuhrpark reduzieren; bessere Tourenplanung durchführen etc.

Lagerkosten: Lagerbestände senken, konkret Mietkosten für Lagerräume, Lagerbewirtschaftung, Finanzierung, Versicherung etc.

Kreditkosten: Überziehungszinsen vermeiden; bessere Konditionen für kurzfristige Kredite und langfristige Darlehen verhandeln; Skonto in Anspruch nehmen; Konto nicht überziehen etc.

Mietkosten: Verhandlung von Reduzierungen, ggf. Optimierung der Lage, ggf. Verkleinerung der Flächen; nicht genutzte Räume und Flächen vermieten etc.

Nutzungsrechte: regelmäßig überprüfen; Konditionen neu verhandeln etc.

Organisation: Organisationskosten mindern; Aufbau- und Ablauforganisation im Unternehmen verbessern etc.

Personalkosten: Personal abbauen; entdeckte Einsparungsressourcen konsequent umsetzen; Teilzeitarbeit vereinbaren; freiwillige Leistungen reduzieren; innerbetriebliche Leistungen an Dienstleister beauftragen und im Unternehmen Personal reduzieren; Überstunden reduzieren; Neueinstellungen länger herauszögern etc.

Qualitätsmängel: Qualitätsmängel umgehend beseitigen; Qualitätsmängel verursachen Kosten etc.

Reklamationen: vermeiden, indem stets nur sehr gute Qualität erbracht wird, sodass keine Nachbesserungskosten entstehen etc.

Sale and lease back: Kapitalbindungskosten verringern, indem z. B. betriebsbedingtes Vermögen (teure Pflegehilfsmittel o. ä.) verkauft und geleast werden etc.

Tagungen: Tagungen, insbesondere mit aufwendigen Anreisezeiten und Anreiseentfernungen meiden, stattdessen digitale Meetings durchführen etc.

Unterrichtungskosten/Fort- und Weiterbildung: durch E-Learning minimieren etc.

Versicherung: regelmäßig Angebote einholen und Konditionen überprüfen; unabhängige Beraterinnen/Berater einschalten; bestehende Verträge kontinuierlich überprüfen lassen; nur die Risiken abdecken, die existenzbedrohend sind; überflüssige Verträge kündigen; keine Doppelversicherung von Risiken etc.

Werbung, Marketingaktivitäten: Marketing-, speziell Werbemaßnahmen regelmäßig optimieren; Konzentration auf wirkungsvolle Strategien und Maßnahmen; streichen, wenn kein direkter Zielgruppenbezug besteht etc.

X-/Y-Güter: in der Logistik handelt es sich um regelmäßig verwendete Verbrauchsgüter; Papier einsparen, weniger drucken, doppelseitig drucken und für Entwürfe auch Rückseiten von bedrucktem Papier benutzen; Voreinstellung der Drucker auf schwarz-weiß; Materialreste aufbewahren und weiterverwenden; Lagerhaltung schlank halten; Bestellmanagement optimieren; Lieferung just in time; ggf. Rahmenverträge vereinbaren; regelmäßige Listung der wichtigsten Lieferanten; regelmäßiger Vergleich der Konditionen; Einkauf nur bei den Lieferanten, die sich aufgrund der Analyse empfehlen; Bestellungen sollten möglichst gebündelt werden, weil eine hohe Menge in der Regel Verhandlungsergebnisse verbessert; grundsätzliche Nutzung der Skontofrist; optimale Bestellmenge berücksichtigen etc.

Zinsen: Struktur der Finanzierung überprüfen und optimieren; Konditionen regelmäßig mit Bank und deren Wettbewerbern besprechen und optimieren; alle Kreditkonditionen auf den Prüfstand bringen; offene Posten (Forderungen) konsequent verfolgen; Zahlungsanreize durch Skonto schaffen bzw. ggf. verstärken; Zinsbelastung durch Minderung von Kapitalbindung reduzieren etc.

Hinweis: Kosten zu senken, bedeutet nicht immer nur, dass die Kosten direkt im Umfang geringer werden – vielmehr sind auch Opportunitätskosten zu berücksichtigen.

Aber: Sparen Sie sich keinesfalls kaputt. Finanzielle Mittel, die dazu führen, dass Kundinnen bzw. Kunden und Mitarbeitende sich wohlfühlen, sind gut angelegte Mittel.

Best Practice
Im Einkauf liegt der Segen – ja! Auch Kleinvieh macht Mist – ja! Mittels passender Kennzahlen lassen sich Einsparpotenziale schneller erkennen – ja! Tatsächlich ein Hattrick. Aber einer, der viel zu häufig in sozialwirtschaftlichen Unternehmen übersehen wird. Auf Kölsch gesagt, wie schon oben in Englischer Sprache verdeutlicht: Hier liegen versteckte Potenziale, die, wenn sie nicht realisiert werden, auch nicht zu „Cäsh in de Täsch" werden. Hier gilt: Schätze ausgraben und nutzen!

Tab. 138: Best Practice – regelmäßig alle Potenziale nutzen!

10.7 Kostenmanagement mit Kennzahlen

Ein vielfältiges und erprobtes Instrument im Kostenmanagement ist die einfache oder komplexe Kennzahl bzw. das Kennzahlensystem.

10.7.1 Grundlagen

Kennzahlen sind quantitative Maßzahlen z. B. zur Beurteilung des Kostenniveaus oder der Kostenstruktur. Im Rahmen der Analyse mittels Kennzahlen werden

- absolute Kennzahlen,
- relative Kennzahlen und
- Kennzahlensysteme

genutzt.

Absolute Kennzahlen werden unabhängig von anderen Zahlen gebildet. Absolute Kennzahlen sind wie folgt zu unterscheiden:

- Einzelzahlen (z. B. Verpackungsmaterialkosten 4.000,00 €)
- Summen (z. B. Summe Materialkosten 345.000,00 €)
- Differenzen (z. B. Betriebsergebnis = Leistung – Kosten)
- Mittelwerte (z. B. durchschnittliche Materialkosten)

Relative Kennzahlen setzen absolute Kennzahlen in einen Bezug zueinander. Relative Kennzahlen sind in Gliederungszahlen, Beziehungszahlen und Indexzahlen zu unterscheiden:

- Gliederungszahlen, d. h. Größen, die einander untergeordnet sind, z. B. Anteil IT-Kosten an den Sachkosten.
- Beziehungszahlen, d. h. das Verhältnis zweier Zahlen, die sachlich miteinander in Beziehung stehen, z. B. Kosten je Mitarbeiter bzw. Mitarbeiterin.
- Indexzahlen, die die durchschnittliche zeitliche Veränderung bestimmter Größen angeben.

Die gewählten Kennzahlen können für sich stehen, sie können aber auch Teil eines Vergleichs sein:

- Ein Querschnittvergleich ist eine Messung zu einem Zeitpunkt.
- Ein Längsschnittvergleich ist eine Messung zu verschiedenen Zeitpunkten.

Unterschieden werden kann weiterhin der rein innerbetriebliche Vergleich und der Vergleich, bei dem auch externe Partnerunternehmen bzw. Dritte einbezogen werden.

Die Verwendung von Kennzahlen hat eine Reihe von Vorteile. Kennzahlen geben einen konzentrierten Überblick. Sie stellen eine professionelle Möglichkeit zum Selbstcontrolling dar und sensibilisieren für Zusammenhänge von Einflussfaktoren. Die Kennzahlenmethode ist grundlegend geeignet für Entscheidungen aller Art. Kennzahlen bilden die Grundlage für Management-Informationssysteme bzw. für Frühwarnsysteme.

Die Arbeit mit Kennzahlen muss professionell durchgeführt werden. Zu beachten sind insbesondere folgende Aspekte: Kennzahlen müssen präzise definiert und dokumentiert werden. Sie müssen leicht zu erfassen sein und mit jeweils einheitlichen Methoden erhoben werden. Idealerweise sollten Kennzahlen automatisch aus denjenigen Daten generiert werden, die sowieso erhoben werden, sodass keine weiteren „Zahlenfriedhöfe" entstehen. Alle relevanten Zusammenhänge müssen ausreichend berücksichtigt werden.

Einzelne Kennzahlen dürfen nicht zu Lasten von Gesamtzusammenhängen überinterpretiert werden. Aus den Kennzahlen und deren Interpretation müssen sich konkrete Strategien und Maßnahmen ableiten lassen. Die Notwendigkeit, Angemessenheit sowie Zweckmäßigkeit von Kennzahlen, vom Berichtswesen etc. muss ständig überprüft werden. Werden zu viele Kennzahlen erarbeitet und gepflegt, kann ein enormer Erstellungsaufwand entstehen. Häufig geht auch die Übersicht verloren, weil die Auswertung und Interpretation viel zu umständlich sind. Kennzahlen müssen unbedingt in vernünftige Ursache-Wirkungs-Zusammenhänge gesetzt werden.

10.7.2 Empfehlungen: Zehn konkrete Kennzahlen

Als konkrete Kennzahlen im Kostenmanagement zum Einsatz in sozialwirtschaftlichen Unternehmen werden die folgenden zehn Kennzahlen empfohlen – hier im Telegrammstil mit einer kurzen Empfehlung je Kennzahl kommentiert:

Kennzahl 1: Anteil Personalkosten an den Gesamtkosten

$$Formel: \frac{Personalkosten * 100\,\%}{Gesamtkosten}$$

Aussage/Empfehlung: Die Kennzahl gibt an, wie hoch die Kostenbelastung insgesamt durch Personalkosten ist. Sie ist insbesondere im Längsschnitt zu beobachten: Steigt die Quote (bedrohlich) an? Oder ist es gelungen, sie zu verringern? Bzw. bleibt sie konstant? Wie verändert sich der Anteil der Personalkosten an den

Gesamtkosten bei bestimmten Maßnahmen? In sozialwirtschaftlichen Unternehmen liegt die Quote häufig zwischen 70 % und 90 %.
Maßnahmen: Abbau von Überstunden, Anpassung von Arbeitszeiten, Kürzung freiwilliger Leistungen, Outsourcing.

Kennzahl 2: Anteil Führungskräfte an den insgesamt Mitarbeitenden

$$Formel: \frac{Anzahl\ Führungskräfte * 100\ \%}{Anzahl\ Mitarbeitende}$$

Aussage/Empfehlung: Die Kennzahl gibt an, wie führungslastig das Unternehmen besetzt ist.

Maßnahmen: Umverteilung der Aufgaben von Führungskräften hin zu Mitarbeitenden bzw. Teams (Selbstverantwortung), Auflösung von Arbeitsverhältnissen für Führungskräfte (Auflösungsverträge).

Kennzahl 3: Fluktuationsquote/Personalbewegung im Unternehmen

$$BDA - Formel: \frac{Abgänge * 100\ \%}{Durchschnittlichen\ Bestand\ Mitarbeitende}$$

(BDA = Bundesvereinigung der Arbeitgeberverbände)

$$Schlüter - Formel: \frac{Abgänge * 100\ \%}{Personalbestand\ am\ 1.1.\ des\ Jahres + Zugänge}$$

Aussage/Empfehlung: Abgänge sind bedingt durch Ausscheiden, natürliche Vorfälle (Ruhestand/Todesfälle), unternehmensinterne (Versetzungen) oder unternehmensfremde (Kündigung seitens der Mitarbeitenden oder des Unternehmens) Fluktuation. Fluktuation führt stets zu direkten oder indirekten Kosten.

Maßnahmen: Unternehmenskultur überprüfen und verbessern, den Mitarbeitenden mehr Wertschätzung entgegenbringen und ihnen neue Perspektiven eröffnen, mehr Gespräche mit den Mitarbeitenden führen, Maßnahmen zur Bindung der Mitarbeitenden mit professioneller Unterstützung durchführen, bessere Informationen und Einbindung der Mitarbeitenden, bessere Vergütung, flexiblere Arbeitszeiten und -situationen (Home Office), Benefits, wie z. B. jährliche Nutzungsmöglichkeit eines Wohnmobils.

10.7 Kostenmanagement mit Kennzahlen

Kennzahl 4: Krankenquote

Formel: $\dfrac{\text{Zahl der erkrankten Mitarbeitenden} * 100\,\%}{\text{Durchschnittlichen Bestand}}$

Aussage/Empfehlung: Die Kennzahl gibt an, wie viele Mitarbeitende in Relation zum gesamten Personalbestand erkrankt sind oder waren (auf ein Jahr/einen Monat/ein Quartal etc. zu beziehen). Selbstverständlich: Jeglicher Krankenstand führt zu höheren Kosten.
Maßnahmen: siehe Fluktuation.

Kennzahl 5: Krankheitsausfallquote

Formel: $\dfrac{\text{Krankheitsausfall in Stunden} * 100\,\%}{\text{Sollarbeitszeit in Stunden}}$

Aussage/Empfehlung: Die Kennzahl gibt krankheitsbedingte Ausfallzeiten in Stunden oder Tagen für eine Mitarbeiterin/einen Mitarbeiter oder eine Mitarbeitendengruppe in Relation zur Sollarbeitszeit an. Die Sollarbeitszeit beträgt z. B. 38,5 oder 40 Stunden pro Woche.
Maßnahmen: siehe Fluktuation.

Kennzahl 6: Materialkosten pro Einsatz

Formel: $\dfrac{\text{Gesamte Materialkosten} * 100\,\%}{\text{Anzahl der Einsätze}}$

Aussage/Empfehlung: Die Kennzahl ist insbesondere in materialintensiven Bereichen einzusetzen.
Maßnahmen: Material günstiger einkaufen, mit den Mitarbeitenden Maßnahmen entwickeln, um den Verbrauch zu minimieren, Einsparvorschläge der Mitarbeitenden honorieren, Mitarbeitende besser schulen.

Kennzahl 7: Kosten je Kilometer pro Fahrzeug

Formel: $\dfrac{\text{Anteilige Fahrzeugkosten} * 100\,\%}{\text{Gefahrene Kilometer}}$

Aussage/Empfehlung: Die Kennzahl ist sehr wertvoll, wenn wirklich die kompletten Fahrzeugkosten erfasst werden, also die tatsächlichen Kraftfahrzeugkosten.
Maßnahmen: Versicherungskosten überprüfen und ggf. neu verhandeln, zu richtigen Zeitpunkten tanken (abends), Mitarbeitende dafür sensibel machen, mit niedrigen Drehzahlen zu fahren, Kostenvergleich bei Werkstätten, Verbrauchsmaterial, Reifen etc.

Kennzahl 8: Mietkosten je Quadratmeter (m2)

$$Formel: \frac{Summe\ Mietkosten * 100\ \%}{Quadratmeter - Fläche}$$

Aussage/Empfehlung: Eine weit verbreitete Kennzahl, um insbesondere im Längsschnitt und/oder Querschnitt die Entwicklungen zu verfolgen.

Maßnahmen: aktuelle Kosten regelmäßig mit denen anderer Betriebe vergleichen, Gespräch mit den Vermietenden suchen, Mieten neu verhandeln, ggf. alternative Angebote für Immobilien suchen, aber auch: prüfen, ob die gemieteten Flächen überhaupt benötigt werden, ggf. Untervermietung von nicht benötigten Flächen.

Kennzahl 9: Energiekosten je Quadratmeter (m2)

$$Formel: \frac{Summe\ Energiekosten * 100\ \%}{Quadratmeter - Fläche}$$

Aussage/Empfehlung: Die energiespezifische Kennzahl eignet sich insbesondere, um einzelne Bereiche im Unternehmen zu vergleichen oder ein Benchmarking über unterschiedliche Niederlassungen/Regionen hinweg zu betreiben.

Maßnahmen: Energiesparmaßnahmen prüfen und durchführen, ggf. neue Heizung einbauen, regelmäßige Kontrolle der Kosten sowie Benchmarking, Energieberaterinnen oder -berater einschalten.

Kennzahl 10: Reinigungskosten je Quadratmeter (m2)

$$Formel: \frac{Summe\ Reinigungskosten * 100\ \%}{Quadratmeter - Fläche}$$

Aussage/Empfehlung: Die Kennzahl der Reinigungskosten in Bezug auf den Umfang der zu reinigenden Fläche eignet sich insbesondere, um einzelne Bereiche im Unternehmen zu vergleichen oder ein Benchmarking über unterschiedliche Geschäftsstellen hinweg zu betreiben.

Maßnahmen: Qualitätsanforderungen überprüfen und ggf. senken, Reinigungszyklen überprüfen und ggf. senken, Verhalten der Mitarbeitenden z. B. zur Mülltrennung beeinflussen.

10.7.3 Kennzahlensystem

Die Verknüpfung von einzelnen Kennzahlen in einer hierarchischen Ordnung bezeichnet man als *Kennzahlensystem*.

Das bekannteste und am weitesten verbreitete ist das ROI-Schema. An der Spitze der Ordnung steht der ROI (Return on Investment), auch synonym als Rentabilität, Rendite oder Zins bezeichnet.

Innerhalb der Ordnung ist erkennbar, wie sich die Kosten auf die Rendite auswirken.

Geht man von der Grundformel aus

$$ROI = \frac{Gewinn}{Eingesetztes\ Kapital} * 100\ \%$$

und erweitert diese jeweils um den Umsatz, so ergibt sich:

$$ROI = \frac{Gewinn}{Eingesetztes\ Kapital} * \frac{Umsatz}{Umsatz} * 100\ \%$$

Nach Umstellung:

$$ROI = \frac{Gewinn}{Umsatz} * \frac{Umsatz}{Eingesetztes\ Kapital} * 100\ \%$$

Der linke Bruch der Formel gibt die Umsatzrendite an. Der rechte Bruch der Formel bildet die Umschlagshäufigkeit des eingesetzten Kapitals (Kapitalumschlag) ab.

In der weiteren Hierarchie stehen die in Tab. 139 dargestellten Aspekte:

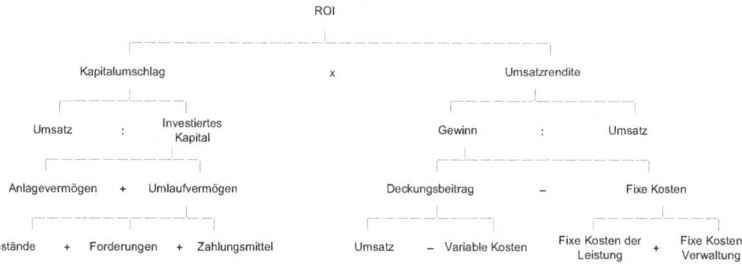

Tab. 139: ROI-Schema – Theorie

Literatur

Coenenberg, A. G., Fischer, T. M., & Günther, T. (2016). *Kostenrechnung und Kostenanalyse.* 9. Aufl. Stuttgart: Schäffer-Poeschel.
Ernst, C., Schenk, G., & Schuster, P. (2017). *Kostenrechnung klipp und klar.* 2. Aufl. Berlin: Springer Gabler.
Heister, W. (2008). *Rechnungswesen in Nonprofit-Organisationen.* Stuttgart: Schäffer-Poeschel.
Heister, W. (2009). *Studieren mit Erfolg: Effizientes Lernen und Selbstmanagement in Bachelor-, Master- und Diplomstudiengängen.* 2. Aufl. Stuttgart: Schäffer-Poeschel.
Horsch, J. (2018). Kostenrechnung. Klassische und neue Methoden in der Unternehmenspraxis. 3. Aufl. Wiesbaden: Springer Fachmedien.
Hungenberg, H., & Kaufmann, L. (2001). *Kostenmanagement. Einführung in Schaubildform.* 2. Aufl. München, Wien: Oldenbourg.
Jórasz, W., & Baltzer, B. (2019). *Kosten- und Leistungsrechnung. Lehrbuch mit Aufgaben und Lösungen.* 6. Aufl. Stuttgart: Schäffer-Poeschel.
Langenbeck, J., & Burgfeld-Schächer, B. (2017). *Kosten- und Leistungsrechnung: Grundlagen. Vollkostenrechnung. Teilkostenrechnung. Plankostenrechnung. Prozesskostenrechnung. Zielkostenrechnung. Kosten-Controlling.* 3. Aufl. Herne: NWB Verlag.
Olfert, K. (2018). *Kostenrechnung.* 18. Aufl. Herne: Kiehl.
Pulm, A. (2015). Zielkostenmanagement in der Sozialwirtschaft: die Übertragung des Target Costing Ansatzes in sozialwirtschaftliche Arbeitsfelder. Hamburg: Diplomica.
Pulm, A., & Peters, A. (2010). Angebotsentwicklung und Prozessinnovation am Beispiel der Verknüpfung von Arbeitsförderungs- und Eingliederungshilfeangeboten zu innovativen Dienstleistungen. In Bundesarbeitsgemeinschaft der Freien Wohlfahrtspflege (BAGFW) (Hrsg.), *Sozialwirtschaft – mehr als Wirtschaft?* (S. 49–56). Magdeburg, Baden-Baden: Nomos.
Vahs, D., & Schäfer-Kunz, J. (2015). *Einführung in die Betriebswirtschaftslehre.* 7. Aufl. Stuttgart: Schäffer-Poeschel.

11 Kommunikation, Schulungen & Qualitätsmanagement im Kostenmanagement

Summary
Ein System des Kostenmanagements muss – damit es nachhaltig erfolgreich funktioniert – angemessen kommuniziert, geschult und qualitätsgesichert werden. Viele gute Systeme scheitern daran, dass dies nicht in ausreichendem Maße bzw. nicht kontinuierlich geschieht.

Ziele der Kompetenzentwicklung

Die Bedeutung von angemessener Kommunikation im Kostenmanagement erkennen.
Kommunikationsstrategien und -maßnahmen konzipieren können.
Entscheidungen bezüglich Kommunikationsstrategien und -maßnahmen vorbereiten und treffen können.
Die Bedeutung von kontinuierlichen, zeitgemäßen Schulungsmaßnahmen in Bezug auf das Kostenmanagement verstehen.
Schulungsstrategien und -maßnahmen konzipieren können.
Entscheidungen bezüglich Schulungsstrategien und -maßnahmen vorbereiten und treffen können.
Maßnahmen des Qualitätsmanagements im Kostenmanagement einführen können.

Kostenmanagement kann nur erfolgreich gelingen, wenn alle Beteiligten angemessen informiert sowie geschult sind und das ganze System qualitätsgesichert ist (s. Tab. 140).

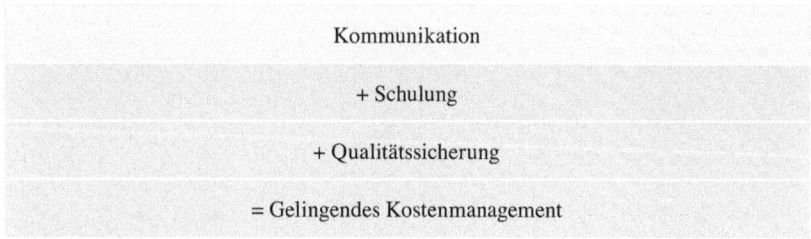

Tab. 140: Weitere Erfolgsfaktoren im Kostenmanagement

11.1 Regelmäßige zielgruppengerechte Kommunikation

Gezielte, zielgruppengerechte und regelmäßige Kommunikation ist ein wichtiger Faktor für ein erfolgreiches Kostenmanagement. Dazu müssen entsprechende Kommunikationsstrategien und -maßnahmen konzipiert und umgesetzt werden. Die Intention hierbei ist es, Einstellungen und Verhaltensweisen in Bezug auf z. B. Kostenstrukturen, Kostenniveaus und das Wirtschaftlichkeitsdenken zu beeinflussen.

In vielen sozialwirtschaftlichen Unternehmen sind grundsätzlich Potenziale für Kosteneinsparungen vorhanden; diese müssen jedoch zunächst auch identifiziert und genutzt werden, bevor Tab. 141 gilt:

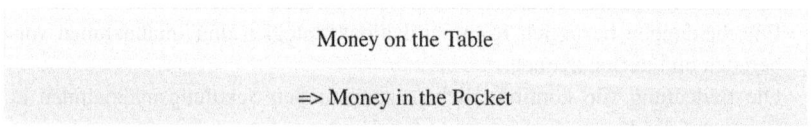

Tab. 141: Potenziale müssen realisiert werden

Einsparpotenziale können realisiert werden, wenn sie bekannt sind. Deshalb ist es besonders wichtig, die *richtigen Informationen* zum *richtigen Zeitpunkt* am *richtigen Ort* in der *richtigen Form* vorliegen zu haben (s. Tab. 142).

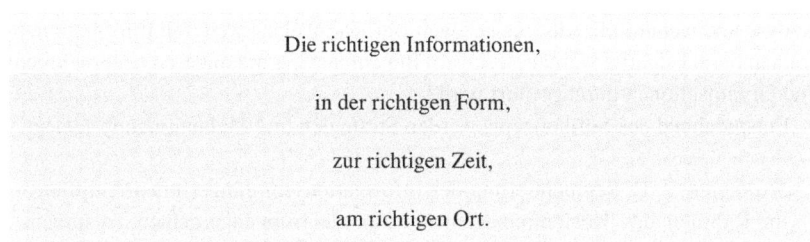

Tab. 142: Das Wissensquartett

Informationen im Zusammenhang mit Kostenmanagement stellen aber nur einen geringen Bruchteil der Informationen dar, die täglich auf die Informationsempfängerinnen/-empfänger einwirken. Insgesamt kann eher von einer Informationsüberlastung mit weit über 95 % gerechnet werden.

Wichtig sind stimmige Gesamtkonzepte. Ein erster erfolgsbringender Schritt liegt in der Definition des übergreifenden gesamten Kommunikationsziels (Oberziel, Vision). Allgemein können Ziele etwa wie folgt angegeben werden: guter Informationsstand über Ziele und Vorgehensweise im Kostenmanagement bei allen Mitarbeitenden; Weckung von Aufmerksamkeit und Interesse für Neuerungen im Kostenmanagement; Beeinflussung der Nutzung von z. B. Kostenberichten und Beeinflussung des Weiterempfehlungsverhaltens; Aufforderung zum Wissensaustausch in Bezug auf Kostenmanagement beispielsweise in digitalen Foren.

Der zweite Schritt besteht in der Istanalyse und der Ermittlung der Zufriedenheit mit der Informationsversorgung anhand von unterschiedlichen „W-Fragen":

- Welche Informationen werden
- welchen Informationsempfängerinnen/-empfängern
- wann
- über welche Kanäle
- in welcher Form zur Verfügung gestellt?
- Wie hoch ist die Zufriedenheit diesbezüglich?
  - Wie gut sind die Informationsempfängerinnen und -empfänger geschult?
- Welche Möglichkeiten haben sie, sich bei Bedarf kurzfristig zu informieren bzw. selbst zu schulen (Learning on Demand)?
- Welche Kommunikationskanäle gibt es für Feedback und Verbesserungsvorschläge?

Im dritten Schritt folgt die Formulierung des Sollkonzepts. Welche Schlüsse können aus der bisherigen Umsetzung in Verbindung mit Erkenntnissen aus der Istanalyse und weiteren Feedbacks gezogen werden? Welche weiteren Informationen können berücksichtigt werden, wenn ein Benchmarking mit anderen Unternehmen und Organisationen durchgeführt wird?

Entsprechend des Sollkonzepts werden Strategien und Maßnahmen festgelegt.

- *Strategien*: z. B. Segmentierung der Informationsempfängerinnen/-empfänger im Rahmen des Kostenmanagements zur zielgruppengerechten Ansprache, Nutzung von Meinungsführern als interne Botschafter für Themen des Kostenmanagements/Open-Book Management etc.
- *Maßnahmen*: Informationen zum Kostenmanagement im Intranet, Plattform zur Schulung „on Demand", Informationsveranstaltungen, Newsletter, regelmäßige Informationsmails etc.

| Attention | → | Interest | → | Desire | → | Action |

Tab. 143: AIDA-Regel

Insbesondere bezüglich der Informationsmaterialien gilt auch die bekannte AIDA-Regel (s. Tab. 143), nachfolgend etwas umformuliert für das Berichtswesen in sozialwirtschaftlichen Unternehmen:

Informationen des Kostenmanagements sollten schnell zu verstehen bzw. eingängig sein und so gestaltet werden, dass sie

- die Aufmerksamkeit der Informationsempfängerinnen/-empfänger schnell auf sich ziehen,
- das Interesse der Personen wecken, sich mit der Thematik (möglichst eingehend) zu beschäftigen,
- den Wunsch der Informationsempfängerinnen und -empfänger steigern, sich aktiv im Kostenmanagement einzubringen und
- auch gangbare Wege aufzeigen, wie z. B. Kosteneinsparungen direkt realisiert werden können.

Als geeignetes Medium für die Darstellung der Informationen und des Berichtswesens eines Unternehmens erscheinen moderne Informationsgrafiken. Hierbei sollte ein besonderes Augenmerk sowohl einerseits auf der Gesamtgestaltung als auch andererseits auf der Gestaltung einzelner Bilder, grafischer Elemente, Signalfarben, Überschriften/Headlines etc. liegen (Heber 2018).

Fazit: Berichterstattungen sind insbesondere dann erfolgreich, wenn sie wirklich einen Nutzen bringen und Informationen auch schnell bzw. eingängig transportieren. Um Berichte, Informationssysteme etc. zielgruppengerecht zu gestalten, empfiehlt es sich, kontinuierlich im Kontakt mit den Informationsempfängerinnen/-empfängern zu bleiben, um so regelmäßig Feedback zu erhalten und zu verarbeiten.

Dies steigert bekanntermaßen die Motivation der Informationsempfängerinnen/-empfänger und stellt somit einen entscheidenden Erfolgsfaktor im Kostenmanagement dar.

11.2 Schulungen

Neben einer professionellen Kommunikation der Vorgehensweisen und Ergebnisse des Kostenmanagements sowie der entsprechenden Motivation zur Umsetzung der Strategien und Maßnahmen sind insbesondere sachgerechte *Schulungsmaßnahmen* von erheblicher Bedeutung. Der Fortbildungsbedarf ist heute in allen Bereichen immens gestiegen und muss zur Erreichung der gesetzten Ziele professionell abgedeckt werden. Hierbei handelt es sich nicht um ein „nice to have" – gute Bildungsmaßnahmen sind im Rahmen des Kostenmanagements essenziell für die erfolgreiche Umsetzung der geplanten Strategien und Maßnahmen.

Zu beachten ist: Es gibt eine starke Veränderung/einen Paradigmenwechsel in der Fort- und Weiterbildung, der mit den Schlagworten „Kompetenz- und Outputorientierung (Outcome)" und „Shift from Teaching to Learning" ausgedrückt werden kann:

- Nicht mehr das Wissen an sich steht im Vordergrund der Bildungsmaßnahmen, sondern die (über-)fachliche Kompetenzentwicklung. Mit Kompetenz ist hierbei ein Konstrukt von Wissen, Verständnis, Fähigkeiten, Fertigkeiten und ethischen Werten gemeint.
- Darüber hinaus wird die Selbstverantwortung der Lernenden betont. Sie bestimmen ihre Arbeitsweise, ihre Lernwege sowie ihr Lerntempo selbst und integrieren das Selbstlernen selbstbestimmt (zeitlich und räumlich) in ihren Arbeitsalltag.

Der Paradigmenwechsel hat auch für Unternehmen eine entscheidende Bedeutung. Die Rolle der Trainerinnen und Trainer hat sich verändert. Sie sind nicht mehr „Wissensvermittelnde nach alter Schule", sondern sie planen und gestalten Lehr-/Lernarrangements und begleiten als Fachexpertinnen/-experten nunmehr individuelle Lernprozesse und beachten dabei zugleich motivationale und soziale Aspekte. Ziel ist die didaktisch und methodisch effektive Gestaltung der gesamten

Lernkultur für eine optimale Entwicklung von Kompetenzen, also sowohl von Fachkompetenzen als auch von überfachlichen Kompetenzen (in Anlehnung an Kaiser 2007). Die Lernenden werden zu mehr Selbststeuerung und Eigenverantwortlichkeit angeleitet und befähigt. Sie bestimmen ihre Arbeitsweise, ihre Lernwege, ihr Lerntempo selbst.

Wenn also Lehrmaterialien beispielsweise im Rahmen des Kostenmanagements bereitgestellt werden, so müssen diese möglichst so aufbereitet sein, dass sie den individuellen Lernprozessen gerecht werden.

Grundsätzlich wird auch in sozialwirtschaftlichen Unternehmen heutzutage immer mehr auf die Entwicklung *digitaler Trainings* zur Kompetenzentwicklung der Mitarbeitenden zurückgegriffen. Ein *digitales Trainingsarrangement* ist ein Lehr-/Lernarrangement, das mit digitalen Methoden und Instrumenten gestaltet wird.

Ein *Beispiel* für ein fortschrittliches Lehr-/Lernarrangement stellt das vom Verfasser mitentwickelte Konzept Futur[e]Ing. (Dahmen et al. 2014) dar. Im Rahmen dieses Konzepts wird individuell auf die unterschiedlichen Kenntnisse und Fähigkeiten der Lernenden eingegangen. Die notwendigen Kompetenzen werden entwickelt, sodass die Lernenden noch stärker zu „Problemlösenden" werden, die in der Praxis aufgrund der entwickelten Kompetenzen die ihnen gestellten Aufgaben effektiv und effizient bearbeiten können (https://www.apollon-hochschule.de/aktuelle-news/detail/lehrpreis-der-hochschule-niederrhein-geht-an-prof-dr-werner-heister/; 29.07.2019).

Kompetenzmanagement	Lehr-/Lernklima	Lehr-/Lerngestaltung
Lehr-/Lerninhalte	Lehr-/Lerninfrastruktur	Unterstützung durch die Unternehmenspraxis
Individuelle Beratung und Betreuung	Kompetenzorientierte Prüfungen	Qualitätsmanagement

Tab. 144: Das Kachelmodell Futur[e]Ing

Das Kachelmodell (s. Tab. 144) enthält die für ein erfolgversprechendes Lehr-/Lernarrangement notwendigen Elemente – nachfolgend angepasst an die Vermittlung von Skills im Rahmen des Kostenmanagements:

- *Kompetenzmanagement* – bedarfsorientierte Zielprofile, langfristige Strategien und kurzfristig umzusetzende Maßnahmen.
- Förderliches Lehr-/Lernklima, Lernen mit Spaß und Freude.
- Verzahnte, auf die Arbeitswirklichkeit ausgerichtete, praxisorientierte, moderne Lehr-/Lerngestaltung.

11.2 Schulungen

- Bedarfsgerecht entwickelte und fachgerecht, praxisorientiert, modern didaktisch aufbereitete und auf die Lernenden fokussierte Inhalte.
- Eine auf die Bedürfnisse der Lernenden abgestimmte Lehr-/Lerninfrastruktur (insbesondere digitales Lernmanagementsystem, elektronisches Klassenzimmer).
- Integration der Unternehmenspraxis in die wesentlichen Lernprozesse.
- Individuelle Beratung und Betreuung (Coaching).
- Kompetenzorientierte Checks, Wissensüberprüfung.
- Professionelles Qualitätsmanagement.

Nachfolgend einige wichtige Hinweise und Tipps, wie ein digitales Trainingssetting umgesetzt werden kann. Der Tenor ist folgender: Es reicht nicht aus, gute Trainerinnen bzw. Trainer und aussagekräftige Materialien zu haben, sondern es müssen auch darüber hinaus weitere Faktoren und Rahmenbedingungen stimmen:

- Die Konzepte sind grundsätzlich bedarfsorientiert auf die einzelnen Funktionen und Aufgaben auszurichten. Dabei sind aber auch die Bedürfnisse der Lernenden sowie deren Vorwissen zu berücksichtigen.
- Der erwartete Outcome, also das Ergebnis des Lernens und dessen Umsetzung im Betrieb, sind stets verständlich zu formulieren. Die Teilnehmenden sind über den Nutzen, den der Outcome bringt, zu informieren und diesbezüglich zu motivieren.
  - Damit Lernen unabhängig von Zeit und Ort, nicht nur synchron, sondern auch asynchron (z. B. müssen Lernende einen Vortrag nicht live anhören, sondern können zu passender Zeit ein Video nutzen), nicht nur zu einem festen Zeitpunkt, sondern „On Demand", also nach Bedarf, stattfinden kann, sind geeignete digitale Methoden und Instrumente zu nutzen.
- Zu beachten ist insbesondere, dass z. B. durch die Auswahl und den Aufbau der Trainings eine breite Nutzbarkeit gewährleistet ist. Verschiedene Lerntypen (z. B. visuell, auditiv oder haptisch) sollten angesprochen werden. Auch Menschen mit körperlicher, geistiger oder seelischer Beeinträchtigung sollten individuell berücksichtigt werden. Das unterschiedliche Lernen bei Menschen unterschiedlicher Geschlechter sollte mit einbezogen werden.
- Neurodidaktische/neurowissenschaftliche Erkenntnisse sind besonders zu berücksichtigen.
- Interaktionen der Lernenden untereinander und mit dem Lehrenden (Coach) sollten unbedingt ermöglicht und unterstützt werden.
- In der heutigen Zeit sind insbesondere auch Digitale Kompetenzen für ein erfolgreiches Lernen zu entwickeln. Dazu gehören z. B. die in Tab. 145 aufgeführten Kompetenzen:

Informationen digital finden, bewerten, nutzen
Digital kommunizieren
Inhalte digital produzieren
Daten schützen/sichern

Tab. 145: Digitale Kompetenzen im Kostenmanagement

- Spielerische Elemente sollten integriert werden (Gamification, Quiz, Wettbewerbe, Verleihung von Punkten oder Badges).
- Einen hohen Anteil werden in der Regel insbesondere die ansprechend und professionell gestalteten, multimedialen Einheiten einnehmen.
- Kollaborative Arbeitsformen zu etablieren sowie (digitale) Instrumente zu deren Unterstützung zu entwickeln, ist ebenfalls sehr wichtig.
- Social Media ist passgenau zu nutzen. Lernende kommunizieren auch im Unternehmen beispielsweise bekanntermaßen gerne über Messenger-Gruppen.
- Es ist äußerst wichtig, insgesamt eine positive Lernkultur aufzubauen und diese auch mit digitalen Mitteln zu unterstützen.
- Es ergibt sich die Chance, Open Educational Resources(OER)-Materialien zu nutzen und auch zu generieren bzw. offen bereitzustellen.
- Prüfungen und Tests, also kontinuierliche Überprüfungen von Kompetenzen, sind aus neurodidaktischer Sicht erwiesenermaßen wichtige Elemente einer professionellen Kompetenzentwicklung.
- Die Gewährleistung barrierefreier Zugänge und Materialien sowie ein kompetenter Datenschutz sind zu gewährleisten.

Fazit: So gestaltete und umgesetzte Lehr-/Lernsettings schaffen tatsächlich einen Mehrwert in sozialwirtschaftlichen Unternehmen.

Selbstverständlich sind für eine derart professionelle Vorgehensweise auch angemessene Mittel und neben den Inhalten und dem professionellen Personal auch technische Einrichtungen bereitzustellen. Aber tatsächlich existieren einige wirklich gute Open-Source-Lösungen, die auch von sozialwirtschaftlichen Unternehmen kostenlos genutzt werden können:

- Lernplattform/Learning Management System (LMS): insbesondere Moodle (https://moodle.org). Hierbei handelt es sich um ein Content-Management-System, in dem Lerninhalte bereitgestellt werden und Lernvorgänge organisiert werden.
- Software zur Erstellung von interaktiven Lerneinhalten: insbesondere H5P (https://h5p.org/). Elemente sind z. B. Präsentationen, Multiple-Choice-Aufgaben, Quiz, Feedback, Falsch/Richtig, Drag & Drop etc.

- Skype: elektronische Kommunikation (https://www.skype.com/de/).

Kostenpflichtig, aber für Online-Schulungen notwendig (oder Alternativen):

- Adobe Connect (https://www.adobe.com/de/products/adobeconnect.html): elektronisches Klassenzimmer für Meetings, Webinare, Schulungen.

Mit Blick auf den einzelnen Lernenden sind aus neurowissenschaftlicher Sichtweise insbesondere folgende Aspekte förderlich:

1. Eine optimale Lernatmosphäre, insbesondere regelmäßige und offene Kontaktmöglichkeiten, sehr gute Lernmaterialien, Tipps z. B. zum optimalen Arbeitsplatz etc.
2. Verstärkung positiver Emotionen, Neugierde, Spannung, aktuelle Bezüge etc.
3. Verstärkung der Aufmerksamkeit, Aufzeigen der Bedeutung für den beruflichen Erfolg, den Prüfungserfolg, die gesellschaftliche Mitwirkung, das Privatleben etc.
4. Bildung von Verknüpfungen z. B. zu Vorwissen und typischen Berufssituationen.
5. Verstärkung durch Wiederholungen (Memorieren, wiederholtes Üben) etc.
6. Verstärkung durch Elaboration – Wissen „breittreten", ausarbeiten, anwenden etc.
7. Lernen mit Tricks und Kniffen, Techniken der Memotechnik etc.
8. Unterstützung der Wissenskontrolle im digitalen Lernraum und auch im Lernteam.
9. Hilfen zur Stärkung der Disziplin, z. B. digitale Erinnerungen an Wesentliches etc.
10. Lob und Belohnungen für getätigte Lernanstrengungen.

Unterschiedliche Medien werden – entsprechend der Treatment-Hypothese (siehe nachfolgend) – als besonderer Wirkungsfaktor gesehen: „Durch neue Formen der Darbietung und der Interaktion, […] soll das Lernen und Lehren erleichtert werden, es werden neue Methoden des Lernens und Lehrens unterstützt, was letztlich zu besseren Lernergebnissen führen sollte. Weitere, häufig postulierte Effekte:

- Medien tragen zu einer höheren Motivation bei: Das Lernen mit digitalen Medien, mit Bildern und Simulationen, macht mehr Spaß und schafft einen engeren Bezug zur Situation der Anwendung.

- Medien führen zum Wechsel von fremd gesteuertem Lehren hin zu selbst organisiertem Lernen: Bei Lernen mit digitalen Medien kann der Einzelne sein Lerntempo, aber auch die bearbeiteten Lerninhalte selber steuern.
- Medien führen so zu einer Veränderung der Rolle von Lernenden und Lehrenden: Die Lehrenden werden zu Beratern von Lernenden, die ihren Lernprozess zunehmend selbstständig steuern.
- Medien steigern die weltweite Verfügbarkeit von Wissen und Bildung: Inhalte und Expertisen, die sonst kaum zugänglich waren, können vor allem durch das Internet weltweit zugänglich gemacht werden.
- Medien implizieren eine grundlegende Erneuerung des Bildungswesens, sie stellen Bildungsinstitutionen infrage und führen zu weitreichenden Veränderungen des Bildungswesens, insbesondere zu zeitlich und inhaltlich wesentlich passgenaueren Lernangeboten" (Kerres 2003, S. 2).

11.3 Qualitätsmanagement

Das Kostenmanagement als Funktion und Organisation muss inklusive aller Strategien und Maßnahmen in das *Qualitätsmanagement* des Unternehmens integriert sein. Das bedeutet, dass die allgemeinen und speziellen Aspekte des Qualitätsmanagements auf das Kostenmanagement anzuwenden sind.

Das Hauptziel eines Qualitätsmanagements im Rahmen des Kostenmanagements ist die Bereitstellung von Produkten (z. B. Kostenberichte, Auswertungen von speziellen Kostenanalysen) bzw. die Erbringung von Dienstleistungen (z. B. Sonderauswertungen für Pflegesatzverhandlungen) in der Form, dass sie die Anforderungen der internen Kundinnen und Kunden (z. B. Kostenstellenverantwortliche, Führungskräfte) sowie auch Vorgaben seitens des sozialwirtschaftlichen Unternehmens erfüllen.

Aus diesem Grund ist bezüglich der Zielgruppen regelmäßig zu überprüfen:

- Sind die Zielgruppen des Kostenmanagements zutreffend definiert?
- Sind die Erwartungen/Anforderungen, Bedürfnisse/Bedarfe der Zielgruppen hinreichend bekannt? Haben sie sich geändert?
- Liegt ein angemessenes Bewusstsein für Kostenmanagement vor?
- Sind die Kompetenzen der Kolleginnen und Kollegen den Ansprüchen entsprechend?

- Sind insbesondere gegenseitige Hol- und Bringschulden geklärt (eine Holschuld verankert die Verantwortung für die Informationsbeschaffung beispielsweise beim Kostenstellenverantwortlichen als Informationsempfangendem und eine Bringschuld beim Kostenrechnenden als Informationslieferanten)?

Bezüglich der einzelnen Zielgruppen sind Ziele des Kostenmanagements festzulegen. Dabei ist zu formulieren, in welcher Form das Kostenmanagement die jeweiligen Zielgruppen unterstützen soll.

Aber auch die Erwartungen des Unternehmens sind festzulegen, regelmäßig zu überprüfen und umzusetzen.

Notwendig ist es auch, die Ressourcen, die im Rahmen des Kostenmanagements benötigt werden, auf den Prüfstand zu stellen. Reichen die bestehenden Ressourcen aus, um die Aufgaben zu erledigen, die erwartete Qualität zu liefern und ggf. steigende Anforderungen zu bedienen?

Weiterhin sind die Leistungen im Rahmen des Kostenmanagements zu überprüfen, zu überdenken und ggf. zu verbessern.

Best Practice
Kurz gesagt: Exzellente Unternehmen tun es! Sie informieren Mitarbeitende regelmäßig und angemessen umfänglich. Sie motivieren sie, im Kostenmanagement mitzuwirken. Sie schulen sie sehr gut und vor allem zum richtigen Zeitpunkt. Und sie bieten auch digitale Möglichkeiten an, sich immer passend nach Bedarf (On Demand) nachzuschulen. Und sie sichern die Qualität. Hier gilt: So sollte es jedes Unternehmen handhaben!

Tab. 146: Best Practice – Bitte diese unendlich wichtigen Faktoren nicht vergessen!

Literatur

Case, J. (1995). *Open-book management. The coming business revolution.* New York: HarperCollins.

Dahmen, N., Göttert, J., Heister, W., Kaltenecker, T., Toszkowski, G., & Waldhorst, A. (2014). Futur[e]Ing. – Pilotversuch zu einem neuen Studiengangkonzept mit LabVIEW als fachübergreifende Modellierungs- und Entwicklungsplattform. In R. Jamal & R. Heinze (Hrsg.), *Virtuelle Instrumente in der Praxis, Mess-, Steuer-, Regel- und embedded-Systeme* (S. 248–254). Berlin, Offenbach: VDE-Verlag.

Heber, R. (2018). *Infografik gute Geschichten erzählen mit komplexen Daten.* 2. Aufl. Bonn: Rheinwerk.

Heister, W. (2004). Virtual Community – Sozialmanagement: Der Lerner ist Mittelpunkt! In T. Brinker & U. Rössler (Hrsg.), *Hochschuldidaktik an Fachhochschulen: Neue Ansätze in der Lehre aus den Fachhochschulen des Landes Nordrhein-Westfalen* (S. 205–210). Bielefeld: Bertelsmann.

Heister, W., Wälte, D., Weßler-Poßberg, D., & Finke, M. (2007). *Studieren mit Erfolg: Prüfungen meistern – Klausuren, Kolloquien, Präsentationen, Bewerbungsgespräche*. Stuttgart: Schäffer-Poeschel.
Kaiser, A. (2007). Didaktische und methodische Planung von Kursen. Erstellen einer Strukturplanung. In A. Kaiser, V. Buddenberg, K. Hohenstein, C. Holzapfel, M. Uemminghaus & M. Wolter (Hrsg.), *Kursplanung, Lerndiagnose und Lernberatung. Handreichung für die Bildungspraxis* (S. 15–22). Bielefeld: Bertelsmann.
Kerres, M. (2003). Wirkungen und Wirksamkeit neuer Medien in der Bildung. In R. Keil-Slawik & M. Kerres (Hrsg.), *Wirkungen und Wirksamkeit neuer Medien* (S. 31–44). Münster, New York, München, Berlin: Waxmann. http://www.forschungsnetzwerk.at/downloadpub/neue_medien-weiterbildung_kerres.pdf (30.07.2019).
Riedl, R. (1992). AIDA-Formel. In G. Ueding (Hrsg.), *Historisches Wörterbuch der Rhetorik* (S. 285–295). Band 1. Tübingen: Niemeyer.

Kostenmanagement

Auch eine Sache der Compliance

Kostenmanagement – das impliziert die Mitverantwortung aller Mitarbeitenden im Unternehmen. Alle sind beteiligt, jede Person in ihrer Position entsprechend ihrer Aufgaben und Möglichkeiten. Jeder und jede kann mitwirken, sei es mit bewussten Einsparungen oder mit guten Ideen, zumindest aber mit konsequentem Handeln.

Flexibilität ist gefragt und damit gleichzeitig auch Compliance – die Bereitschaft, aktiv mitzuwirken. Compliance bedeutet Regeltreue und hat zur Folge, sich selbst zu verpflichten und sich an Vereinbarungen, Ordnungen, Maßnahmen, Richtlinien, Absprachen etc. zu halten (Heister 2018; Viktor & Heister 2015; Schäfer 2011).

Mitarbeitende sind dann motiviert, im Rahmen des Kostenmanagements mitzuwirken, wenn sie gut informiert sind. Nur, wer etwas weiß und es verstanden hat, wird es überhaupt anwenden können und es auch gern anwenden. Eine leicht verständliche und zielgruppengenaue/-gerechte Kommunikation ist daher bedeutend.

Mitarbeitende wirken mit, wenn ihnen auch Vertrauen entgegengebracht wird und sie sich als gleichberechtigte Partnerinnen und Partner ernst genommen fühlen. Auch Zuspruch hilft, insbesondere da es nicht immer für alle einfach ist, z. B. mit den verschiedenen Arten des Berichtswesens zurechtzukommen.

Wenn die Compliance und weitere relevante Faktoren wie insbesondere

- durchdachte, stimmige, flexible Konzepte,
- korrekt angewendete Methoden,
- kundinnen-/und kundenorientierte(s) Informationsvermittlung/Berichtswesen und
- bedarfsorientierte Schulungen,

stimmen, dann steht einem wirtschaftlichen Erfolg nichts im Weg.

Die in diesem Buch geschilderten Strategien und Maßnahmen, Instrumente und Wege mögen zu jedwedem Gelingen beitragen.

Literatur

Heister, W. (2018). Compliance. In H. Bassarak (Hrsg.), *Lexikon der Schulsozialarbeit* (S. 118–119). Baden-Baden: Nomos.

Schäfer, C. (2011). *Patientencompliance – Messung, Typologie, Erfolgsfaktoren. Durch verbesserte Therapietreue Effizienzreserven ausschöpfen*. Wiesbaden: Springer Gabler.

Viktor, A., & Heister, W. (2015). *Medizinisches Compliance-Management. Gesundheitsmarketing und Dienstleistungsmanagement patientenorientiert umsetzen*. Bremen: Apollon University Press.

Notation 13

BE	Betriebsergebnis
DB	Deckungsbeitrag, gesamt
db	Deckungsbeitrag, Stück
db_{rel}	Deckungsbeitrag, Stück, relativ
G	Gewinn
KAP	Kapazität
K_F	Kosten, fixe, gesamt
K_G	Kosten, gesamt
k_G	Kosten, gesamt, Stück
K^I	Kosten, Ist
K_v^I	Kosten, Ist, variable
K^N	Kosten, Normal
K^P	Kosten, Plan
K_v^P	Kosten, Plan, variable
K_{Verr}	Kosten, Plan, verrechnete
K^S	Kosten, Soll
K_v	Kosten, variable, gesamt
k_v	Kosten, variable, Stück
x	Menge
x_I	Menge, Ist
x_N	Menge, Normal
x_P	Menge, Plan
$PKVS$	Plankostenverrechnungssatz
p	Preis
U	Umsatz

© Springer Fachmedien Wiesbaden GmbH, ein Teil von Springer Nature 2021
W. Heister und J. Tiskens, *Kostenmanagement*, Basiswissen Sozialwirtschaft und Sozialmanagement, https://doi.org/10.1007/978-3-658-19560-1

Glossar

Abschreibung	Werteverzehr (Wertminderung) der Vermögensgegenstände des Anlagevermögens, der Gebrauchsgüter. In bestimmten Fällen auch Werteverzehr des Umlaufvermögens (außerordentliche Wertminderung). Zu unterscheiden sind die planmäßige und die außerplanmäßige Abschreibung. Als Methoden sind die lineare Abschreibung, die degressive Abschreibung und die Abschreibung nach Maßgabe der Leistung (Nutzung) zu unterscheiden.
Abschreibung, degressive	Bei der degressiven Abschreibung wird jährlich ein bestimmter Prozentsatz als Wertminderung von dem Buchwert des vorhergehenden Jahres abgezogen.
Abschreibung, lineare	Abschreibung mit jährlich gleichbleibenden Beträgen
Abschreibung, außerordentliche	Ungeplante Abschreibung aufgrund außerordentlicher Einflüsse, z. B. Umweltkatastrophe
Abschreibung nach Maßgabe der Leistung	Bei der Abschreibung nach Maßgabe der Leistung wird die jährliche Nutzung genau gemessen und ggf. nachgewiesen, etwa km bei einem betrieblich genutzten Pkw.
Ab-l Aufzinsung	Bei einer Aufzinsung wird der zukünftige Wert eines heutigen Betrags ermittelt. Bei der Abzinsung wird der heutige Wert einer zukünftigen Zahlung ermittelt.
Afa	Absetzung für Abnutzung, siehe *Abschreibung*
Aktivieren	Auf die Aktivseite der Bilanz schreiben, buchen
Allowable Costs	Vom Markt vorgegebene Kostenobergrenze
Alternativkosten	Siehe *Opportunitätskosten*
Amortisationsrechnung	Methode der statischen Investitionsrechnung. Es wird berechnet, nach wie vielen Jahren eine Investition zurückbezahlt ist (Amortisationszeit). Damit wird die Kapitalbindungsdauer ermittelt.
Amortisationszeit	Siehe *Amortisationsrechnung*

Amortisieren	Aufwendungen (Kosten) über Erträge (Leistungen) wieder zurückgewinnen, erwirtschaften
Anbauverfahren (= Blockverfahren)	Verfahren der Kostenverrechnung
Anderskosten	Von Anderskosten spricht man, wenn die in der Kostenrechnung verrechneten Kosten von dem Aufwand in der Finanzbuchhaltung abweichen. Dies ist häufig dann der Fall, wenn in der Kostenrechnung kalkulatorische Abschreibungen verrechnet werden, die sich von den bilanziellen Abschreibungen unterscheiden (z. B. Wiederbeschaffungskosten).
Anhang	Pflichtbestandteil des Jahresabschlusses, enthält zusätzliche Angaben zu Bilanz und GuV
Anlagevermögen	Gebrauchsgüter
Anschaffungskosten	(Aufwand) Kosten, die bei dem Erwerb eines Vermögensgegenstands entstehen
Äquivalenzziffer	Berechnungsgröße, die angibt, in welchem Verhältnis die Kosten eines Produkts/einer Leistung im Verhältnis zu anderen stehen, also eine Gewichtung der Kosten
Äquivalenzziffernkalkulation	Die Äquivalenzziffernkalkulation – eine Sonderform der Divisionskalkulation – wird insbesondere dann genutzt, wenn unterschiedliche Produkte zwar nach dem gleichen Verfahren, aber mit unterschiedlichen Kosten hergestellt werden. Dies ist beispielsweise bei Bier der Fall. Hier liegt es an der Zeitdauer der Gärung. Die einzelnen Produkte nennt man ‚Sorten', wie die Biersorten Kölsch, Pils und Alt etc.
Arithmetisches Mittel	Mittelwert, Durchschnitt
Aufwand	Als Aufwand ist jede Veränderung des Reinvermögens (Eigenkapital) definiert. Aufwand meint eine Minderung des Eigenkapitals; Gegenbegriff: Ertrag als Mehrung des Eigenkapitals.
Aufwand, außerordentlicher	Ein außerordentlicher Aufwand liegt vor, wenn etwas Außerordentliches geschieht und der damit verbundene Aufwand nicht in die Selbstkosten eingerechnet werden darf: Außerordentliche Abschreibung von PCs wegen eines Blitzeinschlags.
Aufwand, betriebsfremder	Ein betriebsfremder Aufwand liegt dann vor, wenn überhaupt keine Beziehung zur betrieblichen Leistungserstellung besteht, also der Aufwand nicht der betrieblichen Zielsetzung dient.
Aufwand, neutraler	Der neutrale Aufwand besteht aus betriebsfremdem Aufwand, außerordentlichem Aufwand und dem Aufwand, der periodenfremd ist.
Aufwand, periodenfremder	Ein periodenfremder Aufwand liegt beispielsweise vor, wenn Steuern nachgezahlt werden. Zwar handelt es sich um betriebsbedingten Aufwand, dieser ist aber einer anderen Periode (Geschäftsjahr) zuzurechnen.

14 Glossar

Auszahlungsüberschuss	Die Auszahlungen z. B. einer Investition sind höher als die Einzahlungen.
BAB	Siehe *Betriebsabrechnungsbogen*
Barwert	Gegenwärtiger Wert einer zukünftigen Aus- oder Einzahlung
Benchmarking	Vergleich mit den Besten einer Branche etc.
Benchmarkkosten	Vergleichskosten, z. B. Kosten im Vergleich zu anderen Organisationen
Beschäftigungsabweichung	Die Beschäftigungsabweichung gibt an, welcher Teil der fixen Kosten ungenutzt (leer) bleibt. Der Kostenstellenleiter ist hier nicht verantwortlich, weil er die Höhe der Kosten nicht beeinflussen kann. $$Beschäftigungsabweichung = K^S - K_{verr}^P$$
Beschäftigungsänderung	Änderung der Menge (Beschäftigung)
Beschäftigungsgrad	Der Beschäftigungsgrad gibt den Teil der Kapazität an, der genutzt wird. Er wird in Prozent angegeben. $$Beschäftigungsgrad = \frac{Istbeschäftigung}{Kapazität}$$
Beschaffung	Einkauf, Besorgung von Gebrauchsgütern, Verbrauchsgütern und Dienstleistungen
Betriebsabrechnungsbogen	Instrument der Kostenverrechnung (Kostenstellenrechnung); enthält in den Zeilen die Kostenarten und in den Spalten die Kostenstellen
Betriebsergebnis	Der im Rahmen der Kostenträgerzeitrechnung ermittelte (Perioden-)Erfolg eines Betriebs.
Betriebsergebnisrechnung	Kostenträgerzeitrechnung, bezogen auf eine bestimmte Periode
Betriebskosten	Kosten, die beispielsweise durch den Betrieb eines Geräts anfallen (Toner bei einem Kopierer etc.)
Bilanz	Pflichtteil des Jahresabschlusses: Gegenüberstellung von Vermögen und Kapital (Schulden) zu einem bestimmten Bilanzstichtag entsprechend den gültigen rechtlichen Vorschriften
Break-Even-Analyse	Verfahren zur Ermittlung des Break-Even-Points
Break-Even-Point (BEP)	Menge eines Produkts/einer Dienstleistung, bei der die Summe der variablen Kosten und der Fixkosten gleich dem Umsatz ist bzw. mit anderen Worten die Summe der Deckungsbeiträge gleich den Fixkosten ist. Somit schreibt das Unternehmen genau hier weder einen Gewinn noch einen Verlust.
Break-Even-Umsatz	Umsatz, der im BEP erwirtschaftet wird
Buchhalterische Methode	Methode der Kostenspaltung
Budget	Haushaltsplan, Finanzplan
Budgetierung	Verhandlung und Erstellung von Budgets

Cash Flow	Geldfluss, Kapitalfluss, in einfachster Form: Jahresüberschuss plus Abschreibungen
Change-Order-Kosten	Kosten, die durch die Veränderung der Ziele und/oder Rahmenbedingungen eines Projekts entstehen
Change Management	Management von Veränderungen
Change Request	Anforderung z. B. seitens der Unternehmensleitung zur Änderung der Ziele und/oder Rahmenbedingungen eines Projekts
Controlling	Steuerung mit den Bereichen Planung, Informationsversorgung und Kontrolle
Cost Break Down	Offenlegung aller Kosten bis hin zu den einzelnen Faktoren
Cost Center	Organisationseinheit des Unternehmens, die für die Einhaltung der Kosten verantwortlich sind
Cost Driver	Kostentreiber, Ressourcen, die die Höhe der Kosten besonders beeinflussen
Customizing	Anpassung an die Bedürfnisse der Kunden, z. B. Anpassung einer Leistung, einer Software etc.
Deckungsbeitrag	Betrag, der zur Deckung der Fixkosten zur Verfügung steht
Deckungsbeitragsrechnung, einstufige	Methode der Teilkostenrechnung, bei der zunächst nur mit den variablen Kosten gerechnet wird
Deckungsbeitragsrechnung, mehrstufige	Methode der Teilkostenrechnung, bei der die Fixkosten einzelnen organisatorischen Stufen zugeordnet werden
Deckungsbeitragsrechnung, relative	Bei der Rechnung mit einem relativen Deckungsbeitrag wird der Stückdeckungsbeitrag ins Verhältnis zu einem Engpass gesetzt. Daraus resultiert dann z. B. ein Deckungsbeitrag je Stunde.
Divisionskalkulation	Methode der Kostenträgerstückrechnung. Die gesamten Kosten werden durch die gesamte Menge dividiert.
Drifting Costs	Aktuelle Kosten, Standardkosten
Durchschnittskosten	Kosten je Stück, Stückkosten
Durchschnittsprinzip	Die Kosten werden z. B. den Kostenträgern in durchschnittlicher Höhe zugewiesen bzw. zugerechnet.
Effektivität	Wirtschaften: die richtigen Sachen machen; effektiv handeln
Effizienz	Wirtschaften: die Sachen richtig machen; effizient handeln
Eigenkapital	Kapital, auf dessen Rückzahlung die Unternehmenseigner Ansprüche haben
Eigenkapitalrendite	Rentabilität, Zins, Profitabilität bezogen auf das Eigenkapital, definiert als $$\frac{Gewinn * 100\,\%}{Eingesetztes\ Eigenkapital}$$
Einzahlungsüberschuss	Die Einzahlungen z. B. einer Investition sind höher als die Auszahlungen.
Einzelkosten	Kosten, die einem Objekt z. B. Kostenträger, Kostenstelle, Projekt etc. direkt/unmittelbar zugeordnet werden können

14 Glossar

Einzelkostenrechnung, relative	Im Rahmen der relativen Einzelkostenrechnung werden alle Kosten in Relation zu einer Bezugsgröße gesehen, von der sie verursacht werden, z. B. Leistung, Unternehmensbereich etc.
Employer Branding	Ausgestaltung einer Arbeitgebermarke zur Findung und Bindung von Mitarbeitenden
Endkostenstellen (Hauptkostenstellen)	Endkostenstellen (synonym Hauptkostenstellen, primäre Kostenstellen) arbeiten unmittelbar (direkt) an den Endprodukten. Die Kosten der Endkostenstellen werden unmittelbar (direkt) auf die Kostenträger verrechnet.
Engpass	Situation knapper Kapazitäten, z. B. wenn viele Personen betreut werden sollen, aber nur wenige Betreuer zur Verfügung stehen
Ergebniscontrolling	Im Rahmen des Ergebniscontrollings werden die Erträge (Leistungen) und die Aufwendungen (Kosten) zueinander in Beziehung gesetzt.
Erinnerungswert	Merkposten in der Finanzbuchhaltung für einen noch genutzten, aber bereits abgeschriebenen Vermögensgegenstand. Der Erinnerungswert beträgt 0,50 € oder 1 €.
Ertrag	Werteschaffung, Wertschöpfung
Faktura	Rechnungsstellung, Rechnungsschreibung; Substantiv
Fakturieren	Rechnung stellen, Rechnung schreiben; Verb
Finanzbuchhaltung	Teilbereich des Externen Rechnungswesens mit der Aufgabe, alle Geschäftsvorfälle zu erfassen, um den Jahresabschluss vorzubereiten
Finanzierung	Betriebliche Funktion: Kapitalbeschaffung und Kapitalverwendungen
Finanzvermögen	Finanzielles Vermögen eines Unternehmens, z. B. Wertpapiere; Gegenbegriff: Sachvermögen
Fixe Kosten	Kosten, die unabhängig von der Beschäftigung/Menge sind. Sie werden in ‚absolut fixe Kosten' und ‚intervallfixe Kosten' unterschieden.
Fixe Kosten, absolut fix	Die Kosten bleiben bei jeder Art von Mengenänderung konstant, z. B. Miete, Versicherungen.
Fixe Kosten, intervallfix	Die Kosten bleiben jeweils in bestimmten Intervallen von Mengenänderungen konstant., z. B. Abschreibungen.
Fixkostendeckungsrechnung	Rechnung, die aufzeigt, wie die Fixkosten über Deckungsbeiträge gedeckt werden
Fixkostendegression	Verringerung der fixen Kosten (pro Leistungseinheit) bei wachsender Anzahl der Leistungen
Fixkostenmanagement	Vorteilhafte Gestaltung der Fixkosten, sowohl bezogen auf die Struktur als auch das Niveau
Forschung & Entwicklung	(Neu-)Entwicklung von Dienstleistungen und Produktion
Fremdkapital	Kapital, auf dessen Rückzahlung Dritte (z. B. Kreditgeber) Ansprüche haben

Gemeinkosten	Kosten, die einem Objekt z. B. Kostenträger, Kostenstelle, Projekt etc. nicht direkt/nur indirekt/mittelbar zugeordnet werden können
Gemeinkostenmanagement	Vorteilhafte Gestaltung der Gemeinkosten, sowohl bezogen auf die Struktur als auch das Niveau
Gesamtdeckungsbeitrag	Der Gesamtdeckungsbeitrag errechnet sich, indem vom Umsatz die gesamten variablen Kosten abgezogen werden: $$DB = U - K_v = p*x - k_v*x = db*x$$
Gesamtkapitalrendite	Rentabilität, Zins, Profitabilität bezogen auf das Gesamtkapital (Eigenkapital plus Fremdkapital), definiert als $$\frac{Gewinn * 100\,\%}{Eingesetztes\ Gesamtkapital}$$
Gesamtkosten	Summe aller Kosten, insbesondere der variablen und der Fixkosten
Geschäftsjahr	Periode, in dem Unternehmen einen Jahresabschluss zu erstellen haben
Geschäftsvorfall	Alle Wertverschiebungen in einem Unternehmen, ausgedrückt in Geldeinheiten
Gewinn- und Verlustrechnung (GuV)	Pflichtteil des Jahresabschlusses: Erfolgsrechnung; Ermittlung des Erfolgs, in dem von den Erträgen die Aufwendungen abgezogen werden
Gewinnschwelle	Siehe *Break-Even-Point*
Gewinnspanne	Gewinnmarge, zu erzielender Gewinn
Gewinnvergleichsrechnung	Methode der statischen Investitionsrechnung, bei der die Profitabilität von Alternativen mittels der ermittelten Gewinne prognostiziert wird
Gleichungsverfahren	Mathematisches Verfahren der Kostenverrechnung (Kostenstellenrechnung)
Grenzkosten	Kosten, die durch die Produktion einer zusätzlichen Einheit eines Produkts bzw. die Erbringung einer zusätzlichen Einheit einer Leistung entstehen
Grenzplankostenrechnung	Methode der Plankostenrechnung; wird mit Grenzplankosten durchgeführt
Güter	Materieller oder geistiger Wert, kann materiell oder immateriell sein (z. B. Software)
Hauptkostenstelle	Siehe *Endkostenstelle*
Hauptprozesse	Die wichtigsten primären, wertschöpfenden und sekundären Prozesse
Herstellkosten	Kosten, die bei der Erbringung einer Dienstleistung oder der Herstellung eines Produkts anfallen. Sie setzen sich aus den jeweiligen Einzel- und Gemeinkosten zusammen. Der Begriff wird im Kostenmanagement verwendet.

14 Glossar

Herstellungskosten	Bewertungsmaßstab für die erbrachten Leistungen und hergestellten Produkte. Der Begriff wird in der Finanzbuchhaltung verwendet.
Hilfskostenstelle	Siehe *Vorkostenstelle*
Informationsmanagement	Informationsgewinnung und -verarbeitung etc.
Input	Eingabe, Einspeisung von Materialien etc.
Interner Zinssatz	Kalkulationszinssatz im Rahmen der Investitionsrechnung
Intersubjektive Vergleichbarkeit	Die Haltung z. B. einer Personen zu einem Aspekt wird für andere Personen deutlich und nachvollziehbar.
Inventar	Ergebnis der Inventur
Inventur	Körperliche Bestandsaufnahme des Vermögens und der Schulden (Kapital)
Inventurmethode	Methode zur Erfassung des Verbrauchs an Umlaufvermögen $$Verbrauch = Anfangsbestand + Zugänge - Schlussbestand$$
Investition(-sbudget)	Budget für eine Investition, also der Einsatz von Kapital für einen bestimmten Verwendungszweck
Investitionsrechnung	Methoden zur Berechnung der Profitabilität von Investitionen
Investment Center	Organisationseinheit des Unternehmens, die für die Einhaltung der Kosten verantwortlich ist
Istauslastung	Beschäftigung bzw. Menge, die anfällt bzw. angefallen ist
Istkosten	Kosten, die gerade anfallen bzw. angefallen sind
Istkostenrechnung	Bei einer Istkostenrechnung werden Kosten, die gerade anfallen bzw. angefallen sind, erfasst und verrechnet.
Jahresabschluss	Ziel: ein den tatsächlichen Verhältnissen entsprechendes Bild der Vermögens-, Finanz- und Ertragslage vermitteln
Jahresüberschuss	Gewinn oder Verlust
Just in Time	Methode zur Erfassung des Verbrauchs an Umlaufvermögen
Kalkulation	Berechnung, von lat.: *calculare* = rechnen; Bezeichnung für die Kostenträgerstückrechnung
Kalkulationszinsfuß/-satz	Der im Rahmen der Investitionsrechnung verwendete Zinssatz
Kalkulatorische Kosten	Kosten, denen in der Finanzbuchhaltung kein Aufwand gegenübersteht bzw. denen in der Finanzbuchhaltung Aufwendungen in anderer Höhe gegenüberstehen. Die kalkulatorischen Kosten werden in Anderskosten und Zusatzkosten differenziert.
Kapazität	Auslastung, häufig auch als maximale Auslastung verstanden
Kapazitätsgrad	Der Kapazitätsgrad gibt eine Antwort darauf, wie oft die Fixkosten durch den Deckungsbeitrag gedeckt werden können. $$Verbrauch = Anfangsbestand + Zugänge - Schlussbestand$$

Kapital	Ansprüche auf Rückzahlung von, seitens .... Bei Eigenkapital: Ansprüche auf Rückzahlung von, seitens der Unternehmenseigner. Bei Fremdkapital: Ansprüche auf Rückzahlung von, seitens Dritter (z. B. Kreditgeber)
Kapitalbindung	Aspekt, dass Kapital in Vermögensgegenständen gebunden ist und nicht sofort freigesetzt (liquidiert) werden kann
Kapitaldeckungskoeffizienten	Siehe *Kapazitätsgrad*
Kapitalfreisetzung	Umwandlung gebundener Mittel in liquide Mittel, z. B. durch Verkauf von Vermögensgegenständen gegen Bargeld
Kapitalkosten	Kosten für die Beschaffung und Verwendung von Kapital, z. B. Zinsen
Kapitalwertmethode	Dynamische Methode der Investitionsrechnung
Kennzahl	Maßzahl, die zur Quantifizierung von Sachverhalten dient
Kernprozesse	Siehe *Hauptprozesse*
Kosten	Unter Kosten versteht man den Wert der aufgrund der typischen betrieblichen Tätigkeit verzehrten Güter, Dienstleistungen, Arbeitskraft, Rechte etc. Hier ist also der Bereich der typischen betrieblichen Tätigkeit angesprochen, entsprechend dem Sachziel des Unternehmens. Keine Kosten stellt damit der Werteverzehr dar, der nichts mit der typischen betrieblichen Tätigkeit bzw. dem Sachziel zu tun hat, also etwa die großherzige Spende des Unternehmensleiters aus der Unternehmenskasse an eine Wohltätigkeitsorganisation. Kosten bezeichnen den bewerteten Verbrauch an Produktionsfaktoren, welche zur Erstellung der betrieblichen Leistung verzehrt wurden. Die Bewertung erfolgt in Geldeinheiten Kosten bezeichnet den bewerteten, sachzielbezogenen Verbrauch von Gütern und (Dienst-)Leistungen. Übrigens: Leistung meint die bewertete, sachzielbezogene Gütererstellung.
Kosten, aufwandsgleiche	In der Kostenrechnung verrechnete Grundkosten, die mit dem in der Finanzbuchhaltung verbuchten Aufwand identisch sind
Kosten, degressive	Kosten, die in geringerem Maße als die Beschäftigung steigen, etwa Materialien, bei denen Mengenrabatte gewährt werden
Kosten, leistungsmengeninduziert	Kosten, die mittels Prozesskosten verrechnet werden können
Kosten, leistungsmengenneutrale	Kosten, die nicht mittels Prozesskosten verrechnet werden können
Kosten, primäre	Kosten, die von außen kommen und nicht aus dem innerbetrieblichen Leistungsprozess
Kosten, sekundäre	Sekundäre Kosten sind innerbetriebliche Kosten, Kosten die im Rahmen der innerbetrieblichen Leistungsverrechnung verrechnet werden.
Kosten- und Leistungsrechnung	Erfassung und Verrechnung der bei der Leistungserstellung und Produktion anfallenden Kosten. Wird auch als Internes Rechnungswesen und kurz allein als Kostenrechnung bezeichnet.

14 Glossar

Kostenabweichung	Differenz zwischen Kosten, insbesondere zwischen Ist- und Sollkosten (bzw. Plankosten etc.)
Kostenarten	Typen, Kategorien von Kosten
Kostenartenrechnung	In der Kostenartenrechnung geht es um die Frage, welche betriebs-/leistungs-/sachzielbezogenen Kosten angefallen sind.
Kostenartentypologien	Siehe *Kostenarten*
Kostenauflösung	Siehe *Kostenspaltung*
Kostendifferenzierung nach dem Umfang der Kosten	Unterscheidung des Umfangs der Kosten in Vollkosten, also Kosten, die sowohl fixe als auch variable Bestandteile enthalten und Teilkosten, die nur aus variablen Kosten bestehen
Kostendifferenzierung nach Zeitbezug	Unterscheidung der Kosten in: - Istkosten = die Kosten, die tatsächlich angefallen sind: *Istkosten = Istmenge * Istpreis* - Normalkosten = die Kosten, die z. B. im Durchschnitt der letzten Jahre angefallen sind: *Normalkosten = Normalmenge * Normalpreis* - Plankosten = die Kosten, die im Voraus geplant sind: *Plankosten = Planmenge * Planpreis*
Kostendifferenzierung nach Art der verbrauchten Güter und Dienstleistungen	Unterscheidung nach der Art der verbrauchten Güter und Dienstleistungen in Personalkosten sowie Sachkosten
Kostendifferenzierung nach Beschäftigungsabhängigkeit	Unterscheidung nach Beschäftigungsabhängigkeit (Ausbringung) in fixe und variable Kosten. Fixe Kosten sind unabhängig von der Beschäftigung, variable Kosten sind beschäftigungsabhängig.
Kostendifferenzierung nach Höhe der Kosten	Nach Höhe der Kosten können die Kostenarten unterschieden werden in hohe Kosten und niedrige Kosten.
Kostenerfassung	Siehe *Kostenartenrechnung*
Kostenmanagement	Zielgerichtete Gestaltung, Steuerung und Entwicklung der Kosten
Kostenniveau	Höhe der Kosten
Kostenspaltung	Mittels der Kostenspaltung werden die Kosten z. B. in fixe und variable Bestandteile zerlegt. Hierzu unterscheidet man folgende Methoden: visuelle Inspektion; grafische/freihändische Methode; buchtechnische Methode (Finanzbuchhaltung); mathematische Methode (Zweipunktverfahren; Tief-/Hochpunktverfahren); statistische Methode (Regression)
Kostenstellen	Kostenstellen sind Organisationseinheiten (abgegrenzte Unternehmensbereiche, Kostensammler), für die die Kosten gesondert geplant, erfasst und kontrolliert werden können. Sie werden häufig nach betrieblichen Funktionen differenziert, z. B. in Hausmeisterei, Fuhrpark, Team 1, Team 2, Verwaltung.

Kostenstellenrechnung	In der Kostenstellenrechnung wird unterschieden, wo die Kosten angefallen sind, z. B. in der Hausmeisterei, in der Geschäftsführung. Die Kostenstellenrechnung stellt das Bindeglied zwischen der Kostenartenrechnung und der Kostenträgerrechnung dar. Eine Kostenstelle verdeutlicht, wo/in welcher Organisationseinheit Kosten angefallen sind. Neben der Aufgabe der Gewährleistung der Verrechnung hat die Kostenstellenrechnung aber auch eigenständige Aufgaben wie Wirtschaftlichkeitskontrolle einzelner Verantwortungsbereiche und Unterstützung bei der Entscheidung bezüglich Eigenfertigung und Fremdbezug (Make or Buy).
Kostenstelleneinzelkosten	Kosten, die unmittelbar, direkt einer Kostenstelle zugeordnet werden können
Kostenstellengemeinkosten	Kosten, die nicht unmittelbar/direkt, sondern nur mittelbar/indirekt z. B. mittels eines Schlüssels einer Kostenstelle zugeordnet werden können
Kostenträger	Alle selbstständigen Leistungseinheiten (Produkte, Dienstleistungen, innerbetriebliche Aufträge etc.) werden als Kostenträger bezeichnet.
Kostenträgerstückrechnung	Zurechnung der Einzel- und Gemeinkosten, Kalkulation
Kostenträgerzeitrechnung	Periodenbezogene Erfolgsrechnung, Betriebsergebnisrechnung
Kostentreiber	Siehe *Cost Driver*
Kostenüberdeckung	Eine Kostenüberdeckung liegt insbesondere vor, wenn die Istkosten niedriger ausfallen als das Budget (der Budgetansatz).
Kostenunterdeckung	Eine Kostenunterdeckung liegt insbesondere vor, wenn die Istkosten höher ausfallen als das Budget (der Budgetansatz).
Kostenvergleichsrechnung	Methode der statischen Investitionsrechnung. Es werden Kosten von Investitionsalternativen verglichen.
Lagebericht	Zusätzlich zum Jahresabschluss je nach Rechtsform und/oder Größe optional oder verpflichtend zu erstellender Bericht. Darstellung der Lage des Unternehmens im Wettbewerb und angesichts der Trends und Entwicklungen in Politik, Gesellschaft etc.
Lebenszykluskosten	Summe der Kosten eines Produkts/einer Dienstleistung von der Entwicklung bis zum Marktaustritt
Lebenszykluskostenrechnung	Betrachtung der Kosten einer Leistung bzw. eines Produkts von der Entwicklung bis zur Rücknahme vom Markt
Leistungen, innerbetriebliche	Innerbetriebliche Leistungen sind interne Leistungen, die nicht für den Absatz bestimmt sind, sondern z. B. zwischen betrieblichen Organisationseinheiten erbracht werden.
Letter of Intent	Absichtserklärung, z. B. zum Abschluss eines Kaufvertrags
Life Cycle Costing	Siehe *Lebenszykluskostenrechnung*

14 Glossar

Lifo	Lifo stellt ein Vereinfachungsverfahren zur Erfassung des Verbrauchs (z. B. Material) dar und bedeutet: Last in First Out (wie ein Silo: Was zuerst eingekauft wurde, wird zuerst verbraucht).
Liquidationserlös	Erlös aus dem Verkauf von Vermögensgegenständen
Listenpreis	Per Preis, der in einer Verkaufsliste (Vertrieb) eines Unternehmens aufgeführt ist. Dieser ist stets ein Nettopreis.
Logistik	Steuerung aller Güterströme
Marginalkosten	Siehe *Grenzkosten*
Marketing	Absatz von Dienstleistungen und Produkten
Materialwirtschaft	Management von Materialien
Mehrwertsteuer	Siehe *Umsatzsteuer*
Neutrale Aufwendungen und Erträge	Erträge und Aufwendungen, die in der Kostenrechnung nicht berücksichtigt werden
Normalkosten	Die Normalkosten sind die Kosten, die normalerweise/üblicherweise anfallen. Es sind Kosten, die aus einer eher langzeitigen Betrachtung der Istkosten abgeleitet werden. Die Normalkosten werden deshalb meistens als Durchschnitt der in der Vergangenheit angefallenen Kosten gerechnet. Ziel ist es, Werte für die Kosten anzugeben, die eher keinen Schwankungen unterliegen und somit typisch/üblich sind.
Nutzungsdauer, betriebsgewöhnliche	Die nach den AfA-Tabellen definierte Dauer der betrieblichen Nutzung eines Vermögensgegenstands
Nutzwertanalyse	Scoring-Methode, Punktebewertungsmethode
Operativ	kurzfristig, weniger als ein Jahr
Opportunitätskosten	Nicht realisierte Leistungen (Erträge), weil Optionen (Wahlmöglichkeiten, andere vorhandene Möglichkeiten) nicht ausgeschöpft werden. Auch als Alternativkosten oder Verzichtkosten bezeichnet.
Organisation	Verwaltung, Administration
Output	Gesamtheit der von einem Unternehmen erbrachten Leistungen und produzierten Güter
Outsourcing	Auslagerung von Leistungen (z. B. Reinigung, IT-Leistungen) zur Erbringung durch externe Dienstleister
Parameter	Unbestimmte mathematische Größe, Platzhalter
Passivieren	Auf die Passivseite der Bilanz schreiben, buchen
Personalmanagement	z. B. Beschaffung, Verwaltung, Entwicklung, Honorierung von Mitarbeitenden
Planauslastung, -beschäftigung	Planmenge
Planbeschäftigung	Beschäftigung/Menge, mit der geplant wird
Plankosten	Unter Plankosten versteht man Kosten, die geplant, also erwartet werden. Planung bedeutet dabei: Vorwegnahme der Zukunft.

Plankosten(verrechnungs)satz	Verrechnungssatz für eine Bezugsgröße
Preisabweichung	Differenz zwischen Istpreis und Planpreis
Preisbereitschaft	Bereitschaft von Kundinnen und Kunden, einen Preis zu zahlen
Preisgrenzen	Die Preisgrenzen geben den Wert an, den man als Preis/Entgelt mindestens erzielen wird (erzielen muss; Preisuntergrenze) und erzielen kann (Preisobergrenze).
Pricing	Preisbildung, Preisfeststellung
Primärkostenrechnung	Verteilung der primären Kosten auf die Kostenstellen
Primärorganisation	Aufbauorganisation gemäß Organigramm
Produktion	Fertigung, Verarbeitung von Produkten; häufig aber auch bei Dienstleistungen synonym genutzt
Profit Center	Betriebliche Einheit, bei der die Steuerung über Deckungsbeitrags-/Gewinnziele erfolgt, es werden also Erträge/Aufwendungen berücksichtigt.
Projekt	Besonderes, einmaliges Vorhaben im Unternehmen, z. B. IT-Umstellung
Proportionalitätsprinzip	Die Kosten werden z. B. den Kostenträgern proportional zu einer bestimmten Größe (z. B. Umsatz) zugeordnet.
Prozesskalkulation	Kalkulation eines Prozesses, Ermittlung der Selbstkosten eines Prozesses
Prozesskosten	Kosten eines Prozesses
Prozesskostenrechnung	Methoden zur Ermittlung der Prozesskosten
Prozesskostensatz	Kosten je Prozessdurchlauf
Prozessredesign	Neumodellierung und dabei Optimierung von Prozessen
Qualitativ	Qualität betreffend
Quantitativ	Wert/Menge betreffend
Reagibilität	Fähigkeit, schnell zu reagieren (insbesondere auf Kosten)
Rechnungsbetrag	Auf einer Rechnung ausgewiesener Teilbetrag oder Summe. Der Rechnungsbetrag ist stets brutto.
Rechnungswesen, externes	Siehe *Finanzbuchhaltung*
Rechnungswesen, internes	Siehe *Kosten- und Leistungsrechnung*
Refinanzierung	Maßnahmen zur Beschaffung von Kapital, um z. B. einen Vermögensgegenstand erneut kaufen zu können
Regression	Statistische Methode, um die Beziehung zweier Variablen anzugeben
Rentabilität	Profitabilität, Rendite, Verzinsung
Rentabilitätsvergleichsrechnung	Methode der statischen Investitionsrechnung
Responsives Webdesign	Eigenschaften von Webseiten, sich bezüglich der Art der Darstellung automatisch auf Eigenschaften des benutzten Endgeräts einzustellen

14 Glossar

Ressourcen	Bestand an Geldmitteln, Personal, Gebrauchs- bzw. Verbrauchsgütern etc.
Retrograde Methode	Die retrograde Methode stellt ein Vereinfachungsverfahren zur Erfassung des Verbrauchs (z. B. Material) dar und bedeutet: Vom Output wird auf den Input zurückgerechnet und somit ermittelt, welche Produktionsfaktoren eingesetzt werden.
ROI	Return on Investment
Schlüsselgröße	Größe zur Zurechnung z. B. von Kosten
Segmentierung	Segmentierung ist die Aufteilung eines Bereichs bezüglich eines Aspekts in intern homogene und untereinander heterogene Gruppen (Segmente, Zielgruppen, Cluster)
Skala	Maßstab zur Messung, in der Statistik z. B. Nominalskala
Sekundärkostenrechnung	Innerbetriebliche Leistungsverrechnung
Sekundärorganisation	Organisation neben der Primärorganisation, z. B. Projektorganisation
Selbstkosten	Alle Kosten, die in Bezug auf einen Kostenträger, also ein Produkt oder eine Leistung entstanden sind, somit z. B. Materialkosten, Erbringungskosten- oder Produktionskosten, Verwaltungskosten, Entwicklungskosten etc., jedoch ohne Hinzurechnung eines kalkulatorischen Gewinnzuschlags
Selbstkostenpreis	Addiert man zu den Selbstkosten einen kalkulatorischen Gewinnzuschlag (Gewinnaufschlag), so erhält man den Selbstkostenpreis, den man auch als Angebotspreis bezeichnen kann.
Sensitivitätsrechnungen	Sensitivitätsrechnungen zeigen auf, wie resultierende Größen (z. B. Gewinn) auf (kleine) Variationen von Parametern (z. B. Aufwandsarten) reagieren.
Service Center	Betriebliche Organisationseinheit, die über Leistungsziele gesteuert wird
Sicherheitsmarge	Die Sicherheitsmarge (auch Sicherheitskoeffizient, Sicherungsgrad genannt) gibt an, um welchen Anteil die Kapazitätsauslastung höchstens sinken darf, bevor ein Verlust erzielt wird.
Sicherungsgrad	Siehe *Sicherheitsmarge*
Skonto	Preisnachlass bei umgehender Zahlung
Skontraktionsmethode	Die Skontraktionsmethode stellt ein Vereinfachungsverfahren zur Erfassung des Verbrauchs (z. B. Material) dar und bedeutet Erfassung des Verbrauchs per Entnahmeschein (analog) oder App (digital).
Sollkosten	Die Kosten, die bei dem realisierten Projektstand (in Bezug auf die erzielten Leistungen) hätten entsprechend den Planungsprämissen anfallen dürfen
Strategisch	Langfristig, auf eine lange Frist bezogen
Stückdeckungsbeitrag	Deckungsbeitrag pro Stück

Stückeinzelkosten	Einzelkosten pro Stück
Stückgemeinkosten	Gemeinkosten pro Stück
Stückkosten	Die Stückkosten sind die Kosten je Stück. Dabei werden die Gesamtkosten durch die Anzahl der Stücke geteilt.
Stufenleiterverfahren	Das Stufenleiterverfahren ist ein Verfahren der Kostenverrechnung im BAB.
Target Costs	Zielkosten
Target Gap	Kostenreduktionsbedarf, Kostenreduzierungsbedarf
Target Margin	Gewinnspanne
Target Price	Zielpreis
Teilkosten	Die Teilkosten sind nur ein Teil der in der Vollkostenrechnung erfassten Kosten. Es handelt sich um die variablen Kosten oder um die Einzelkosten.
Teilkostenrechnung	Eine Teilkostenrechnung ist in Abgrenzung zur Vollkostenrechnung eine Methode des Kostenmanagements, bei der nur mit einem Teil der Kosten, z. B. variable Kosten oder Einzelkosten, gerechnet wird.
Teilprozesse	Teilprozesse entstehen insbesondere im Prozessmanagement durch eine Unterteilung der Hauptprozesse.
Total Cost of Ownership	Gesamte Investitions- und Betriebskosten, ggf. auch über die gesamte Nutzungsdauer von Gütern
Tragfähigkeitsprinzip	Die Kosten werden z. B. den Kostenträgern in der Höhe zugeteilt bzw. zugerechnet, die das Objekt tragen kann.
Treppenverfahren	Siehe *Stufenleiterverfahren*
Typische betriebliche Tätigkeit	Von einer typischen betrieblichen Tätigkeit kann ausgegangen werden, wenn die Tätigkeit das Sachziel des Unternehmens unmittelbar oder mittelbar unterstützt.
Umlaufvermögen	Verbrauchsgüter
Umsatz-Center	Betriebliche Organisationseinheit, bei der die Steuerung über Umsatzziele erfolgt
Umsatzsteuer	Steuer zur Besteuerung der Umsätze mit der Methodik der Mehrwertsteuer. Die Umsatzsteuer ist identisch mit der Mehrwertsteuer, es handelt sich um die gleiche Steuer.
Variable	Merkmal
Variable Kosten	Beschäftigungsabhängige Kosten
Variable Kosten, linear	Proportionale Kosten
Variable Kosten, degressiv	Unterproportionale Kosten
Variable Kosten, progressiv	Überproportionale Kosten
Variable Kosten, regressiv	Sinkende Kosten
Variator	Ein Variator gibt an, welcher Anteil einer Kostenart sich variabel (proportional) bzw. fix in Abhängigkeit zu der Beschäftigung (Menge) verhält.

Verbrauchsabweichung	Abweichung in Bezug auf den tatsächlichen Verbrauch gegenüber dem geplanten Verbrauch
Vermögen, immateriell	Nicht physischer Vermögensgegenstand, z. B. Konzessionen oder Rechte
Vermögensgegenstand	Ein Vermögensgegenstand ist ein Vermögenswert des Unternehmens, entweder zum Anlagevermögen oder zum Umlaufvermögen gehörend. Damit sind nicht nur Sachen und Rechte inbegriffen, sondern auch wirtschaftliche Werte, die einen zukünftigen Nutzen für das Unternehmen erwarten lassen, die selbstständig bewertbar sind und selbstständig verkehrsfähig ist, d. h. einzeln zu veräußern, z. B. Erfindungen etc.
Verteilungsrechnung	Die Verteilungsrechnung findet im Rahmen der Kostenstellenrechnung statt. Es handelt sich um einen synonymen Begriff.
Verursachungsprinzip	Die Kosten, die durch das Objekt verursacht werden, werden z. B. den Kostenträgern zugeteilt bzw. zugerechnet.
Verzichtskosten	Siehe *Opportunitätskosten*
Visuelle Inspektion	Sichtkontrolle, in Augenscheinnahme
Vollkosten	Alle Kosten, also fixe und variable Kosten bzw. Einzel- und Gemeinkosten
Vollkostenrechnung	Im Rahmen der Vollkostenrechnung wird im Gegensatz zur Teilkostenrechnung mit allen Kosten gerechnet.
Vorkostenstelle	Kostenstellen, die ihre Leistungen an andere Vorkostenstellen und Hauptkostenstellen abgeben, aber selbst keine Leistungen an den Markt abgeben.
Vorsteuer	Mehrwertsteuer (Umsatzsteuer) beim Einkauf
Werbeetat	Budget für Werbemaßnahmen
Werteverzehr	Wertminderung
Wertschöpfung	Werteerhöhung, Wertsteigerung
Wiederanlageprämisse	Prämisse, dass freie Mittel zu einem Kalkulationszinssatz verzinst werden
Zahllast	Eingenommene Umsatzsteuer abzüglich der Vorsteuer
Zielkosten	Zulässige Kosten, also solche Kosten, die aus der Sicht des Markts und der Kundinnen und Kunden angemessen erscheinen
Zielkostenindex	Der Zielkostenindex gibt die Relation der Kosten einer Komponente in Bezug zum Kundinnen-/Kundennutzen an.
Zielkostenrechnung	Eine Methode der retrograden Kalkulation, also der Kostenträgerstückrechnung, bei der die Bedürfnisse des Markts besonders berücksichtigt werden. Berücksichtigt werden damit insbesondere zulässige Kosten, also die Kosten, die aus der Sicht des Markts und der Kunden angemessen erscheinen.
Zielkostenspaltung	Spaltung der Herstellkosten in solche, die eher zur Befriedigung von Bedürfnissen der Kundinnen und Kunden anfallen und solche, die dies nicht tun

Zielpreis	Preis, der am Markt realisiert werden soll
Zusatzkosten	Zusatzkosten sind kalkulatorische Kosten, zu denen es kein Äquivalent (Aufwand) in der Finanzbuchhaltung gibt.
Zuschlagskalkulation	Verfahren der Kostenträgerstückrechnung. Ein Weg der Gemeinkostenverteilung ist der der Zuschlagskalkulation. Dabei werden zu den Einzelkosten noch Gemeinkostenzuschläge verrechnet. Bestimmte Bezugsgrößen dienen dabei zur Verrechnung, z. B. die Materialeinzelkosten bei der Kostenstelle ‚Material' und die Lohneinzelkosten bei der Kostenstelle ‚Produktion bzw. Fertigung'. Die Zuschlagskalkulation wird häufig nach folgendem Schema durchgeführt: Fertigungsmaterial + Materialgemeinkostenzuschlag = Materialkosten + Fertigungslöhne + Fertigungsgemeinkostenzuschlag = Fertigungskosten + Sondereinzelkosten der Fertigung = Herstellkosten + Verwaltungsgemeinkostenzuschlag + Vertriebsgemeinkostenzuschlag + Zuschlag für Forschung und Entwicklung + Sondereinzelkosten des Vertriebs = Selbstkosten + kalkulatorischer Gewinnzuschlag = Selbstkostenpreis Alternativ: Einzelkosten Team 1 + Gemeinkostenzuschlag Team 1 +Einzelkosten Team 2 + Gemeinkostenzuschlag Team 2 = Herstellkosten + Verwaltungsgemeinkostenzuschlag etc. = Selbstkosten + kalkulatorischer Gewinnzuschlag = Selbstkostenpreis
Zuschlagssatz	Der Zuschlagssatz wird im Rahmen der Zuschlagskalkulation verwendet. In diesem Zusammenhang werden Gemeinkosten mittels eines Zuschlagssatzes auf eine Bezugsgröße aufgeschlagen. Meistens stellen die Einzelkosten die Bezugsgröße dar.
Zuschreibung	Werterhöhung, Wertsteigerung: Gegensatz zur Abschreibung
Zwei-Punkt-Methode (Hoch-/ Tiefpunktmethode)	Mathematische Methode, um die Gleichung einer durch zwei bestimmte Punkte laufenden Gerade zu bestimmen

Gesamtliteraturverzeichnis

Case, J. (1995). *Open-book management. The coming business revolution.* New York: HarperCollins.
Coenenberg, A. G., Haller, A., Mattner, G., & Schultze, W. (2018). *Einführung in das Rechnungswesen. Grundlagen der Buchführung und Bilanzierung.* 7. Aufl. Stuttgart: Schäffer-Poeschel.
Coenenberg, A.G., Fischer, T. M., & Günther, T. (2016). *Kostenrechnung und Kostenanalyse.* 9. Aufl. Stuttgart: Schäffer-Poeschel.
Dahmen, N., Göttert, J., Heister, W., Kaltenecker, T., Toszkowski, G., & Waldhorst, A. (2014). Futur[e]Ing. – Pilotversuch zu einem neuen Studiengangkonzept mit LabVIEW als fachübergreifende Modellierungs- und Entwicklungsplattform. In R. Jamal & R. Heinze (Hrsg.), *Virtuelle Instrumente in der Praxis, Mess-, Steuer-, Regel- und embedded-Systeme* (S. 248–254). Berlin, Offenbach: VDE-Verlag.
Ernst, C., Schenk, G., & Schuster, P. (2017). *Kostenrechnung klipp und klar.* 2. Aufl. Berlin: Springer Gabler.
Folz, T., Grabowski, S., Mankel, B., & Odenthal, F. W. (2017). *Kosten- und Leistungsrechnung. Wirtschaftlichkeitsrechnung. Studienbuch für den kommunalen und staatlichen Bachelorstudiengang mit praktischen Übungen und Lösungen.* 4. Aufl. Witten: Bernhardt-Witten.
Goldman, S. L., Warnecke, H.-J., Preiss, K., & Nagel, R. N. (1996). *Agil im Wettbewerb: die Strategie der virtuellen Organisation zum Nutzen des Kunden.* Berlin, Heidelberg: Springer.
Griga, M. (2017). *Kosten- und Leistungsrechnung für Dummies.* 2. Aufl. Weinheim: Wiley-VCH.
Heber, R. (2018). *Infografik gute Geschichten erzählen mit komplexen Daten.* 2. Aufl. Bonn: Rheinwerk.
Heister, W. (2018). Compliance. In H. Bassarak (Hrsg.), *Lexikon der Schulsozialarbeit* (S. 118–119). Baden-Baden: Nomos.

Heister, W. (2012). Aspekte der Wirtschaftlichkeitsrechnung in sozialen Einrichtungen. In R. Bieker & E. Vomberg (Hrsg.), *Management in der sozialen Arbeit* (S. 156–179). Stuttgart: Kohlhammer.

Heister, W. (2010). Erfolgsfaktoren des Controllings in Nonprofit-Organisationen. In H.-C. Reiss (Hrsg.), *Steuerung von Sozial- und Gesundheitsunternehmen* (S. 171–188). Baden-Baden: Nomos.

Heister, W. (2009). *Studieren mit Erfolg: Effizientes Lernen und Selbstmanagement in Bachelor-, Master- und Diplomstudiengängen.* 2. Aufl. Stuttgart: Schäffer-Poeschel.

Heister, W. (2008). *Rechnungswesen in Nonprofit-Organisationen.* Stuttgart: Schäffer-Poeschel.

Heister, W. (2004). Virtual Community – Sozialmanagement: Der Lerner ist Mittelpunkt! In T. Brinker & U. Rössler (Hrsg.), *Hochschuldidaktik an Fachhochschulen: Neue Ansätze in der Lehre aus den Fachhochschulen des Landes Nordrhein-Westfalen* (S. 205–210). Bielefeld: Bertelsmann.

Heister, W., Wälte, D., Weßler-Poßberg, D., & Finke, M. (2007). *Studieren mit Erfolg: Prüfungen meistern – Klausuren, Kolloquien, Präsentationen, Bewerbungsgespräche.* Stuttgart: Schäffer-Poeschel.

Horsch, J. (2018). *Kostenrechnung. Klassische und neue Methoden in der Unternehmenspraxis.* 3. Aufl. Wiesbaden: Springer Fachmedien.

Hungenberg, H., & Kaufmann, L. (2001). *Kostenmanagement. Einführung in Schaubildform.* 2. Aufl. München, Wien: Oldenbourg.

Jórasz, W., & Baltzer, B. (2019). *Kosten- und Leistungsrechnung. Lehrbuch mit Aufgaben und Lösungen.* 6. Aufl. Stuttgart: Schäffer-Poeschel.

Kaiser, A. (2007). Didaktische und methodische Planung von Kursen. Erstellen einer Strukturplanung. In A. Kaiser, V. Buddenberg, K. Hohenstein, C. Holzapfel, M. Uemminghaus & M. Wolter (Hrsg.), *Kursplanung, Lerndiagnose und Lernberatung. Handreichung für die Bildungspraxis* (S. 15–22). Bielefeld: Bertelsmann.

Kaplan, R. S., & Cooper, R. (1999). *Prozesskostenrechnung als Managementinstrument.* Frankfurt am Main, New York: Campus.

Kaspers, U. (2016). *Wirtschaftliche Steuerung von Sozial- und Gesundheitsunternehmen. Gesellschaftsrecht, internes und externes Rechnungswesen, Controlling.* 2. Aufl. Regensburg: Walhalla Digital.

Kerres, M. (2003). Wirkungen und Wirksamkeit neuer Medien in der Bildung. In R. Keil-Slawik & M. Kerres (Hrsg.), *Wirkungen und Wirksamkeit neuer Medien* (S. 31–44). Münster, New York, München, Berlin: Waxmann. http://www.forschungsnetzwerk.at/downloadpub/neue_medien-weiterbildung_kerres.pdf (30.07.2019).

Kilger, W., Pampel, W., & Vikas, K. (2012). *Flexible Plankostenrechnung und Deckungsbeitragsrechnung.* 13. Aufl. Wiesbaden: Springer Gabler.

Kühnapfel, J. B. (2019). *Nutzwertanalyse in Marketing und Vertrieb.* 2. Aufl. Wiesbaden: Springer Fachmedien.

Langenbeck, J., & Burgfeld-Schächer, B. (2017). *Kosten- und Leistungsrechnung: Grundlagen. Vollkostenrechnung. Teilkostenrechnung. Plankostenrechnung. Prozesskostenrechnung. Zielkostenrechnung. Kosten-Controlling.* 3. Aufl. Herne: NWB.

Nickenig, K. (2018). *Grundkurs Kosten- und Leistungsrechnung. Schneller Einstieg in die unternehmerische Kalkulation.* 2. Aufl. Wiesbaden: Springer Fachmedien.

Olfert, K. (2018). *Kostenrechnung.* 18. Aufl. Herne: Kiehl.

Olfert, K., & Rahn, H.-J. (2017). *Einführung in die Betriebswirtschaftslehre.* 12. Aufl. Herne: Kiehl.

Ottmann, M., & Lifka, S. (2016). *Methoden der Standortanalyse.* Darmstadt: Wissenschaftliche Buchgesellschaft.

Placke, F., & Sprenger-Menzel, M. Th. P. (2017). *Grundlagen des externen Rechnungswesens: Buchführung, Bilanzierung, Bilanzanalyse, Internationale Rechnungslegungsstandards.* Stuttgart: Kohlhammer.

Poggensee, K. (2015). *Investitionsrechnung. Grundlagen – Aufgaben – Lösungen.* 3. Aufl. Wiesbaden: Springer Gabler.

Pulm, A. (2015). *Zielkostenmanagement in der Sozialwirtschaft: die Übertragung des Target Costing Ansatzes in sozialwirtschaftliche Arbeitsfelder.* Hamburg: Diplomica.

Pulm, A., & Peters, A. (2010). Angebotsentwicklung und Prozessinnovation am Beispiel der Verknüpfung von Arbeitsförderungs- und Eingliederungshilfeangeboten zu innovativen Dienstleistungen. In Bundesarbeitsgemeinschaft der Freien Wohlfahrtspflege (BAGFW) (Hrsg.), *Sozialwirtschaft – mehr als Wirtschaft?* (S. 49–56). Magdeburg, Baden-Baden: Nomos.

Riebel, P. (1994). *Einzelkosten- und Deckungsbeitragsrechnung. Grundfragen einer markt- und entscheidungsorientierten Unternehmensrechnung.* 7. Aufl. Wiesbaden: Springer Gabler.

Riedl, R. (1992). AIDA-Formel. In G. Ueding (Hrsg.), *Historisches Wörterbuch der Rhetorik* (S. 285–295). Band 1. Tübingen: Niemeyer.

Schäfer, C. (2011). *Patientencompliance – Messung, Typologie, Erfolgsfaktoren. Durch verbesserte Therapietreue Effizienzreserven ausschöpfen.* Wiesbaden: Springer Gabler.

Schmola, G. (2019). *Jahresabschluss, Kostenrechnung und Finanzierung im Krankenhaus. Grundlagen und Zusammenhänge verstehen.* Wiesbaden: Springer Fachmedien.

Schultz, V. (2017). *Basiswissen Rechnungswesen. Buchführung, Bilanzierung, Kostenrechnung, Controlling.* München: C.H. Beck.

Schuster, T., & Rüdt von Collenberg, L. (2017). *Investitionsrechnung: Kapitalwert, Zinsfuß, Annuität, Amortisation.* Berlin: Springer Gabler.

Sprenger-Menzel, M. Th. P., & Brockhaus, C. P. (2018). *Grundlagen des Controllings in Verwaltungs-, Wirtschafts- und Dienstleistungsbetrieben. Einführung in Theorie und Praxis des Controllings für das Studium in Bachelor- und Master-Studiengängen.* 5. Aufl. Witten: Bernhardt-Witten.

Thommen, J.-P., Achleitner, A.-K., Gilbert, D. U., Hachmeister, D., & Kaiser, G. (2017). *Allgemeine Betriebswirtschaftslehre. Umfassende Einführung aus managementorientierter Sicht.* 8. Aufl. Wiesbaden: Springer Gabler.

Vahs, D., & Schäfer-Kunz, J. (2015). *Einführung in die Betriebswirtschaftslehre.* 7. Aufl. Stuttgart: Schäffer-Poeschel.

Viktor, A., & Heister, W. (2015). *Medizinisches Compliance-Management. Gesundheitsmarketing und Dienstleistungsmanagement patientenorientiert umsetzen.* Bremen: Apollon University Press.

Weber, J., & Weißenberger, B. E. (2015). *Einführung in das Rechnungswesen. Bilanzierung und Kostenrechnung.* 9. Aufl. Stuttgart: Schäffer-Poeschel.

Zu den Autoren

Zum Autor

Prof. Dr. rer. pol. Werner Heister ist Dozent für Betriebswirtschaft im Sozialen Sektor an der Hochschule Niederrhein, Krefeld/Mönchengladbach. Zugleich war er zeitweise als Vizepräsident für Hochschulentwicklung an der APOLLON Hochschule der Gesundheitswirtschaft (Bremen) aktiv.

Heister ist stellvertretender Leiter und Mitglied des Institutsrats des SO.CON-Instituts für Forschung und Entwicklung in der Sozialen Arbeit an der Hochschule Niederrhein. Er engagiert sich im ISA – Kompetenzzentrum Intelligente Systemlösungen für die Automatisierung und im Kompetenzzentrum Clavis – IT-Sicherheit der Hochschule Niederrhein.

Seine derzeitigen Arbeitsschwerpunkte liegen in den Bereichen Kompetenzmanagement sowie digitales Lernen und Lehren. Heister ist Lehrpreisträger der Hochschule Niederrhein (2004 und 2015) sowie Tutor des Jahres (2012; Forum DistancE-Learning) und außerdem als Autor, Unternehmensberater und Coach tätig (www.think4future.de).

Veröffentlichungen:

Heister, W. (2017). *Die Abschlussarbeit. In neun Etappen von der Themensuche zur Abgabe.* Stuttgart: Schäffer-Poeschel.
Heister, W. (2016). *Der Hochschul-Coach.* Stuttgart: Schäffer-Poeschel.
Heister, W. (2014). *11 Dinge zum Unistart.* Stuttgart: Schäffer-Poeschel.
Heister, W. (2012). Träume in der Seele des Kunden. Integrierte Marketingkommunikation im Gesundheitsmarkt. In *Jahrbuch Healthcare Marketing* (S. 10–16). Hamburg: New-Business-Verlag.
Heister, W. (2012). Employer Branding. In R. Bröckermann & W. Pepels (Hrsg.), *Das neue Personalmarketing – Employee Relationship Management als moderner Erfolgstreiber. Bd. 2: Handbuch Personaleinsatz* (S. 179–201). 2. Aufl. Berlin: Berliner Wissenschaftsverlag.
Heister, W. (2012). Aspekte der Wirtschaftlichkeitsrechnung in sozialen Einrichtungen. In R. Bieker, & E. Vomberg (Hrsg.), *Management in der sozialen Arbeit* (S. 156–179). Stuttgart: Kohlhammer.
Heister, W. (2010). Erfolgsfaktoren des Controllings in Nonprofit-Organisationen. In H.-C. Reiss (Hrsg.), *Steuerung von Sozial- und Gesundheitsunternehmen* (S. 171–188). Baden-Baden: Nomos.
Heister, W. (2010). Die Fallstudienmethode „Klaus Höhnerbach". In S. Brall & M. Lent (Hrsg.), *Keiner liebt mich. Basiswissen attraktiv vermitteln* (S. 45–51). Norderstedt: Books on Demand.
Heister, W. (2009). *Studieren mit Erfolg: Effizientes Lernen und Selbstmanagement in Bachelor-, Master- und Diplomstudiengängen.* 2. Aufl. Stuttgart: Schäffer-Poeschel.
Heister, W. (2008). *Rechnungswesen in Nonprofit-Organisationen.* Stuttgart: Schäffer-Poeschel.
Heister, W. (2004). Virtual Community – Sozialmanagement: Der Lerner ist Mittelpunkt! In T. Brinker & U. Rössler (Hrsg.), *Hochschuldidaktik an Fachhochschulen: Neue Ansätze in der Lehre aus den Fachhochschulen des Landes Nordrhein-Westfalen* (S. 205–210). Bielefeld: Bertelsmann.
Heister, W. (2004). Managementwissen und -praxis für die Soziale Arbeit. In W. Heister (Hrsg.), *Management und Soziale Arbeit. IX. Europäisches Symposium zur Sozialen Arbeit Mönchengladbach* (S. 63–102). Mönchengladbach: Hochschule Niederrhein.
Heister, W. (Hrsg.) (2004). *Management und Soziale Arbeit. IX. Europäisches Symposium zur Sozialen Arbeit Mönchengladbach.* Mönchengladbach: Hochschule Niederrhein.
Heister, W. (2004). Sicher auf Kurs bleiben! Wichtige Experten-Tipps und Fingerzeige, um Steuerungsinstrumente optimal zu nutzen. In M. Beck (Hrsg.), *Handbuch Sozialmanagement.* Stuttgart: Raabe.
Heister, W. (2004). Vertrauen Sie Ihrem Kalkül   Kalkulatorische Kosten richtig erfassen und verrechnen – so optimieren Sie Ihre Wirtschaftlichkeitsrechnung. In M. Beck (Hrsg.), *Handbuch Sozialmanagement.* Stuttgart: Raabe.
Heister, W. (2004). Dienstplan Software erfolgreich einführen und Ressourcen einsparen – So gelingt die Auswahl und Einführung einer Personaleinsatzplanung und führt zu erheblichen Einsparpotentialen. In M. Beck (Hrsg.), *Handbuch Sozialmanagement.* Stuttgart: Raabe.
Heister, W. (2003). Damit Outsourcing gelingt! Tipps für die erfolgreiche Ingangsetzung. In M. Beck (Hrsg.), *Handbuch Sozialmanagement.* Stuttgart: Raabe.

Heister, W., & Finke, M. (2016). *Der Prüfungs-Coach*. Stuttgart: Schäffer-Poeschel.
Heister, W., Wälte, D., Weßler-Poßberg, D., & Finke, M. (2007). *Studieren mit Erfolg: Prüfungen meistern – Klausuren, Kolloquien, Präsentationen, Bewerbungsgespräche*. Stuttgart: Schäffer-Poeschel.
Heister, W., & Weßler-Poßberg, D. (2011). *Studieren mit Erfolg: Wissenschaftliches Arbeiten für Wirtschaftswissenschaftler*. 2. Aufl. Stuttgart: Schäffer-Poeschel.
Dahmen, N., Göttert, J., Heister, W., Kaltenecker, T., Toszkowski, G., & Waldhorst, A. (2014). Futur[e]Ing. – Pilotversuch zu einem neuen Studiengangkonzept mit LabVIEW als fachübergreifende Modellierungs- und Entwicklungsplattform. In R. Jamal & R. Heinze (Hrsg.), *Virtuelle Instrumente in der Praxis, Mess-, Steuer-, Regel- und embedded-Systeme* (S. 248–254). Berlin, Offenbach: VDE.
Fabri, A., Schmidt, S., & Heister, W. (2012). *Studimental: Ratgeber für erfolgreiches Lernen*. Mönchengladbach: Hochschule Niederrhein.
Matuko, B. J., & Heister, W. (2011). Diversity Management als Zukunftsaufgabe der Krankenhäuser. Die Vielfalt der internen und externen Kunden erkennen und nutzen. *Das Krankenhaus 11*: 1107–1113.
Viktor, A., & Heister, W. (2015). *Medizinisches Compliance-Management. Gesundheitsmarketing und Dienstleistungsmanagement patientenorientiert umsetzen*. Bremen: Apollon University Press.

Zur Autorin

Julia Tiskens, Sozialarbeiterin (BA), M.A. Psychosoziale Beratung und Mediation. Wissenschaftliche Mitarbeiterin am SO.CON-Institut für Forschung und Entwicklung in der Sozialen Arbeit am Fachbereich Sozialwesen der Hochschule Niederrhein.

Veröffentlichungen:

Borg-Laufs, M., & Tiskens, J. (2018). Evaluation des Beratungsprozesses. In D. Wälte & M. Borg-Laufs (Hrsg.), *Psychosoziale Beratung. Grundlagen, Diagnostik, Intervention* (S. 272–280). Stuttgart: Kohlhammer.
Tiskens, J., & Borg-Laufs, M. (2018). Analyse und Klärung der Probleme im Kontext von Ressourcen. Psychosoziale Ausgangssituation. In D. Wälte & M. Borg-Laufs (Hrsg.), *Psychosoziale Beratung. Grundlagen, Diagnostik, Intervention* (S. 105–113). Stuttgart: Kohlhammer.

Tiskens, J., & Borg-Laufs, M. (2017). Kita-Praktika für Mütter im SGB-II-Bezug. *Nachrichtendienst des Deutschen Vereins für öffentliche und private Fürsorge e. V. (NDV)* 97(4): 166–171.

The manufacturer's authorised representative in the EU is Springer Nature Customer Service Centre GmbH, Europaplatz 3, 69115 Heidelberg, Germany. If you have any concerns regarding our products, please contact ProductSafety@springernature.com

Printed and bound by CPI Group (UK) Ltd, Croydon, CR0 4YY

23/03/2026

02076740-0005